如何构建一流的企业创新中心
——跨国公司在华研究院创新管理启示

柳卸林 梁正 王曦 著

知识产权出版社
全国百佳图书出版单位

图书在版编目（CIP）数据

如何构建一流的企业创新中心：跨国公司在华研究院创新管理启示/柳卸林，梁正，王曦著. —北京：知识产权出版社，2018.10
ISBN 978-7-5130-5698-4

Ⅰ.①如… Ⅱ.①柳… ②梁… ③王… Ⅲ.①企业创新—创新管理—研究 Ⅳ.①F273.1

中国版本图书馆 CIP 数据核字（2018）第 167659 号

责任编辑：李　潇　　　　　　　　责任校对：谷　洋
封面设计：张　悦　　　　　　　　责任印制：刘译文

如何构建一流的企业创新中心
——跨国公司在华研究院创新管理启示
柳卸林　梁　正　王　曦　著

出版发行：	知识产权出版社 有限责任公司	网　　址：	http://www.ipph.cn
社　　址：	北京市海淀区气象路 50 号院	邮　　编：	100081
责编电话：	010-82000860 转 8133	责编邮箱：	elixiao@sina.com
发行电话：	010-82000860 转 8101/8102	发行传真：	010-82000893/82005070/82000270
印　　刷：	三河市国英印务有限公司	经　　销：	各大网上书店、新华书店及相关专业书店
开　　本：	880mm×1230mm　1/32	总 印 张：	11.25
版　　次：	2018 年 10 月第 1 版	印　　次：	2018 年 10 月第 1 次印刷
字　　数：	230 千字	定　　价：	69.00 元
ISBN 978-7-5130-5698-4			

出版权专有　侵权必究
如有印装质量问题，本社负责调换。

前　言

中国是一个发展中国家。跨国公司在中国建设研究开发院或技术创新中心，不是传统的发达国家向发展中国家投资，而是一个具有技术优势的发达国家的企业向技术相对弱势的国家的投资，这是一个新现象。

早在2001年，薛澜等人就对跨国公司在华设立研究开发机构进行了广泛的调研，他们发现，跨国公司在华设立研究机构的主要原因有二。第一，中国有丰富廉价的人力资源，尤其在一些大城市，相比较而言，在早期，中国科研人员的工资只有美国科研人员的十分之一，因此中国成为跨国公司降低研究开发成本、提高创新效率的好区域。如2000年左右，在华雇用一个研究人员的年薪为10万元人民币，这在中国已属于高薪，但在美国，一般研究开发人员的年薪为10万美元，二者相差约8倍。第二，在华设立研究机构可满足一些跨国公司所属中国企业的技术本地化需求。

后来，学者发现，跨国公司对中国的大量研究开发投资，可以获得逆向创新。即中国已经不再是一个销售它们产品的地区，由于中国市场的巨大和需求复杂性的提高，它们可以把中国作为一个创新的重要基地,通过中国的创新走向世界,其中的典型是 GE 公司。

最近几年,跨国公司对中国研究开发的投入力度在加大,一些研究开发机构成为了真正的研究开发部门,而不仅仅完成外国技术的中国化。也就是说,基础研究的活动在增加。同时,许多研究开发院的研究开发活动是面向全球的,是全球研究开发网络中的一个重要节点。例如 1998 年微软在北京建立微软中国研究院,2011 年升级为微软亚洲研究院;2002 年,甲骨文公司在深圳建立了公司在亚洲地区最大的企业软件研发中心。当然,在这些投资中,地区差别大,首先来自美国的企业最多,其次是欧洲,最后是日本。

跨国公司研究院到中国,引起了广泛的争论,支持的观点认为,这对中国的产业创新是好事。因为跨国公司研究院到中国来,首先会把产业最核心的部分引到中国,必然产生技术外溢效应,引发技术转移;其次跨国公司愿意把中国作为他们发展的一个大本营,是在中国,为中国,而不只是利用中国的资源,不会附着劳动力成本的上升而到处飘移。反对的观点认为,跨国公司的到来,只是利用中国的人力资源,尤其是高端人才,并没有产生有效的技术转移。

对跨国公司研究院的相关研究,在 2000~2008 年是一个热点。首先,当时中国正在广泛讨论自主创新,对跨国公司的作用讨论非常热烈。其次,当时跨国公司在中国建研究院正是一个高潮,许多地方政府也出台许多政策吸引跨国公司研究院的到来。

前言

本书的部分材料来自几年前,我们中国科学院大学中国创新创业研究中心,清华大学中国科技政策研究中心都做了几个相关联的调查研究项目,对跨国公司研究院进行了相当多的采访调研。出于对访问客户负责任的态度,我们没有很快发表我们的成果。现在,敏感期已过。而现在出版此报告的一个重要原因是:中国举国上下进入创新驱动的发展阶段,中国的企业发展进入一个从追赶到跨越追赶、实现创新的转型期。但我们发现,许多中国企业长期从事的是低成本制造、模仿和面向市场的渐进创新。有国际影响力的创新,基本是在商业模式创新领域。现在,中国的实体经济,急切需要学习先进的创新理念和方法。我们在调查中发现,其实,中国企业,包括国有大企业,都缺乏面向市场的研究开发和创新的经验。许多企业都有企业集团研究院,但研究院的管理基本是类似独立的国家科研机构的管理,缺乏现代的研究院的治理和激励,造成企业创新非常低效。因此,我们觉得,他们非常需要一个可以学习借鉴的样板企业。

跨国公司研究院,一般都经过了上百年的发展,拥有很好的研究开发机构和项目及创新的经验。他们来到中国后,又不断适应中国市场和政策的需要,发展出一些"在中国,为中国"及逆向创新的模式,因此,我们决定将过去的调研加上最新的调研,以跨国公司在中国的研究院为对象,分析他们的创新战略及模式,包括项目管理模式、激励模式,知识产权管理等,这些对现阶段的中国企业都具有很好的借鉴意义。我们可以从一些当今最先进的创新公司中,学习他们的研究开发项目的管理、创新的管理、研究开发机构的管理、科技人员的激励。而且，中国企业在海外设立研究开发机构的越来越多，兼并海外研究开发机构的企业也越来越多，如华为。因此，跨国公司研究院在中国的发展，也值得中国"走出去"的企业借鉴学习。

本书的主要写作人员有：柳卸林、梁正、王曦，由柳卸林统稿。参加者有：陈健、周江华、潘铁、孙福生、徐晓丹等。

我们要非常感谢 NEC 中国研究院在课题研究中提供的大力支持，微软、英特尔、IBM、通用电气、飞利浦等公司慷慨地与向我们分享他们的经验。但文中表述可能有不足，缺点错误与他们无关。因为有关他们的章节并没有经他们审阅过，许多内容也是我们再加工的结果。为了保护他们的商业秘密，我们不涉及跨国公司具体的技术内容，主要是分析他们的创新战略、模式和项目管理的新思维。

柳卸林

北京中关村

中国科学院大学

2018 年 6 月

目 录

第一部分 跨国公司研究开发在中国：理论与概况

第1章 跨国公司研究开发国际化的相关理论 ……… 2
1.1 传统的跨国公司理论分析 ……………………… 3
1.2 跨国公司研发国际化的新理论 ………………… 9
1.3 跨国公司海外研发区位选择的实证研究 ……… 14
1.4 跨国公司研究院在中国 ………………………… 21

第2章 跨国企业在华研究院的发展趋势 …………… 27
2.1 跨国企业在华研发机构的基本情况 …………… 27
2.2 跨国企业在华研发机构的数量 ………………… 30
2.3 跨国企业在华研发机构的行业和地区分布 …… 32
2.4 跨国企业在华研发机构的人员规模 …………… 39
2.5 跨国企业在华研发机构的投资规模 …………… 41

第3章 跨国企业在华研究院的组织与管理 ………… 44
3.1 跨国公司研发国际化的类型 …………………… 44

3.2　跨国公司研发国际化的组织管理模式 ……………… 46
3.3　跨国企业在华研究院的工作性质 …………………… 50
　　3.3.1　跨国企业在华研发院工作性质的分类 ……… 57
　　3.3.2　跨国企业对研发活动性质的界定差异 ……… 61
3.4　跨国企业在华研究院的研发组织模式 ……………… 65
　　3.4.1　跨国企业在华研究院的基本组织模式 ……… 65
　　3.4.2　跨国企业在华研发体系的"整合" …………… 66
　　3.4.3　采用并行多研发中心组织模式 ……………… 74

第4章　新发展：研究开发的本土化与全球化 ……………… 79

4.1　跨国公司面临着越来越多的来自国内企业的
　　　竞争 ……………………………………………………… 79
4.2　注重本土化与全球化的结合：立足中国，
　　　放眼全球 ………………………………………………… 81
4.3　探索新的创新模式，提高成果转化效率 …………… 85
4.4　加强跨国企业中国研发中心自主权 ………………… 86
4.5　利用中国的人才和市场优势，加强基础研究 ……… 90
4.6　跨国企业越来越偏向独立全资的产权结构 ………… 99
4.7　加大与中国高校研究所的合作 ……………………… 100
4.8　跨国企业在华研发机构的人力资源管理调整 …… 102
　　4.8.1　广泛采用人才本地化战略 …………………… 102
　　4.8.2　注重考核与激励制度 ………………………… 103
　　4.8.3　采用新的人才管理机制，提高跨文化下的
　　　　　　科研管理水平 ………………………………… 107

第 5 章　在华跨国研发机构的知识产权战略 …… 109
5.1　鼓励研发成果产出 …… 109
5.2　强化知识产权保护 …… 110
5.3　跨国公司研究开发知识产权管理的一些新趋势 … 114
5.4　跨国公司研究院溢出的新观察 …… 117

第二部分　美国跨国企业在华研究院

第 6 章　英特尔中国研究院的战略与本土创新 …… 125
6.1　英特尔在华基本情况 …… 125
6.2　英特尔中国研发战略与定位 …… 126
6.3　项目管理及知识产权保护：重视转化 …… 132
6.4　企业创新文化及人才策略：注重传承 …… 133
6.5　考核激励制度：重视技术的商业价值而不只是专利 …… 136
6.6　英特尔与其他业务部门的合作：开放创新 …… 139

第 7 章　IBM 中国研究中心面向未来的创新战略 …… 143
7.1　基本情况 …… 143
7.2　IBM 在中国的研发机构 …… 146
7.3　研究开发战略：面向中国市场的再开发 …… 153
7.4　转型与智慧产业 …… 154
7.5　注重产学研合作 …… 156

第 8 章　微软亚太研发的问题导向创新模式 …… 160
8.1　基本情况 …… 160

8.2 在全球研发网络中的定位：全职能研发链 …………… 163
8.3 项目管理模式：问题导向 …………………………… 165
8.4 创新文化与激励机制 ………………………………… 169
8.5 绩效考核与专利战略 ………………………………… 170
8.6 本地产学研合作与创新生态 ………………………… 171
8.7 微软创投加速器 ……………………………………… 174
8.8 微软创新中心 ………………………………………… 176

第9章 通用电气中国研究院的反向创新 …………………… 178
9.1 通用电气在华基本情况 ……………………………… 178
    9.1.1 集团概况 ………………………………………… 178
    9.1.2 GE 中国情况 …………………………………… 179
9.2 通用电气中国研发战略与定位 ……………………… 185
    9.2.1 "在中国，为中国"的本土化研发战略 ……… 185
    9.2.2 GE 中国研发中心三大原则 …………………… 187
    9.2.3 本土化策略与"反向创新"的结合 …………… 188
    9.2.4 "绿色创想"战略 ……………………………… 190
9.3 决策机制与知识产权保护 …………………………… 192
    9.3.1 专利情况 ………………………………………… 192
    9.3.2 决策机制 ………………………………………… 193
9.4 文化和人才 …………………………………………… 194
    9.4.1 本土化人力资源管理 …………………………… 194
    9.4.2 GE 中国公司科技节 …………………………… 198
9.5 考核与激励 …………………………………………… 199

9.5.1　通用电气（中国）的员工绩效评估与
　　　　　激励体系 …………………………………… 199
　　9.5.2　通用电气（中国）坚持与员工沟通 ……… 201
9.6　通用电气与其他业务部门的合作 …………………… 202
　　9.6.1　与企业的合作 …………………………………… 202
　　9.6.2　产学研合作 ……………………………………… 203

第10章　EMC（易安信）中国研发中心 ……………… 205
10.1　EMC中国研发布局 ……………………………………… 205
10.2　战略定位和创新体系 …………………………………… 208
10.3　决策机制 ………………………………………………… 211
10.4　人力资源管理与企业文化 ……………………………… 212
10.5　与本地业务部门的合作 ………………………………… 215

第11章　惠普（HP）在中国的升级与创新 …………… 217
11.1　背景 ……………………………………………………… 217
11.2　国际IT公司在中国的战略转型 ………………………… 218
　　11.2.1　跨国IT公司在华的发展阶段与
　　　　　　战略转型 …………………………………… 218
　　11.2.2　战略选择 ……………………………………… 220
　　11.2.3　传统IT外企在华适应"国产化"战略
　　　　　　转型的模式 ………………………………… 223
11.3　惠普公司的战略转型 …………………………………… 229
　　11.3.1　惠普公司介绍 ………………………………… 229
　　11.3.2　惠普历次战略转型历史及重要因素
　　　　　　分析 ………………………………………… 231

· 5 ·

11.3.3 惠普公司2015年通过拆分进行战略转型的意义 235
11.4 惠普在华创新适应性战略转型 238
11.4.1 惠普在中国 238
11.4.2 惠普企业在华战略转型的内外部因素 240
11.4.3 成立合资企业：新华三 242
11.5 结论与启示 250

第12章 杜邦中国研发中心的创新体系 254
12.1 杜邦公司基本情况 254
12.2 在华研发定位 257
12.3 杜邦公司创新体系 259
12.4 企业文化 263

第三部分 其他国家跨国公司研究院

第13章 飞利浦亚洲研究院 269
13.1 飞利浦在华基本情况 269
13.2 在全球研发网络中的定位 270
13.3 研发管理：TOP计划 271
13.4 研究开发项目决策机制 273
13.5 知识产权管理政策 276
13.6 与本地业务部门的联系与合作机制 277

第14章 诺维信中国研发中心的创新管理 280
14.1 公司背景 280

14.2 研发的内外部组织特性 ·············· 282
14.2.1 内部研发的结构与功能 ·············· 282
14.2.2 研发成果的市场取向 ·············· 283
14.2.3 研发的内部地域组织 ·············· 284
14.2.4 与当地外部组织的研发合作 ·············· 286
14.3 知识产权管理 ·············· 289
14.3.1 专利 ·············· 289
14.3.2 秘密保护 ·············· 292
14.3.3 非法律保护手段 ·············· 293
14.4 进一步的讨论 ·············· 295

第15章 富士通中国研发中心 ·············· 297
15.1 富士通在华研发基本情况 ·············· 297
15.2 富士通在华研发中心在全球研发网络中的定位 ·············· 299
15.3 研究性质与项目决策机制 ·············· 301
15.4 人力资源管理与考核激励制度 ·············· 304
15.5 与本地业务部门的合作 ·············· 307

第16章 三星中国研发中心 ·············· 310
16.1 三星在华研发布局 ·············· 310
16.2 战略定位与研发策略 ·············· 318
16.3 决策机制与专利保护制度 ·············· 320
16.4 企业文化与人力资源管理 ·············· 321

第17章 结 论 ·············· 324

参考文献 ·············· 331

第一部分

跨国公司研究开发在中国：理论与概况

第 1 章　跨国公司研究开发国际化的相关理论

产品生命周期理论（Vernon；1960，1979）以及国际分工理论（Massey，1979；Frobel et al.，1978）都认为，跨国公司将其生产制造部门转移到海外（特别是在非工业化国家中），目的是降低生产成本和弥补产品在母国技术优势丧失而导致的损失。跨国公司正是通过全球化的标准化生产、现代化的运输手段和通信方式等手段，在海外开展产品的生产制造活动，并形成了 20 世纪 60 年代和 70 年代世界范围内的国际生产分工的格局；而代表着产品核心价值的研究和开发活动，大部分仍然固属在跨国公司的母国进行。因此，关于跨国公司海外生产经营活动的研究，主要是侧重于跨国公司总部与海外附属机构之间的技术转移，只有很少的文献涉及跨国公司的海外研发活动（Ronstadt，1977；Mansfield et al.，1979；Behrman 和 Fischer，1980）。

从 20 世纪 80 年代开始，伴随越来越多的跨国公司开始在海外进行研发活动，特别是在瑞士、瑞典以及冰岛等发达国家展开海外研发，关于跨国公司海外经营研究的焦点，就逐渐转移到理解和解释海外研发活动的驱动因素。而自20世纪90年代末,关于跨国公司海外研发的问题讨论越来越丰富多样,在全球网络中管理和协调海外研发活动就变得尤其重要(Niosi,1999)。

在本章中,我们将以跨国公司的研发国际化作为切入点,从跨国公司研发国际化动机的理论分析、跨国公司研发国际化的组织管理模式、研发独占性的理论分析、研发独占性的实证分析以及国内的相关研究五个方面,对跨国公司研发独占性的相关理论进行梳理。

1.1 传统的跨国公司理论分析

(1)垄断优势理论与跨国公司研发国际化。

垄断优势理论(Monopolistic Advantages Theory)又称为所有权优势理论或公司特有优势理论,是西方最早研究跨国公司对外直接投资动机的独立理论。1960年,海默首次将国际直接投资与其他投资区分开来,更开创性地将产业组织理论中的垄断概念运用到跨国公司海外直接投资的研究中,提出了"特定优势"(Specific Advantages)的概念。这一理论经过多位学者的发展和完善,形成了一套解释跨国公司投资的较为完整的理论。

垄断优势理论的基本观点是,跨国公司的对外投资并不是简单的资本流动,而是与控制权相联系的生产性投资。与东道国企业相比,跨国公司在海外组织生产时对当地市场的消费习惯、组织机构、法律制度等缺乏了解,存在一定的不利因素,但跨国公司仍会选择对外直接投资，并在激烈的市场竞争中胜过东道国企业，其投资获得成功的关键是由于跨国公司拥有某种垄断优势，这种优势足以抵消海外投资所固有的不利因素。

海默认为跨国公司的垄断优势中，最重要的是技术优势，跨国公司拥有很强的研究与开发能力，与单纯的技术转让相比，跨国公司更倾向于将先进技术控制在公司内部，以保持垄断地位。凯夫斯（Caves；1971，1974）认为跨国公司拥有垄断优势的原因在于其核心资产，其中最重要的就是技术和知识，垄断优势的关键在于跨国公司能够基于核心资产形成多样化经营能力，即运用公司的技术和知识使产品实现差异化。希尔施（Hirsch，1976）也强调了跨国公司的垄断优势源于研发而产生的知识所带来的优势。

综合来看，上述学者认为跨国公司对外直接投资的垄断优势主要来自对知识产权的占有、使用和垄断。

知识产权或知识资产的特点是生产成本高、供给弹性大，在国外再次实施该知识或技术的边际成本很小。因此，垄断优势的最主要来源就是知识产权的产生过程，也就是企业的研发活动。

沿着这一思路，传统的垄断优势论学者认为，企业要想维持长期的垄断优势，就必须实现对研发环节进行控制，跨国公司的研发活动，尤其是核心的、基础的研发活动，就应当封闭于母国，在传统的垄断优势论学者看来，海外研发投资是不值得鼓励的。在他们看来，海外研发机构的设立只能是出于服务当地生产、销售网络的无奈之举，其活动只应围绕低层次的工艺改进、本地化适应技术展开。

但有些学者却认为，垄断优势理论并不必然推出跨国公司将其研发活动集中在母国的推论（Dunning，1994），因为垄断优势理论仅仅指出跨国公司利用其自身拥有的资源优势克服国际市场的障碍取得利润，而在当前经济全球化的时代，企业的竞争优势来源于国际化经营，跨国公司进行海外研发投资的目的正是强化自己的垄断优势。而屈默勒（Kuemmerle，1999）也认为，跨国公司进行海外研发投资实际上是增强自身垄断优势的一种策略。垄断优势理论能够解释跨国公司海外研发投资的部分原因，但该理论却无法解释跨国公司海外研发投资的行业特征和国家特征。

（2）产品生命周期理论与跨国公司研发国际化。

产品生命周期理论（Product Life Cycle Theory，简称 PLC 理论）由弗农（Vernon）在 1966 年首次提出。PLC 理论认为跨国公司的国际投资是产品或产业生命周期特定阶段演进的结果。弗农假定知识并不是公共产品，而是企业研发的产物。先进国家的跨国公司依靠研发产出的优势，在国内市场上领先开发出新产品、进入产品创新阶段（New Product Stage），由于国内市场容量大，产品生产未实现标准化，跨国公司的生产、消费主要面对国内市场，新产品中只有少量出口满足海外市场需求，此时只有出口贸易而没有国际投资。

当进入产品成熟阶段（Mature Product Stage），由于产品已经定型，海外需求增加以及仿制品和替代品的出现，使得竞争焦点转变为绝对的生产成本优势。在这一阶段，跨国公司开始将生产转移到其他成本较低的国家，从而出现对外直接投资。

在最后一个阶段，即产品标准化阶段（Standardized Product Stage），产品和生产技术都已经标准化，并在国际上广泛扩散，新的生产者逐渐加入，市场竞争日趋激烈，竞争焦点集中于价格及成本，生产的相对优势转移至劳动力成本较低的国家和地区。为了保持竞争优势，跨国公司开始在发展中国家大量转让标准化技术，同时减少或停止在本国生产同类产品，通过进口的方式满足国内市场的需要。

传统的产品生命周期理论对"二战"后世界经济发展中国际贸易与投资领域的一些现象，尤其是20世纪70年代美国跨国公司的对外生产性投资现象具有很强的解释力，但是PLC理论却无法解释越来越多的跨国公司在海外设立研发机构、直接在海外进行技术创新的现象。尽管弗农后来对PLC理论进行了修正，使得发展后的PLC理论对跨国公司海外投资与创新的解释能力有所提高，但对跨国公司海外研发投资的解释力仍然不足。皮尔斯和辛格（Pearce & Singh，1992）认为，根据传统的产品生命周期理论，跨国公司在海外设立机构主要是为了转移技术，但实际上在国际竞争日益激烈的情况下，跨国公司在海外市场不仅转移技术，也根据当地市场需要创造新技术或者获取东道国的技术。坎特韦尔（Cantwell，1995）指出，PLC理论所揭示的需求导向型国际投资并不适合跨国公司的研发投资，当前的跨国公司研发国际化实际上是发达国家间的技术专业化。

（3）内部化理论与跨国公司研发国际化。

内部化理论的思想可追溯到 20 世纪 30 年代的科斯定理。1937 年，英国学者科斯（Coase）首次提出了市场交易内部化的设想，认为市场的不完全使企业的交易成本激增（包括合同的签约费用、信息收集费用以及签订合同后发生的各种费用等）。为避免额外增加的成本，企业便产生了"内部化"即以内部市场取代不完全的外部市场的倾向。1976 年，巴克利和卡松（Buckley & Casson，1976）首次从交易成本的角度来解释跨国公司对外投资的动机，提出了内部化理论，这标志着跨国公司理论发展的重要转折。

巴克利和卡松（1976）用内部化理论解释跨国公司海外投资现象，他们强调了跨国公司作为各种知识和技能开发者和转移者的角色，指出在这个不完全竞争的世界市场上，跨国公司在国际上进行的知识开发和转移活动，对母国和东道国而言是互惠的，对外投资可以帮助跨国公司跨越知识不完全的外部市场，并消除知识生产和扩散的障碍。巴克利和卡松认为，企业的研发活动具有初期投入大、风险高而收益不确定的特点，同时研发活动的产出，即技术或知识由于市场不完全，存在定价困难、交易成本巨大的特点，企业倾向于通过对外直接投资开辟或建立内部市场，将原本通过外部市场进行的交易转化为内部所属企业间的交易以降低交易成本。

跨国公司为了更有效地利用技术优势，一种情况是通过在当地设立研发机构，将研究成果直接用于海外的生产和销售，这种情况是技术应用型的海外研发投资；另一种情况是兼并、收购国外研发机构，从而将外部研发资源内部化，这种情况则可视为技术获取型的海外研发投资。无论哪种方式，研发投资都是跨国公司将资源内部化的一种表现，通过将研发资源内部化，跨国公司能够获得或保持技术领先优势地位，享受研发资源配置的最大收益。

内部化理论从产权视角，不仅关注到技术应用，更从技术获取的角度解释了跨国公司通过海外研发投资实现全球研发内部化的现象，但是内部化理论却无法解释跨国公司海外研发投资的方向。自20世纪80年代以来，跨国公司研发组织模式不断突破内部化理论的分析框架，如组建研发战略联盟、研发活动外包、合作研发等外部化研发模式发展十分迅速，内部化理论显然无法解释这种研发国际化与外部化并存的现象。

（4）国际生产折衷理论与跨国公司研发国际化。

国际生产折衷理论是由邓宁（Dunning；1977，1981）首次提出的，其认为跨国公司是否对外投资以及对外投资的方向是所有权优势（Ownership Advantages）、内部化优势（Internalization Advantages）和区位优势（Locational Advantages）三项优势综合作用的结果，因此，国际生产折衷理论又被称为三优势模型。国际生产折衷理论对以往的理论进行了归纳和总结，具有较强的概括性、兼容性和适应性，不仅能够解释国际投资的动机，也能解释投资的方向，还可以用来分析发展中国家的跨国公司投资现象。

国际生产折衷理论对于跨国公司的研发国际化也有一定的解释力。按照该理论，跨国公司海外研发投资动机可以归纳为市场导向型、资源导向型以及效率导向型。首先，发达国家跨国公司在发展中国家设立的以技术本地化为目标的研发机构主要是市场导向型的，其目的是占领东道国市场，并针对东道国市场开发新技术、新产品。其次，资源导向型研发投资则表现为跨国公司利用东道国的研发资源或技术。最后，效率导向型研发投资主要表现为发达国家之间的相互投资，相互利用对方的研发设施和科技基础，从技术专业化受益，形成国际性的技术创新中心。

1.2 跨国公司研发国际化的新理论

尽管传统的跨国公司理论对研发国际化给予一定解释，但由于跨国公司海外研发投资在职能上不同于一般的生产性投资，因而在投资动机方面具有其特殊性。针对跨国公司研发国际化现象，一些学者提出了一些新的理论，试图补充原有理论的不足，其中较为典型的是战略性研发投资理论、需求—资源关系理论、辅助资产理论等。

（1）战略性研发投资理论。

战略性研发投资理论实际上是战略性对外投资理论在跨国公司海外研发投资方面的应用。该理论认为，在全球化时代，跨国公司对外投资的目的已经不再局限于以获取当期最大化利润为目的，而更多的是以建立企业长期的战略优势（Strategy Advantages）为目的。跨国公司进行海外研发投资不仅仅是为了获取即期的最大利润，而是从全球战略竞争的角度，在充分考虑竞争对手的战略反应的情况下作出的战略性投资选择。

按照国际生产折衷理论，跨国公司对外投资必须具有一定的独特优势，以克服国际生产所带来的额外经营成本和风险，而这些优势则主要来自于企业的无形资产，尤其是新产品、新工艺、专有技术、专利、市场营销与管理等技术优势。然而，跨国公司在扩大占领世界市场的同时，也可能加剧市场的不完全化程度，导致寡头垄断的市场结构。在寡头垄断的市场状态下，战略性动机已经成为解释跨国公司对外投资的重要组成部分。

战略性投资理论以博弈论和行为经济学作为基本理论依据和分析方法。桑纳－兰达乔和弗格勒斯（Sanna－randaccio & Veugelers，2001）基于博弈论分析了跨国公司海外研发的技术外溢效果，从而指出具有寡头垄断地位的跨国公司基于战略性动机对外进行研发投资的动力机制，桑纳－兰达乔和弗格勒斯建立了一个两国两厂家的简单模型，A 国拥有具有寡头垄断地位的厂商，该寡头厂商在 B 国拥有研发分支机构，而 B 国则拥有一家本地生产企业，分析表明，当 B 国本土企业不参与生产时，A 国厂商的海外研发必然带来极大利益，而即使是 B 国本土企业参与生产，A 国厂商的海外研发仍会因为反向外溢大于正向外溢而为 A 国带来利益。

（2）需求—资源关系理论。

需求—资源（N—R）关系理论的提出者斋腾优（1979）认为，所谓研发的 N—R 关系是这样一种关系：在研究开发过程中，首先有某种新的技术开发需求（N），然后企业根据外部需求利用自己拥有的研究开发资源（R）满足需求并进行技术创新活动。也就是说，研发是 N 和 R 两个基本因素综合作用的结果。

对跨国公司而言，不同国家间需求与资源间的关系，构成了海外研发投资的动机。斋藤优认为：研发国际化的内在根据，是构成研究开发模式核心的 N—R 关系的国际化，跨国公司为适应全球化竞争的需要，有必要在全球范围内布局已有的研发资源，以适应海外市场的技术需求。同时，激烈的竞争环境也迫使跨国公司寻求更多的海外研发资源，包括海外的研究人员、技术开发信息以及海外研发资金、设备等，以满足在全球范围进行市场竞争的技术需要。

此外，斋藤优对 N—R 关系的国际化进行了分类，指出了研发国际化的两种模式：一是应用本国的技术开发资源，响应外国的技术开发需求（例如接受海外委托研究，开发面向出口的新商品等）；二是国内的技术开发资源不足，或者利用外国的技术开发资源更有利时，为满足本国的技术开发需求，利用外国的技术开发资源（例如委托外国进行研究、在海外设立研发机构等）。

总之，技术变革的加快和日益多样化的创新需求对跨国公司的创新提出了更高的要求，但跨国公司母国研发资源的供给会出现瓶颈，而科技创新的复杂性、综合性和风险性给跨国公司的研发活动带来了更大的压力，跨国公司的研发活动正是在以上这些因素的综合作用下，逐步走向国际化。

（3）HBE 和 HBA 理论。

屈默勒（1997）将跨国公司海外研发直接投资分为两类，即以母国为基础的技术开发（Home – base exploiting，简称 HBE）和以母国为基础的技术增长（Home – base Augmenting，简称 HBA），并提出了 HBE 和 HBA 理论。

HBE 型研发投资强调的是通过研发资源的使用，以发挥跨国公司母国创造的垄断优势，运用跨国公司的现有技术、知识服务于海外机构，海外研发部门在东道国开展适用性研究，形成当地竞争力，HBE 型机构的职能主要是产品的区位适应、产品的多样化生产和工艺技术的区位适应。HBA 型研发投资则把研发资源获取作为投资目标，旨在通过海外投资，为母公司和跨国公司整体获得新的技术、知识信息，增加母公司资源存量，进而提高跨国公司的国际竞争力。HBA 型机构的主要职能是创造核心产品、支援核心产品和工艺创造。

在屈默勒看来，进行 HBA 投资的目的是增强和维持跨国公司的垄断优势，从这个意义上讲，其思想是对早期封闭垄断优势论的开放式扩充，是现代广义的垄断优势论。屈默勒还认为跨国公司海外研发投资，尤其是 HBA 型投资往往以获取东道国技术信息、研发人员为目标，是跨国公司强化垄断优势的重要手段。

（4）研发分散与集中理论。

该学说的学者们从研发活动分散化、集中化的角度解释了跨国公司海外研发投资的动机，皮尔斯（1989）将跨国公司海外研发分支机构的动力分为离心力（Centrifugal forces）和向心力（Centripetal forces）；离心力促使研发机构分散，如降低成本、获取研发资源、配合当地子公司生产等；而向心力则促使研发机构集中，如追求规模经济、便于内部交流、保护技术秘密等。离心力越大，则跨国公司进行海外研发投资的动机越强。郑和博尔顿（Cheng & Bolton，1993）认为包括环境、技术在内的许多条件决定了跨国公司投资分散与集中的选择。

格兰斯特兰德（Granstrand，1999）将离心力分为需求方面与供给方面，需求方面包括替代从母公司到公司的技术转移、与当地生产一体化、增强子公司竞争力、东道国政策、接近当地市场与消费者等；供给方面包括海外收购、接近海外科技、获得廉价研发人员等。而向心力则包括研发控制需要、担心信息外泄、需要接近本国市场、规模经济、交流协调成本、历史传承因素等。菲施（Fisch，2003）认为雇用高质量的海外研发人员、降低成本、接近海外知识源、理解与响应海外顾客的需求、支持本地生产单位、东道国政府的规制与激励等是向心力；而离心力则包括海外分支机构控制不力造成知识外溢，丧失母国集中研发规模经济以及海外研发体系的高昂沟通成本。

（5）辅助资产理论。

塞拉皮奥和达尔顿（Serapio & Dalton，1999）将蒂斯（Teece，1986）的辅助资产理论应用于跨国公司海外研发投资的动机分析，提出了跨国公司海外研发投资的辅助资产说。塞拉皮奥和达尔顿认为，跨国公司的海外研发投资是为了创造或获得有助于确保内部关键性资产安全的辅助资产。

塞拉皮奥和达尔顿指出，某些跨国公司在海外开展基础性研究工作，其目标是增强公司整体的基础研究能力；某些跨国公司在海外进行工艺技术的研发投资是增强海外生产的专业性；某些公司致力于海外研发则是为获得重要的辅助性技术，这是因为某些辅助性资产对跨国公司海外生产经营取得成功至关重要。

塞拉皮奥和达尔顿认为辅助性资产对跨国公司的海外生产经营活动至关重要，常常需要公司根据当地市场情况进行适应性技术开发，部分产品还要求重新设计和工艺改造，这就需要跨国公司在海外建立自己的研发机构，以支持公司的海外生产和经营活动。此外，辅助性资产理论还能对一些跨国公司建立多个海外研发机构的行为加以说明：公司产品创新的关键技术资产可能分布于国外多个研究机构，先进技术的创新需在国外多个研究区位同时进行；跨国公司为了能从辅助技术的研发中获得最大收益，将在国外拥有先进技术的区位设立研发分支机构，并将所有这些研究机构纳入研发的全球化网络中。

1.3 跨国公司海外研发区位选择的实证研究

学者们通过各种形式和角度对跨国公司海外研发活动的动机进行了相关的讨论。一般来讲，跨国公司海外研发活动的驱动因素主要包括市场相关的因素（市场规模、市场接近性和重要性）、技术相关的因素（获得并利用海外的科技资源）、成本相关的因素（存在成本差异）、技术监测（监测科技的最新发展动向、竞争者分析等）、非研发相关因素（来自政府的压力、提高公司的品牌形象、扩大知名度）[雷迪（Reddy），2000]。而从另外一个角度来看，继贝尔曼和费希尔（Behrman & Fisher，1980）之后，加斯曼和冯·策特维茨（Gassmann & von Zedtwitz，1998）提出了一个更为广阔的分析跨国公司海外研发动力因素的框架，其将海外研发的激励因素分为投入相关的因素（包括人力资源、技术诀窍以及基础设施等）、产出相关的因素（包括与市场和消费者的接近性等）、效率相关的因素（包括更低的成本、缩短物流的环节），政治/社会文化相关的因素以及其他外部因素（比如兼并和购买）。根据巴特利特和戈沙尔（Bartlett & Ghoshal，1990）以及霍坎松（Hakanson，1990）的研究，跨国公司需要在东道国的制造基地附近设立研发机构，以利于跨国公司内部的技术转移活动，从而有效发挥企业的竞争优势，更好地适应海外的生产环境。与此同时，另外的一些研究[坎特韦尔（Cantwell），1989；佛罗里达（Florida），1997]也显示，由于东道国研发机构（比如研究型大学）具有潜在的知识溢出，跨国公司为了获得这些知识溢出以扩大公司的知识基础，将会增加在东道国的研发投入。

此外，学者们还进行了大量的实证性研究，以分析决定跨国公司进行海外研发的区位选择因素。总体上看，这些决定因素大致可以分为市场规模、研发资源、技术溢出以及知识产权保护水平四个主要因素。在市场因素方面，东道国的市场销售比例（Hakanson & Nobel，1993；Odagiri & Yasuda，1996）和市场规模（Zejan，1990；Hakanson，1992；Kumar，1996，2001）

的扩大都会带来跨国公司对当地研发支出的增加,从而更好地支持适应当地市场的产品开发。然而,有些学者却发现,如果跨国公司海外生产基地是出口导向的话,那么,海外附属机构产品的出口销售比例就对当地的研发支出产生显著的正向影响(Zejan,1990;Ito & Wakasugi,2007),而当地的市场销售比例反而会产生负面影响(Papanastassiou & Pearce,1992),产生这种相互矛盾结论的原因可能是由于数据分析层次的差异所引起(Ito & Wakasugi,2007);在研发资源因素方面,如果东道国的人力资源越丰富(Kumar,2001;Ito & Wakasugi,2007),那么跨国公司海外研发支出就越多,进而获得更多的研发资源;在技术溢出方面,东道国的技术发展水平(Hakanson,1992;Kumar,1996;Odagiri & Yasuda,1996)、技术专业化程度(Fors,1997;Kumar,2001)、技术知识积累程度(Ito & Wakasugi,2007)的提高,将会导致跨国公司海外研发支出的增长,以吸收更多的新技术知识和技术溢出。

值得注意的是,在知识产权保护水平方面,知识产权保护制度常常被认为是影响跨国公司海外研发投资的重要证据,但是有关的实证研究结论却并不一致(见表1-1)。曼斯菲尔德(Mansfield;1994,1995)通过对1991年美国(94家)、日本(45家)、德国(35家)跨国公司的问卷调查,发现对于大多数类型的FDI来讲,知识产权保护水平并不是关键的区位决定因素,但它确实影响与研发有关的投资。尤其在化学和制药产业,在这些产业中,认为知识产权保护重要的企业所占的比例是特别高的。

表1-1 关于知识产权保护与跨国公司海外研发投资关系的实证研究

作者	分析单元	数据来源	跨国公司母国分布	分析方法	主要结论
曼斯菲尔德 (1994, 1995)	1991年跨国公司海外投资	问卷调查	美国、日本、德国	统计调查	对于大多数类型的FDI来讲,知识产权保护并不是关键的区位决定因素,但它确实影响与研发有关的投资
库马尔 (1996)	1977年、1982年和1989年跨国公司在54个国家的研发	美国商务部	美国	经济计量	发达国家知识产权保护的加强,将会吸引更多的跨国公司海外研发投入;对发展中国家来讲,知识产权保护水平的高低并不是跨国公司是否进行研发投资的条件
库马尔 (2001)	跨国公司1982年、1989年和1994年在74个国家的海外研发机构	全球技术和经济发展数据库	美国和日本	经济计量	东道国专利保护的强弱并不会显著影响跨国公司海外研发支出的水平;专利保护的缺失也并不会降低东道国对跨国公司的投资吸引力以及其他适当的研发活动的开展水平
桑亚尔 (2004)	1982~1988年跨国公司在海外17个国家的研发投资选址	美国商务部、世界银行	美国	经济计量	对样本所有国家来讲,强有力的专利保护对跨国公司海外研发地的选择是具有显著正向影响的;但专利保护的强弱并不是跨国公司在发展中国家海外研发支出的先决因素

续表

作者	分析单元	数据来源	跨国公司母国分布	分析方法	主要结论
布兰施泰特等人（2006）	1982~1999年跨国公司在16个国家的海外研发机构	美国经济分析局、NBER和世界知识产权组织	美国	经济计量	东道国国家的知识产权政策的改革对于增加跨国公司海外研发机构的支出以及扩大公司内部的技术转移具有显著影响作用
伊托等人（2007）	1995年和1998年跨国公司海外研发机构	日本经济贸易工业部	日本	经济计量	东道国知识产权保护的加强将显著促进跨国公司海外研发的扩张

库马尔（Kumar，1996）使用1977年、1982年和1989年美国商务部所进行的关于海外投资的基准调查数据，采用经济计量的方法分析了美国跨国公司在全球54个国家的研发情况，研究表明发达国家知识产权保护的加强，将会吸引更多的跨国公司海外研发投入；而对发展中国家来讲，知识产权保护水平的高低并不是跨国公司是否进行研发投资的条件。特别的一点，一个强有力的知识产权保护制度可能会阻碍跨国公司在发展中国家从事研发活动。实际上，在发展中国家所开展的海外研发活动对知识产权保护并不敏感。由于在工业化国家的研发更倾向于创造性和创新性，这就必然要求较强的知识产权保护。而对发达国家和发展中国家食品和化学产业的直接检验表明，知识产权保护并不是影响跨国公司海外研发选址的关键因素；值得注意的是，研发活动的类型决定了知识产权保护的重要性。

在此基础上，库马尔（2001）又采用全球技术和经济发展数据库（Global Technology and Economic Development data base）对美国和日本跨国公司1982年、1989年和1994年在74个国家的海外研发数据样本进行了相关的经济计量分析，结果显示东道国专利保护的强弱并不会显著影响跨国公司海外研发支出的水平。事实上，专利保护的缺失也并不会降低东道国对跨国公司的投资吸引力以及其他适当的研发活动的开展水平。这是因为跨国公司能够在母国申请专利，从而避免东道国专利保护体系不完善的限制。

桑亚尔（Sanyal，2004）用经济计量的方法对美国跨国公司1982~1988年在海外17个国家的研发投资选址的决定因素进行了分析，其数据主要来源于美国商务部、世界银行。该研究显示，整体上，对样本中所有国家来讲，强有力的专利保护对跨国公司海外研发地的选择是具有显著正向影响的；但对样本中的发展中国家来讲，与库马尔（1996，2001）的结论相似，专利保护的强弱并不是跨国公司海外研发支出的先决因素。而对食品和化学工业的进一步分析则表明，对这些产业来讲，如果技术需要在不同的国家进行流动，并要求消除竞争障碍的话，那么，弱专利保护是需要的，因为强专利保护将会长期损害这些产业的创新发展。此外，跨国公司借此能获得更多的技术能力。

布兰施泰特等人（Branstetter et al.，2006）用计量分析的方法研究了1982~1999年，美国跨国公司内部技术转移与16个海外国家知识产权制度改革变化之间的关系，其数据主要来源于美国经济分析局、美国海外直接投资调查、收支平衡调查以及 NBER 专利引用和世界知识产权组织的数据库。显著性检验表明，东道国国家的知识产权政策改革对于增加跨国公司海外研发机构的支出以及扩大公司内部的技术转移具有显著影响作用。特别是对于那些在改革早期就已经大量使用美国专利体系的跨国公司子公司来讲，其研发支出的增长更多，对知识产权改革的评价也最高。

  伊托和若杉（Ito & Wakasugi，2007）在日本经济贸易工业部关于海外商业活动和日本商业结构与活动的两项基本调查统计数据的基础上，对 1995 年和 1998 年日本跨国公司海外研发机构支出情况进行了经济计量分析，实证研究了决定跨国公司海外研发模式的影响因素。结果显示东道国知识产权保护的加强将显著促进跨国公司海外研发的扩张，包括以支持当地市场为目的和以吸收更高水平技术知识为目的的两种研发类型。表 1-1 总结了上述研究者关于知识产权保护与跨国公司的海外研发投资关系的实证分析。

  然而，上述关于跨国公司设立海外研发机构的研究主要还是限于发达国家。事实上，跨国公司在发展中国家设立海外研发机构的区位选择因素以及研发活动类型与发达国家之间经常会出现差异。为了学习和借鉴最先进的技术，跨国公司常常会将海外研发机构设立在最具创新力的国家（Pearce，1989；Hakanson & Nobel，1993；Florida，1997；Nobel & Birkinshaw，1998；Kuemmerle，1999）；然而 20 世纪 80 年代和 90 年代的研究文献却表明，跨国公司在发展中国家设立研发机构主要是为了适应东道国经营活动的当地环境，支持跨国公司在东道国附属生产部门的制造活动；并且，至多是开发出适合当地市场需要的产品（Behrman & Fischer，1980；Dunning，1992，1994；Kumar，1996；etc）。但是，自从 21 世纪开始，不断增多的关于在发展中国家和地区（比如印度和中国台湾地区）开展离岸研发的研究，显示出跨国公司的海外研发具有其他不同的驱动因素。正如原先所观察到的，亚洲国家的离岸研发活动是与当地的生产保持密切联系的（Amsden et al，2001；Liu & Chen，2003），雷迪（Reddy，2000）的研究表明，亚洲发展中国家的海外研发机构在全球研发网络中的作用正不断增强。在雷迪研究的 286 家跨国公司海外研发机构样本中，集中于全球市场的产品和工艺开发的研发机构数量占 77.6%。不仅如此，权（Quan，2005）的研究也再次证实了雷迪的发现，并进一步指出了跨国公司中国研发机构的全球市场导向。

1.4 跨国公司研究院在中国

早在 2001 年，薛澜等人（2001）就跨国公司在华设立的研究开发机构进行了广泛调研，他们发现，主要原因有以下两方面。

第一，中国有丰富廉价的人力资源。中国具有高质量、低成本的研发人才，尤其在一些大城市。在早期，中国科研人员的工资只有美国科研人员工资的 1/10，中国由此成为跨国公司降低研究开发成本、提高创新效率的好区域。如在 2000 年前后，在华雇用一个研究人员的年薪为 10 万元人民币，这在中国已经是高工资了，但在美国，一般研究开发人员的工资为 10 万美元，二者相差约 8 倍。郭利平（2005）也指出，美国等发达国家跨国公司受本国资源日益短缺的影响，利用东道国资源重新配置，特别是东道国的智力资源，能够有效较低研发成本，增强企业竞争力。贝尔实验室原亚太区总裁许浚先生认为，如果跨国公司不在中国建立研发中心，就会面临一个严峻的人才竞争问题：别的跨国公司通过设立研发中心获得并且利用了当地人才资源，而自己却失去了利用这些杰出人才的机会。

第二，跨国公司在华设立研发机构可满足一些跨国公司技术本地化的需求。建立研发机构可以直接面对本地需求，进行相应的新产品和新工艺的研发，也有利于快速占领市场，这更是跨国公司构建全球网络的一种战略部署。郭利平（2005）认为，多数跨国公司在中国设立研发中心的初衷就是与在当地投资的产品生产和销售形成配套，提高企业在全球的竞争力。全球化背景中的中国大陆正在从"中国制造"转向"中国研发"。

后来，学者发现，跨国公司对中国的大量研究开发投资，是想获得逆向创新。即中国已经不再简单是一个销售它们产品的地区，由于中国市场的巨大和需求复杂性的提高，它们可以把中国作为一个创新的重要基地，通过在中国的创新从而走向世界。其中的典型是 GE 公司将逆向创新成功运用。以通用电气医疗集团的超声波业务为例，通用电气传统的超声波设备体积庞大、价格昂贵、功能复杂，不适合在最看重价格、便携性和易用性的中国市场销售。于是通用电气推出了售价仅 15000 美元的微型超声波设备，这种设备受到了中国农村医院的热烈欢迎，并成为通用电气中国市场上超声波业务的增长引擎。而且，通用电气还开辟出了该产品在发达国家的用途，包括用在事故现场、急诊室、手术室等特殊场合，因此也推动了公司在发达国家的业务增长（杰夫·伊梅尔特等，2009）。利用在东道国设立的研发机构来追踪最新的科学技术进展也日益成为跨国公司海外研发活动的重要动机，德迈尔（De Meyer，1992）和达尔顿（Dalton，1999）等学者的研究都说明了这一点。例如，美国宝洁公司按产品（专业）进行全球管理，实现全球范围24小时不间断地生产、管理和创新。其在中国研发中心的工作不仅为中国市场，而是与宝洁公司全球18个研发中心联网，进行全球研究开发。

最近几年，跨国公司对中国研究开发的投入力度在加大，一些研究开发机构成为真正的研究开发部门，而不是外国技术的中国化。也就是说，基础研究的活动在增加。同时，研究开发活动是面向全球的，并且是全球研究开发网络中的一个重要节点。例如，1998年微软在北京建立微软中国研究院，2011年升级为微软亚洲研究院。2002年，甲骨文公司在深圳建立了公司在亚洲地区最大的企业软件研发中心。据商务部统计，截至2015年年底，外商投资在华设立研发机构已超过2400家。由联合国贸易和发展组织（UNCTAD）发布的《2015年世界投资报告》指出，中国在2014年首次超过美国成为最大的全球外国直接投资流入国。当然，在这些投资中，来自美国的企业最多，其次是欧洲，再次是日本。

跨国公司研究院到中国，引起了广泛的争论。一种观点认为，这对中国的产业创新是好事，因为跨国公司研究院到中国来，一是把产业最核心的部分引到中国，必然会产生技术外溢效应，引发技术转移，跨国公司对东道国技术促进的主要途径之一是通过跨国公司在东道国的技术扩散和溢出加以实现的。从世界范围内来看，技术的国际性转移与扩散非常普遍。任何国家不可能完全依靠自身进行科技创新，国际技术溢出成为各国技术进步的捷径。即使一国没有直接在技术资本上投资，由于存在溢出效应，也可能从技术投资国获得好处。据研究估计，77国集团的研发投资中1/4是非投资国受益（苟攀，2007）。李平（1999）曾经将技术溢出效应定义为：跨国公司在东道国的研发活动，通过跨国公司非自愿的方向东道国企业扩散，进而促进本地技术进步和生产力水平提高的情形。科埃和赫尔普曼（Coe & Helpman，1995）的研究结果表明，FDI、人力资本和国际研发的溢出与经济增长呈正相关关系。

二是说明跨国公司愿意把中国作为他们发展的一个大本营，是在中国，为中国，而不只是利用中国的资源，而且附着劳动力成本的上升到处漂移。跨国公司把中国市场纳入其全球战略体系中，也直接或间接地促进了中国经济和世界经济的全面接轨，促进中国产业结构的升级换代和产业技术的进步，有利于中国经济的发展（徐涛，2005）。

反对的观点则认为他们的到来，只是利用中国的人力资源，尤其是高端人才，并没有产生有效的技术转移。跨国公司为了保持技术优势，使创新成果不易被泄露，加强了对核心技术的控制。特别在发展中东道国设立的研发机构绝大部分是为行业子公司的生产需要服务的，开发设计适合东道国当地市场的产品以支撑其在当地的生产活动，只有少数几家设立了基础性的研发中心，但一般规模都较小，对当地的技术进步影响缺乏后劲，同时对东道国企业产品将产生很大的压力，影响这些企业的营利能力，进一步影响他们的技术创新能力。长期发展下去，东道国企业与跨国公司的技术差距可能会进一步拉大。此外，跨国公司利用其薪酬高、工作条件优良、福利待遇好等优越的人才机制吸引了一大批高技术和高素质的技术人才，人员的流动使得跨国公司以极小的代价获得了东道国积累了多年的经验，而人才回流的现象微乎其微（苟攀，2007），高级人才流失面临严峻考验。

对跨国公司研究院的相关研究，在2000~2008年是一个热点。一是当时中国正在广泛讨论自主创新，对跨国公司的作用讨论非常热烈。二是当时跨国公司在中国建研究院，正是一个高潮。国家及许多地方政府也出台许多政策吸引跨国公司研究院的到来。例如，1997年，国家科学技术委员会颁布了《关于设立中外合资研究开发机构、中外合作研究开发机构的暂行办法》；2000年，对外贸易经济合作部又颁布了《对外贸易经济合作部关于外商投资设立研发中心有关问题的通知》。这些政策明确规定了外商投资设立研发中心的审批原则和程序，但更多的是给予外商研发机构各种优惠条件。在国家相关政策的基础上，北京、上海、广东、江苏等跨国公司研发投资集中的省市为吸引外商研发投资也出台了一系列的政策规定，内容涉及科研机构设立实施细则、专利等知识产权保护、高技术成果转化、与企业和高校科研院所合作等诸多方面，例如，2012 年，上海重新修订出台了两项政策，规定跨国公司来上海设立亚洲区及更大区域的总部，可在三年内获得 800 万元人民币的开办资助；在上海的外资研发中心进口投资总额内的自用科研设备，可免征关税；天津也调整和制定一系列新的鼓励外商投资的优惠政策，吸引国内外风险投资，建立高新技术产业发展基金和风险投资基金，为外商投资高新技术企业创造条件等。

第 2 章　跨国企业在华研究院的发展趋势

2.1　跨国企业在华研发机构的基本情况

根据《中国高技术产业统计年鉴（1997~2009）》中医药制造业、通信设备制造业、电子计算机与办公设备制造业与医疗设备制造业等产业的相关数据显示，外商投资企业占我国大中型工业企业研发经费支出的比重由 2002 年的 19.7% 上升至 2008 年的 27.2%，年均增长率为 21.2%。2014 年，外商投资企业研发经费占全国规模以上工业企业研发经费的 14%。以技术人员中的科学家与工程师人数来反映专业研发人员的规模，外商投资企业中科学家与工程师所占比重呈逐年上升的趋势，从 1997 年的 9% 提高到 2009 年的逾 40%，年均增长率达到 25.3%。进一步选择新产品开发的投资经费与研发人员全时当量两个指标描述企业实际投入到研发活动中的资本与人力。如图 2-1 所示，外商投资企业中单位专业研发人员的新产品开发经费支出远远高于行业平均水平。与此同时，外商投资企业研发人员全时当量占行业比重持续快速提高，从 1997 年的 6% 提高到 2009 年的 38%，表明外商投资企业在研发活动中花费的人力投入持续增加。由此可见，外商投资企业的研发活动投入呈现出高资本投入和高人力投入的"双高"局面，这与外商投资企业研发中心不断扩容和新增项目的迅猛发展态势及作为人才"高地"对各类高级人才的强大吸引力是分不开的。

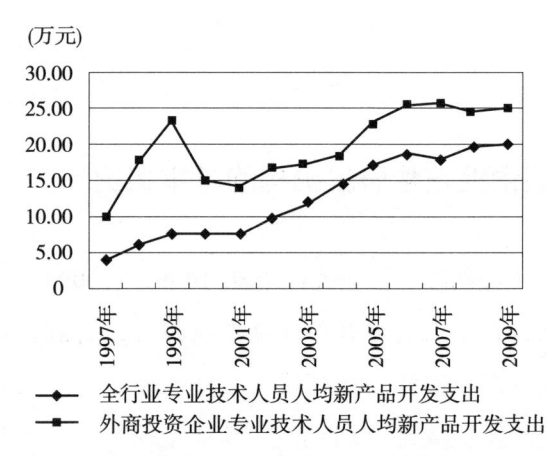

图 2-1 外商投资企业专业技术人员人均新产品开发支出

资料来源：《中国高技术产业统计年鉴（1997~2009）》。

国际金融危机以后，全球经济低迷，欧美深陷债务危机泥沼，复苏乏力。美国管理咨询机构博斯公司对全球 1000 家跨国上市公司的调查结果显示，2009 年跨国公司研发费用出现 10 多年来的首次下降，削减集中在汽车、计算机、电子领域。受访跨国公司 2009 年研发支出总额 5030 亿美元，占当年销售收入的 3.8%，环比下降 3.5%。同时，许多跨国企业也纷纷表示将大幅减少海外投资，跨国企业裁员潮也越演越烈。摩托罗拉、诺西、松下、AMD、夏普等巨头曾相继宣布裁员计划，很多跨国公司虽然在中国市场保持了高增长，但受累于母公司的经营困境，也不得不收缩在中国的战线，被迫裁员关厂，如诺西的裁员计划涉及中国区的就达 670 人，摩托罗拉涉及中国区的人数多达 1200 人。诺基亚的裁员更是从之前的销售系统蔓延到研发系统。诺基亚在 2012 年 4 月宣布彻底放弃 MeeGo 的高层和研发总监，作为削减成本计划的一部分，其在欧洲、北美的两个实验室也告关闭。诺基亚全球研究中心（Nokia Research Center，简称 NRC）之下的北京研究院（官方名称为"成长经济体实验室"）也被解散，该实验室的员工数量有几十人，属于诺基亚全球万人裁员计划中的一部分。

尽管如此，中国对跨国企业的吸引力有增无减。诺基亚在全球 13 个研究中心里唯独对"北研"作出整体裁撤的判决，其主要原因在于该实验室的研究工作有很多已偏离了诺基亚的大方向，根本找不到商用化的地方。事实上，诺基亚认为金融危机爆发后研发对企业来说更是前所未有的重要，诺基亚过去是一个领跑者，是规则的制定者，而现在出现了更多新的竞争者并制定了新的规则，在这种情况下如果不能拿出足够有吸引力的产品，就会永远处在一个追随者的位置，甚至可能在市场上迅速淡去。总体来说，跨国公司正在加快向中国进行研发转移的趋势，2012 年开年以来的 IT 招聘市场出现了淡季不淡的新现象。据智联招聘的统计显示，2010 年 2 月在其平台上发布 IT 类研发工程师职位的招聘数量比 2009 年同期增加了 30% 以上，而游戏开发工程师的需求增幅更是超过 100%，达到每天 2607 个，而2009年同期这一数据仅为1271个。2010年,据某知名猎头公司的行业招聘总监称,某IT巨头计划未来4年内将在上海招聘2000名研发人员；某单机游戏巨头要在北京和上海招聘数百名核心研发人员；某通信设备生产商要在短期内招聘数百名研发工程师。而在全球市场屡屡传出裁员消息的移动通信设备巨头诺西也表示其在中国市场的研发布局将不断加速,中国市场将成为诺西公司全球研发的重要扩张点,其在中国的研发中心已有超过1000名研发人员,并将继续大举扩充研发力量。这表明,尽管中国劳动力成本增加,但与发达国家相比,中国低成本优势依然存在,一位华人工程师的薪酬往往只相当于美国工程师薪酬的1/5,而华人工程师的业务水平却在日益与欧美缩小差距。同时中国的内需市场也在迅速发展,这些都大大增加了中国对跨国企业的吸引力,并成为促使跨国企业在中国扩大研发布局的重要因素。

2.2 跨国企业在华研发机构的数量

跨国企业在华设立研发机构始于20世纪90年代初,是跨国公司深化对中国投资的一个重要反映。其中加拿大的北方电信是最早进入中国设立研究开发机构的企业(1994年进入)。

随着跨国公司全球研发战略的演进和调整及中国相关鼓励政策的出台,中国逐渐成为跨国公司海外研发投资的热点国家,在华设立的外资研发机构数量迅猛增长。虽然有关跨国公司在中国设立的研发机构的总数目前还没有准确的统计数据,但根据中国商务部资料，1997年以前外资研发机构不足20家；2004年总数已超过600家，累计投入研发金额约40亿美元；2005年迅速上升到近750家；2007年，全球500强企业中已有480多家在中国投资设立了企业，地区总部近40家，累计研发投入已接近2000亿元；截至2015年年底，外商投资在华设立研发机构超过2400家。由联合国贸易和发展组织（UNCTAD）发布的《2015年世界投资报告》指出，中国在2014年吸收外资1276亿美元，增长约4%，首次超过美国成为最大的全球外国直接投资流入国。《2016年世界投资报告》指出，中国内地2015年吸收外资量全球排名有所下降，位居第三，仅次于美国和中国香港地区，但吸收外资规模再创新高，达1356亿美元，增长超过6%（赵恬，2016）。全球主要跨国企业中有近1/3将中国视为最具吸引力的投资目的地。同时，中国已经连续24年位居发展中国家吸收外资的首位。2015年全国设立外商投资企业26575家，同比增长11.8%；实际使用外资金额7813.5亿元人民币，同比增长6.4%（未含银行、证券、保险领域数据）。截至2015年12月底，全国非金融领域累计设立外商投资企业836404家，实际使用外资金额16423亿美元。

总体而言，跨国公司的各种投资对中国的经济增长和创新起到了积极的作用。截至2015年年底，外商投资企业创造了我国近1/2的对外贸易、1/4的工业产值、1/7的城镇就业和1/5的税收收入，对经济社会可持续发展的促进作用进一步增强（张媛，2016）。

2.3 跨国企业在华研发机构的行业和地区分布

根据商务部的统计，选取截至 2011 年年底、规模以上（年主营业务收入为 500 万元及以上的工业企业）的跨国公司在华设立的 897 家在华研发机构进行了分析（张瑜，2014）。从国家统计局定义的行业大类分布来看，从事制造领域的研发机构数量最多，达 575 家，比例高达 64.1%；其次是信息传输、计算机服务和软件业，有 290 家，占比为 32.3%，其余行业总共为 32 家，占比 3.6%。具体见表 2-1。

表 2-1 跨国公司在华研发投资的行业大类分布

行业大类	机构数	比例（%）
信息传输、计算机服务和软件业	290	32.33
农、林、牧、渔业	3	0.33
制造业	575	64.10
租赁和商务服务业	2	0.22
居民服务和其他服务业	2	0.22
科学研究、技术服务和地质勘查业	4	0.45
采掘业	3	0.33
文化、体育和娱乐业	7	0.78
交通运输、仓储和邮政业	4	0.45
电力、煤气及水的生产和供应业	3	0.22
建筑业	1	0.11
金融业	2	0.22
房地产业	1	0.11
水利、环境和公共设施管理业	1	0.11
总计	897	100

资料来源：王志乐，《2011 跨国公司中国报告》。

第2章 跨国企业在华研究院的发展趋势

将跨国公司行业大类进行进一步细分后的统计数据表明，跨国公司在我国的研发投资主要集中于电子电气、信息、软件、生物医药、汽车、化学化工、通信等资金和技术密集型的高科技行业，其中，电子电气、信息行业的跨国公司研发机构数量远高于其他行业，合计有445家，几乎占到整个外资研发机构总数的一半，为49.6%。此外，生物医药、软件行业的跨国公司研发机构的数量分别为61家和102家，占比分别为6.8%和37.8%。如图2-2所示。

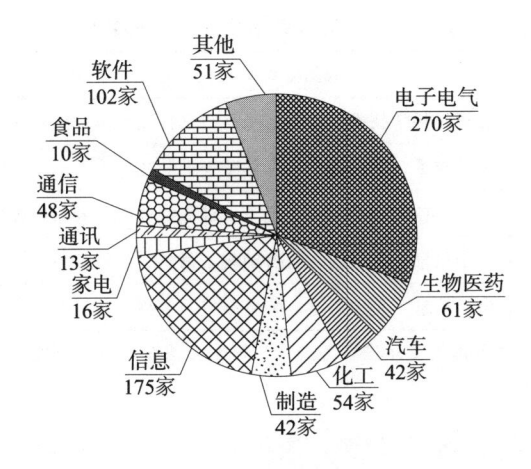

图2-2 跨国公司在华研发机构行业细分分布

跨国公司在华研发机构的行业布局，除了受全球因素的影响外，还与中国经济的快速发展和市场特征紧密相关。以汽车产业为例，德国、美国和日本等一些老牌汽车强国的工程资源逐渐稀缺，在经济高速发展的中国，不仅有不断提高的工程效率，而且工程技术人员较低的劳动力成本也成为吸引跨国公司设立生产基地和研发机构的重要因素。世界汽车制造商协会 OI-

CA 机构曾指出，2012 年，全球各品牌的汽车在华销量总计 1930 万辆，同比增长超过 4%，总量是 2005 年的 3.6 倍。2001 年，跨国公司在华汽车研发机构仅有两家，但截至 2014 年，规模较大的汽车研发机构在华已经达到 42 家。

2015 年，跨国公司继续在华投资新设企业或追加投资，所投资行业遍及汽车及零部件、石化、能源、基础设施、生物、医药、通信、金融、软件服务等，充分体现了跨国公司依然看好中国市场和来华投资前景。如表 2-2 所示。

表 2-2 跨国公司研发投资主要领域

地区	跨国公司研发投资主要产业领域
北京	计算机科学技术、电子信息与自动控制技术、生物医药
上海	信息技术、医药、汽车及其零部件和化工
广东	通信设备与技术服务、电子、计算机软件、专用设备制造
江苏	电子信息、先进制造与自动化、材料、生物制药
天津	电子信息、先进制造、装备制造、生物制药、汽车及汽车电子

资料来源：商务部投资促进事务局，《跨国公司在华设立研发中心调查报告》(2007 年)。

以 IT 通信类企业为例，该行业在全球 500 强中比例不高，但其在华研发中心所占比重很大，仅 2005 年和 2006 年两年，该行业就新增 40 多家研发中心。在《环球企业家》发布的 2010 年度 20 家最佳企业研究院中 IT 通信类企业也占有很高比例（如表 2-3 所示），除了市场发展快、竞争激烈外，电子信息产品必须汉化的市场需求也是重要原因。

表 2-3 2010 年度最佳企业研究院行业分布

名称	微软亚太研发集团	英特尔中国研究院	GE中国研发中心	诺基亚(中国)研发中心	西门子中国研究院	飞利浦亚洲研究院	惠普中国实验室	IBM中国研究院	爱立信中国研发总院	三星电子(中国)研发中心
行业	软件	IT	综合	通信	电器	电子	IT	IT服务	通信	电子
名称	诺华(中国)生物医学研究有限公司	上海泛亚汽车技术中心	上海大众研发中心	腾讯研究院	雀巢研发中心上海有限公司	联想研究院	华为研发中心	百度技术研发部	陶氏研发中心	思科中国研发中心
行业	医药	汽车	汽车	互联网	食品	计算机硬件	通信	互联网	化工	IT

资料来源：《环球企业家》2010 年第 4 期。

从在华研发机构的来源地的角度，在华设立研发中心的跨国企业来源地相对集中于美国、日本和欧洲等发达国家和地区。截至 2009 年，来自美、日、欧等国的在华研发机构有 658 家，约占全部在华研发机构的 54.9%。其中，来自美国的最多，达 313 家，约占 26.1%；日本、欧盟各有 173 家和 172 家，分别占 14.4%左右。来自港澳台地区的有 285 家，约占 23.8%；来自英属维尔京群岛、开曼群岛等避税地的有 134 家，约占 11.2%；来自韩国和新加坡的有 71 家，约占 5.9%（李京晓等，2011）。

不同行业的外资研发机构在中国选址的重点有所不同，但总体而言，上海、北京两地是首选地，两地研发机构占全国的 58.5%。这主要是由于上海、北京两地高校云集，能够为跨国公司在华研发活动提供大量高质量的人才，同时有雄厚的工业基础和良好的基础设施。但两地吸引的研发机构行业又各有不同，例如信息、软件、通信、机械等行业主要集中于北京，电子电气、生物医药、汽车、化工、制造等行业主要集中于上海。另外，长三角、珠三角及环渤海地区一些城市的外资研发机构数量也相对较多。例如，北京在通信行业研发机构总数中占比为53.8%，珠三角地区的深圳占比15.4%，长三角地区的苏州占比7.7%，三个地区几乎涵盖了跨国公司在华通信行业研发机构的全部；信息行业除了北京占比重最大之外，长三角的南京、杭州、苏州，珠三角地区的广州和深圳，中西部地区的成都也占比较多；生物医药和化工行业上海优势最明显，其次是南京，化工行业具有优势的则是天津、深圳和无锡（张瑜，2014）。跨国公司研发机构在华区域分布如图2-3所示。

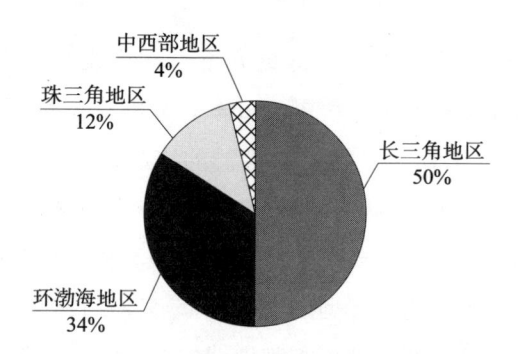

图2-3 跨国公司研发机构在华的区域分布

相对而言，中西部地区由于经济、人力及硬件设施等条件落后，研发投资分布较少。但最近几年，跨国研发中心出现向中西部大中城市扩散的端倪，开始在西安、成都、重庆、武汉、绵阳等科技资源相对丰富的城市设立研发中心。截至 2016 年 5 月，落户四川的世界 500 强企业达 301 家，稳居中西部第一。纵向比，三年新增超 50 家，这在国内属少见；横向比，在中西部首屈一指（曾小清，2016）。截至 2016 年年初，共有超过 260 家世界 500 强企业落户重庆，共有 105 家世界 500 强企业在西安设立了 193 个公司或分支机构。其中超过 85% 的企业都是 2000 年后设立的。例如，IBM 投资 2000 万美元与西安软件产业园合作搭建设计规模和技术水平为全球之最的软件开发平台；2000 年惠普斥资 6800 万元人民币在西安建立西部最大的电子商务技术开发中心；2001 年摩托罗拉投资 1000 多万美元在成都建设网络系统研发中心；阿尔卡特继 2003 年在成都设立光通信研发中心后，2006 年 5 月又投资 3 亿元人民币在成都设立网络通信设备研发中心；韩国三星、日本东芝和三洋等 8 家企业先后在长虹电子集团设立"联合实验室"；荷兰飞利浦则将总部基础实验室建在西安。

事实上，诸如重庆、成都、武汉和西安等城市不仅人口众多、市场规模庞大、劳动力成本低，而且具备很强的工业基础和工业配套能力，更为重要的是拥有丰富的研发资源，仅西安就有近 40 所大专院校、140 多个独立科研机构和几十个国家重点实验室。另外，随着北京、上海等一线城市生活成本的增加，员工跳槽频繁，而中西部城市的员工流动率较低，稳定性强，因此未来跨国公司在中西部内陆城市设立研发中心的力度会进一步增强。

从跨国公司来源国家来看，897 家在华研发机构中，美国、欧洲、日韩等发达国家和中国香港及台湾地区等发达地区是吸引外资研发机构的主要来源地，一共有 882 家，四个区域的外资研发机构占总数的比重为 96.7%，其中美国最多，为 368 家，占比为 40.8%，欧洲主要集中在法国、德国、瑞典、荷兰、瑞士 5 个国家，以法国居多（张瑜，2014）。外资机构在中国市场设立研发机构时，不同行业对中国市场的地区选择也存在差异，例如，电子电气行业主要来自于美国，主要设立在上海和北京，占比为 24.1%，其次是日本，主要设立在北京，占比为 7%；生物医药行业主要来自于美国、丹麦、瑞士、韩国、中国香港等国家和地区，其中美国占到 24.6%，其他几个来源地的该行业研发机构占生物医药外资研发机构总数的 6.6%，主要投资于北京、上海和江苏三个省市。具体如图 2-4 所示。

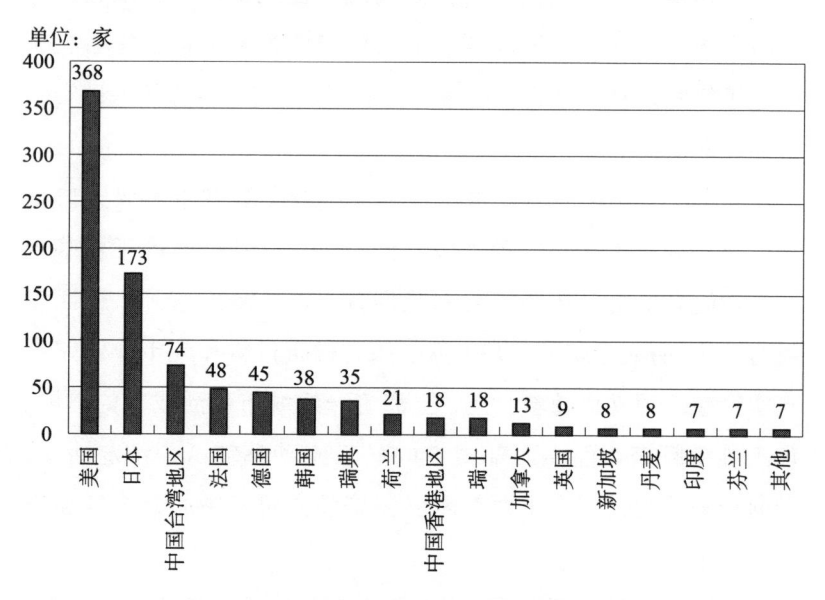

图 2-4 跨国公司在华 R&D 机构的来源地分布

2.4 跨国企业在华研发机构的人员规模

跨国公司研发机构在成立之初人员规模都较小，研究人员一般只有十几到几十人。最近几年规模增长较快，但仍差距悬殊。富士通中国研发中心研究人员规模由成立时的 65 人增加到 2009 年的 100 人，德尔福（中国）科技研发中心一期招聘科研人员 500 人，西门子（南京）公司 2005 年扩招 200 名研发人员。另外，从主要几个母公司来源地看，欧美公司的研发机构规模较大，日本、韩国公司研发机构的规模次之，中国香港及台湾地区公司的研发机构规模较小。主要跨国企业在华研究机构的人员规模如表 2-4 所示。

据 2011 年数据，自 1997 年以来，通过全资公司、合资公司以及合作的形式，爱立信已经在中国主要城市（包括北京、上海、南京、成都、青岛、广州等）成功地建立了 10 多个研发机构。过去几年中，爱立信在中国的研发投入每年超过 10 亿元人民币，研发人员超过千人。40% 的中国员工正在从事不同领域的产品和解决方案研发工作，平均每年面向全球市场开发 100~150 款产品（爱立信在中国，2012）。

据 2013 年数据，飞利浦在中国每年的研发投入超过 1.1 亿欧元，有 9 个研发中心，超过 2100 名研发人员，中国研究院是飞利浦全球的第二大研究院（万晓晓，2013）。

截至 2014 年 3 月，思科中国研发中心的研发人员超过 3200 人，成为思科美国本土外的第二大战略研发中心。

截至 2015 年 9 月，西门子在中国拥有约 4500 名研发人员和工程师、20 个研发中心和超过 1 万件有效专利及专利申请（西门子研发在中国，2015）。

截至 2015 年，已有超过 2500 名软件工程师和解决方案架构师工作在 SAP 中国研究院园区内，其中 96% 为本土高级技术人才，94% 拥有学士或以上学位，38% 为女性员工，形成了技术能力完善的多元化研发团队，创新能力持续提升。在专利申请数量和质量上都取得了长足发展，累计递交专利申请 341 件，其中 72 件已成功获得授权（SAP 中国研究院，2015）。

表 2-4 主要跨国企业在华研究机构的人员规模（2009）

公司名称	研发人数/人
微软	>3000
英特尔中国	120
通用电气	930
诺基亚（中国）	约 800
西门子	300（2015 年 >4500）
飞利浦电子	1000（2015 年 >2100）
IBM	>200
爱立信	400（2011 年 >1000）
三星电子	500
诺华公司	1300
通用汽车公司	1300
上海大众汽车有限公司	1200
腾讯	220
联想	2000
华为	13000（2015 年 >75000）
百度	2000
陶氏	500
思科	500（2014 年 >3200）
SAP	1200（2015 年 >2500）

资料来源：《环球企业家》2010 年第 4 期。

2.5 跨国企业在华研发机构的投资规模

截至 2014 年 4 月,思科在中国有超过 1 亿美元的研发投入。思科中国研发中心 2005 年成立,到 2013 年已经在上海、北京、杭州、苏州、合肥以及深圳设立分支。

自 1998 年英特尔开始在中国投资,截至 2016 年 3 月,已累计投资 140 多家中国技术公司,总额超过 19 亿美元,其中 35 家公司已经上市或被收购。目前在中国有 40 多家投资组合公司,分布在北京、上海、深圳、广州、天津、重庆、杭州、沈阳、无锡、苏州等地,投资重点领域包括云计算、大数据分析、物联网、智能设备、可穿戴设备、智能机器人技术、无人机、车联网、虚拟现实和增强现实技术等(中国地区投资成果,2016)。

通用汽车及其在华合资企业计划在 2014～2018 年的投资总额将达到 140 亿美元(玛丽·博拉,2015)。

近年来,跨国公司海外研发投资意愿十分强烈。根据联合国贸易发展会议对全球研发投入最大的一些跨国公司进行的调查结果显示,有 69% 的跨国公司表示将会增加海外研发投资,29% 表示将会保持不变,仅有 2% 表示将会减少研发投资(周立群等,2012)。世界 500 强的研发投入占产品销售总额的比例基本保持在 5%～10% 的水平,而在全球 IT 行业的主要企业中,研发费用几乎占到整个销售收入的 10%(如表 2-5 所示),并保持快速增长,如 2000 年 10 月正式成立的三星电子中国通信研究院研发经费以每年 30%~40%的速度增长，爱立信自 2000 年起在中国的研发投入以每年 25%的速度增长。

表 2-5　主要跨国企业在华研究机构的投资规模

研究机构名称	研发投入	研发强度（占销售额的比例）
IBM 中国研究中心	每年 5 亿元人民币研究经费	5.9%
微软中国研究院	8000 万美元	15.5%
Intel 中国研究院	5000 万美元	14%
贝尔实验室基础科学研究院（中国）	前 5 年共投入 1 亿美元，2006 年投入 6500 万美元	
思科中国研发中心	5 年内投资 3200 万美元	
摩托罗拉中国研究院	2005 年投入 1.55 亿美元，累计投入 4.5 亿美元	9.8%
爱立信中国研发总院	6600 万美元	
西门子中国研究院	3~5 年内将投入 8 亿元人民币	6.7%
诺基亚中国研发中心	人均投入 190 万元	13.1%
惠普中国研发中心	500 万美元	4.4%
飞利浦东亚研究实验室	2005 年研发投入为 5100 万美元	8.4%
SUN 中国工程研究院	2005 年研发投入为 4000 万美元，累计投入 1 亿美元	17.2%
SAP 中国研究院	2000 万美元	13.6%
三星中国研究院	600 万美元	6%
索尼中国工程设计集团	600 万美元	6%

资料来源：《跨国公司在华研发投入调查报告》（2006 年 12 月）。

同时，跨国公司在华研发中心的投资项目规模也逐渐增大，根据商务部 2007 年的统计数据显示，跨国公司在华研发中心的累计投资平均项目规模为 1709.5 万美元,并呈现地区差异,其中浙江、上海、广东平均项目规模分别为 3255.6 万美元、3149.9 万美元、2455 万美元,均高于全国平均水平(周立群等,2012)。

从研发经费的来源渠道看趋于多元化。如通用研发费用总公司拨款占 30%,业务部门与外部合约分别占 52% 和 18%;NEC 研发费用总公司拨款占 70%,业务部门合约占 30%;西门子研发费用总公司拨款占 35%,业务部门与外部合约分别占 50% 和 15%;施乐公司研发经费则总公司拨款和业务部门合约各占 50%;IBM 中国研究中心每年 5 亿元研究经费,其中 60%~70% 来自 IBM 研究总部,30%~40% 来自产品部门,总费用占 IBM 全球研发中心的 10%。

第3章　跨国企业在华研究院的组织与管理

3.1　跨国公司研发国际化的类型

跨国公司研发国际化是一个多方面的活动，其海外研发活动的类型随跨国公司的全球战略以及海外研发活动的职能和动机的不同而不同。很多学者通过对不同样本的调查和分析，分别从不同的角度对跨国公司研发国际化的类型进行了研究。

龙施塔特（Ronstadt；1977，1984），基于国际产品生命周期，根据海外研发机构职能的差异对其类型进行了分类：一是技术转移单位（Technology - transfer Units，简称TTU），其职能是接受、使用与完善由母公司提供的技术，为海外子公司实现技术的本地化适应；二是本地技术单位（Indigenous Technology Units，简称ITU），其职能是服务于海外子公司，根据海外市场进行独立的、与母公司技术并无直接关联的新产品开发；三是全球技术单位（Global Technology Units，简称GTU），其职能是进行公司面向全球市场的新产品开发；四是公司技术单位（Corporate Technology Units，简称 CTU），其职能是负责母公司的长期研究，探索新的技术领域，通常承担了公司最核心的基础研究。塔格特（Taggart，1998）等从跨国公司对研发承诺与学习环境这两个维度分析了龙施塔特的四类研发机构的特点，指出技术转移单位的研发承诺低、学习环境差，地方技术单位的研发承诺高、学习环境差，全球技术中心的研发承诺高、学习环境优，而公司技术中心的研发承诺低、学习环境优。

胡德和扬（Hood & Young，1982）将海外研发机构分为下列三种不同的类型：技术支持实验室（Support Laboratory，简称 SL）、本地一体化实验室（Local Integrated Laboratory，简称 LIL）以及国际互助实验室（International Interdependent Laboratory，简称 IIL）；其中技术支持实验室是技术服务中心和国际技术情报中心；本地一体化实验室进行本地产品创新开发和技术转移；国际独立实验室是参与公司国际项目的国际研究机构，并与公司全球研发网络上的其他研发机构协同开展研发活动。

休伊特（Hewitt，1980）则将跨国公司海外研发机构分为适应型研发、本地市场导向型研发和全球型研发三类。而霍坎松和诺贝尔（Hakanson & Nobel，1993）基于对瑞典公司的研究，把跨国公司海外研发机构主要分为技术监测单位（Technology Listening Units）、生产支持单位（Production Support Units）、市场导向单位（Market - Oriented Units）、政策动机单位（Politically Motivated Units）以及多元动机单位（Multi - motive Units）五种类型。

屈默勒（Kuemmerle，1997）将海外研发机构的职能分为技术开发（HBE）与技术增长（HBA）型，其中 HBE 型投资的职能是为公司在国外的生产基地提供技术支持，调整产品标准化程度以适应当地需求，HBA 型投资的职能是从全球范围的竞争对手及各类大学、研究机构那里获取知识；并指出跨国公司研发职能动态演进是从 HBE 向 HBA 发展的。布罗克夫（Brockoff，1998）则将研发机构的职能类型分为七种：当地的研究机构、市场支持机构和制造支持机构以及国际性研究机构、开发机构、市场支持机构和制造支持机构。

综上，学者们从各自不同的角度对跨国公司海外研发的类型进行了分类，但基本上都是围绕着外国子公司研发活动的职能和跨国公司的动机展开的。虽然学术界有关跨国公司海外研发活动的分类研究大多数针对在发达国家的外国子公司进行，但在一般情况下，也适用于在发展中国家出现的全球研发的现象。

3.2 跨国公司研发国际化的组织管理模式

随着跨国公司海外研发的发展，特别是自 20 世纪 90 年代末开始，学者们从各种不同的角度研究了跨国公司研发的管理结构问题。跨国公司研发网络的管理结构，在一定程度上能够帮助我们更好地解释研发活动类型所具有的地域性特征。尽管我们的研究并不是特别关注于跨国公司全球研发网络的组织，但对其的相关文献回顾将有助于回答跨国公司的研发独占性问题，然而，国外的研究仍然主要关注于在发达国家的海外研发情况。

巴特利特和戈沙尔（Bartlett & Ghoshal，1991）认为，存在四种国际研发管理的结构：（1）中心—全球式结构（Center-for-global），该结构中在跨国公司母国开发面向全球市场的新产品和新工艺；（2）东道国—东道国结构（Local-for-local），该结构中海外研发机构独立开发适合当地市场需要的新产品和新工艺，各研发机构之间基本没有联系；（3）东道国—全球结构（Locally linked），该结构中每个海外研发机构所开发新产品和新工艺都将向全球进行推广；（4）全球联系的结构（Globally linked），该结构中不同国家地区的海外研发机构将互相合作，共同开发面向全球市场的新产品和新工艺。通过解构 OECD 国家的宏观经济数据，阿尔基布吉和米基（Archibugi & Michie，1995）开发出另一种对全球技术开发系统的分类模式：面向全球市场的技术应用（The global exploitation of technology），全球技术开发合作（The global technological collaboration），技术产生的全球网络（The global generation of technology），其中第三种模式意味着，企业正不断将其研发和技术活动整合到全球研发系统中，虽然这种趋势目前还不是很明显。在分析专利数据的基础上，阿尔基布吉和米基再次证实了卡松（Casson）的观点，认为全球联系的研发活动（Globalised R&D）仅仅是少数大型跨国企业在少量工业化领先的发达国家开展的研发活动的体现（Casson，1991）。

切萨（Chiesa，1996）则将跨国公司的全球组织模式分为三类：一是全球中心（Global central），跨国企业将技术资源高度集中于母国发展，而将海外技术转移单位分散化；二是全球专业化（Global specialized）将全球性专业化任务委托给国外特定的实验室，以改善产品研发过程的效率，特定产品种类的研发活动集中于特定地区；三是全球整合（Global integrated），各个国外实验室保持独立且自由发展新产品，并在共同利益最大化原则下由母国中央研发机构协调整合。梅德卡夫（Medcof, 1997）也提供了一个关于全球分散的技术开发机构的八种分类模式，这些分类模式建立在技术活动的种类（研究、开发或者支持性活动）、区域合作的主要功能（营销、制造，营销和制造，或者其他功能）以及区域合作范围（东道国区域内、全球范围）的基础之上的。Gassmann 和 von Zedtwitz（1998）通过对 31 家以技术为基础的跨国公司的调查，提出了全球研发活动的覆盖组织结构（Overlaying organization structure），该组织结构包括区域结构、等级结构、覆盖项目/工艺结构以及非正式的/关系结构等四个层级，该研究也验证了需要在全球进行一定的研发分工，使不同的研发机构从事不同的实验和开发活动（Chiesa, 1996）。布罗克夫（1998）则进一步将跨国公司海外研发机构的组织结构归纳为四类：一是中心—外围型，公司总部研发中心执行创新，外围海外研发机构进行信息搜集、技术转移和市场适应性研发；二是多区域能力中心型，总部建立中央研究机构，并且海外设立多个区域性能力中心，区域中心为地方或全球市场进行开发，区域中心间缺乏沟通；三是全球网络化组织型，总部中央研究机构与海外所有研发机构互成网络，进行全球协作开发。而灿德尔（Zander，1999）通过区分不同类型的国际创新网络，对技术能力的区域分布、公司竞争力与跨国公司特征变化的关系进行了研究，在对较高的技术能力进行复制和多样化的基础上，将国际创新网络分为四类：以母国为中心的研发网络（Home centered）、全球复制性的研发网络（International duplicated）、全球多样化的研发网络（International diversified）以及全球分散化的研发网络（International dispersed）。灿德尔主要是通过分析瑞典跨国公司在美国的专利数据进行研究，因此，其结论在一般意义上对于母国市场较小的跨国公司更具代表性。

皮尔斯（Pearce，1999）根据跨国公司在英国设立的研发机构的研究，强调了海外研发机构的新定位，指出越来越多的海外研发机构开始集中于产品开发，并与跨国公司的创新网络密切联系起来，这就改变了以往东道国研发机构仅仅是将母国开发的产品进行改进以适应东道国市场要求的定位。而在研发组织沟通方面，赞菲（Zanfei，2000）则认为，随着跨国公司海外研发机构越来越趋向于针对海外市场开发海外研发资源，原先向跨国公司总部集中化的沟通模式和单一信息流动渠道不再适用。穆纳尔特和克里斯托夫（Moenaert & Christophe，1998）认为应从企业和团队两个层面，以平行结构、非正式网络、高效能团队来促进跨国公司海外机构间的沟通。此外，冯·策特维茨和加斯曼（Von Zedtwitz & Gassmann，2002）指出跨国公司的国际研发活动具有不同的区域驱动，他们将研发国际化归于两种动力：寻求外部的科学技术知识和寻求新的市场和产品，在此基础上形成了全球研发的四种原型组织模式：国家财富驱动（National treasure）、市场驱动（Market-driven）、技术驱动（Technology-driven）和全球驱动（Global）。在此基础上，Li 和 Yue（2005）通过对跨国公司在 1995~2001 年在中国设立的 378 家研发机构的调查，研究了研发国际化管理结构的演进，在研发机构设置的地域分布和功能定位的两个维度内，提出了东道国研发机构管理的四种结构模式：研发集中化（Concentrated research and development）、研究集中开发分散（Dispersed research and concentrated development）、开发集中研究分散（Concentrated research and dispersed development）、研发分散化（Dispersed development）。以上这些学者的讨论深刻地反映出研发国际化的组织形式并不是一成不变的，为适应全球化，跨国公司组织正变得越来越富于弹性、开放和一体化（von Zedtwitz，2002）。

3.3 跨国企业在华研究院的工作性质

为了更加具体了解跨国公司研究院的情况，我们于 2012 年对可接触范围内的 25 家跨国企业在华研发机构进行调查，并发放了一些调查问卷。其在来源母国、行业分类、人员规模等方面基本与宏观数据相吻合。其基本情况如表 3-1 所示。

以下是我们基于上述调查访问得到的一些结论。

第3章 跨国企业在华研究院的组织与管理

表3-1 调研访谈样本研发机构的基本情况

机构编号	所属公司编号	母国	行业	机构类型*	成立时间	人员规模(人)	其中：研发人员规模	人员构成	研发工作性质
1	EU_BIO_01	丹麦	生物医药	1 R&D	1994		R&D: 77	硕士 >70%	应用研究，工程实现，产品开发
2	JA_MUL_01	日本	工业集团	1 R&D	2000 2004 (成立法人)		R&D: 80	硕士 60%~70%	应用研究，工程实现
3	JA_MUL_02	日本	工业集团	1 R	2003	63	R: 30 D: 20	博士 90%	应用研究，工程实现
4	US_ICT_01	美国	电子信息	4①: 1+2 R&D	1993		R&D: 3000 R: 200		应用研究，工程实现，产品开发

注：* 机构类型：1 为（集团）公司研发中心（Corporate Center）；2 为事业集团（Business Unit）或事业部研发中心（Department）；4 为其他，包括中国公司、1 和 2 的混合体等；后缀 R 代表机构主要从事研究工作，R&D 表示同时进行研究与开发工作，D 表示主要进行产品和技术开发工作，S 代表主要从事分析测试、技术支持、对外合作、软件外包等辅助工作。

① 访谈机构为该公司设立的平台型研发机构，其研发人员统计数即为公司在华研发人员总数。上都隶属于该机构中央实验室和各事业集团和各事业集团在华设立的各类实验室和研发中心式母国研究院，母公司中央实验室和各事业集团在华设立的各类实验室和研发机构在形式。

· 51 ·

续表

机构编号	所属公司编号	母国	行业	机构类型*	成立时间	人员规模（人）	其中：研发人员规模	人员构成	研发工作性质
5	JA_ICT_02	日本	电子信息	1 R&D	1998	62	R&D: 55	博士50%，硕士50%	应用研究，工程实现，产品开发
6	EU_MUL_03	德国	工业集团	3 D	2002	300~400	R&D: 110	博士17%，硕士84%	产品开发，工程实现，分析测试
7	EU_BIO_02	德国	生物医药	3 S	2001	100	R&D: 13		临床试验，分析测试
8	EU_MUL_03	德国	工业集团	3 D	2003	107	D: 71	博士1%，硕士28%	产品开发，技术支持
9	EU_MUL_04	荷兰	工业集团	3 D	1993	80	R&D: 36	硕士17%	产品开发，技术开发
10	JA_ICT_02	日本	电子信息	2 6D&S	1999	300	R&D: 196	硕士13%	产品开发，软件外包

续表

机构编号	所属公司编号	母国	行业	机构类型*	成立时间	人员规模（人）	其中：研发人员规模	人员构成	研发工作性质
11	US_MUL_05	美国	工业集团	4②：1+2 R&D	2000	971	R: 171 D: 731	博士23%，硕士38%，本科35%	基础研究，应用研究，产品开发，工程实现
12	US_ICT_01	美国	电子信息	1 R&D	2000	45	R: 30	硕士以上89%，博士60%	应用研究，产品开发，工程实现
13	EU_BIO_03	英国	生物医药	1 R	2006	80	R: 80	博士30%，硕士50%，本科20%	基础研究，药物临床前应用研究
14	JA_MAC_01	日本	机械设备	1 S	2006	7 项目经理4人	R: 90③		基础研究，应用研究（对外），委托研究

② 该机构为公司三大全球研发中心之一，兼具研发、采购、培训三方面职能。作为研发平台，"入驻"了母公司中央实验室和各事业集团在华设立的各类研发机构及实验室。

③ 该机构为合作形式的研发机构，目前所有项目研发人员均来自中国大学，机构只提供办公场所、实验室、设备条件以及项目管理服务。

续表

机构编号	所属公司编号	母国	行业	机构类型*	成立时间	人员规模（人）	其中：研发人员规模	人员构成	研发工作性质
15	EU_COM_01	美国	食品日化	1 R&D	2003		R&D: 98	博士50%，硕士45%，本科5%	基础研究、应用研究、产品开发、分析实验
16	EU_MUL_04	荷兰	工业集团	1 R&D	2000		R&D: 95	博士67%	应用研究、产品开发、知识产权管理
17	JA_ICT_03	日本	电子信息	4④ R&D	2001	95	R&D: 90	硕士以上67%~75%	应用研究、产品开发、项目合作
18	US_ICT_04	美国	电子信息	4⑤ 1+2 R&D	2006	1842	R: 300 D（工程师）: 1542	博士7.93%，硕士52%，本科35.6%	基础研究、产品开发、产品测试

④ 访谈机构为该跨国企业（中国）投资有限公司。
⑤ 机构18为公司在中国设立的研发集团，旗下包括不同类型的研发机构，如研究院、工程院、研发中心、技术中心、合作平台以及各事业部在华设立的开发团队。

续表

机构编号	所属公司编号	母国	行业	机构类型*	成立时间	人员规模(人)	其中:研发人员规模	人员构成	研发工作性质
19	US_ICT_05	美国	电子信息	1 R	1998	180	R: 80 D(工程师): 85	博士 60%, 硕士 20%, 本科 20%	工程研究, 软件开发
20	US_ICT_06	美国	电子信息	1 R	1995	200	R: 150	博士 50%	应用研究, 基础研究, 产品开发
21	EU_ICT_07	芬兰	电子信息	4⑥ R&D	1998		R&D: 500	博士 20%, 硕士 60%, 本科 20%	产品开发, 产品改进, 技术测试
22	US_MUL_06	美国	航空	3 R&D	2009	20	R: 12 D(工程师): 2	博士 20%, 硕士 40%, 本科 40%	应用研究, 技术测试, 产品开发, 产品改进

⑥ 调研机构为该跨国企业(中国)投资有限公司。

续表

机构编号	所属公司编号	母国	行业	机构类型*	成立时间	人员规模（人）	其中：研发人员规模	人员构成	研发工作性质
23	US_ICT_08	美国	电子信息	3 R&D	1997	250~500	R：78%	博士14%，硕士69%	应用研究，产品开发，产品改进
24	US_MUL_07	美国	工业集团	4 R&D	2007	1000		博士9%，硕士46%，本科14%	应用研究，工程实现，产品开发
25	US_MAC_2	美国	汽车	1 R	2009	30	R：24 D（工程师）：3	博士80%，硕士15%，本科5%	基础研究，应用研究，产品开发

3.3.1 跨国企业在华研发院工作性质的分类

无论是供应导向创新链模式下从技术发明到市场应用和市场价值的实现，还是需求导向创新链模式下从市场需求定义到技术解决方案的实现，研发都是一个漫长而又复杂的过程，包括环环相扣的各个环节，如基础科学研究，前沿与尖端技术研究，技术商业化（原型）研究，新产品、新工艺开发，产品、工艺或设备改进，产品设计，为产品销售提供技术支持与服务等。依据所处研发环节的差异，我们将跨国企业在华研究院工作性质分成三种类型：研究型、开发型和辅助型。

"研究型"机构往往是全球中心，因为研究活动相对更为基础更加前沿，离具体产品较远，可以为全球市场提供技术供给。"开发型"机构则更多是区域中心或者本地中心，这样有利于将开发活动置于离市场最近的地方，更加敏锐地把握市场信息，满足特定客户需求，赢得商业上的成功。而"辅助型"机构定位为全球中心或本地中心的可能性都有，根据我们的调研，其中的"全球中心"主要是利用中国廉价的技术劳动力来辅助其全球研发业务的开展，在以"模块化"为特征的全球研发分工体系下，将某些具有人力密集特征的研发工作、研发模块（如软件代码编写、临床实验、数据分析、产品测试等）拿到中国来做，利用中国的人力成本优势，成为跨国企业在华建立此类机构的主要目的；"本地中心"则更多是将总部成熟的技术拿到中国，为更好地适应当地市场或者量产做适应性开发，或者产品和工艺的改进（即产品本地化），同时也包括支持生产和销售的辅助性技术服务，如咨询、培训、客户体验等。依据这一二维分类标准，我们将样本研发机构分类如下（见表3-2），从而能够更清晰地反映出它们在各自公司全球研发体系中的定位和所扮演的"角色"。

如表3-1所示，在我们所调研访谈的全部研发机构中，机构1-5，11-13，15-23，25属于纯研究（R）或者兼具研究

表3-2 部分样本研发机构的工作性质与战略定位

战略定位		工作性质		
		研究型	开发型	辅助型
	全球中心	日立（中国）研究开发中心有限公司 NEC中国研究院 富士通研究开发中心有限公司 摩托罗拉中国研究中心 联合利华中国研究中心 飞利浦亚洲研究院（上海） 英特尔中国研究中心 IBM中国研究院 通用汽车中国科学研究院	诺维信中国研发中心	南京富士通南大软件技术有限公司（FNST） 欧姆龙传感控制研究开发（上海）有限公司
	区域中心		西门子迈迪特（深圳）磁共振有限公司 苏州西门子电器有限公司 飞利浦（中国）投资有限公司苏州分公司	
	本地中心	阿斯利康中国创新研究中心	东芝中国研究开发中心	拜耳医药广州有限公司 广州IBM软件创新中心

注：调研访谈的摩托罗拉中国研究院、GE中国研发中心、微软中国研发集团、霍尼韦尔科技事业部，虽然以一个机构的名义存在，但实质上是多个在华研发中心的集合，其下属机构中可能同时存在全球、区域和本地中心，并且研发工作的性质各不相同，因而未纳入上表分析。

与开发（R&D）职能的机构，它们的共同特点是硕士以上学历人员占全部研发人员的 60% 以上。在这当中，机构 3、5、12、15、16、19、20、25[①] 的全部研发人员中，具有博士学历的均占到 50% 以上或接近 50%，从而更接近研究机构。实际上，它们也正是所在公司中央实验室（Corporate Lab）或中央研究院（Corporate Research）在华设立的分支机构。对此类机构而言，除极少数外（机构 20 个，150 人），研发人员规模都在 100 人以下，而且差别并不大，研发人员比例占机构全部人员的比例则普遍在 70% 以上，相当一部分在 90% 以上。而我们所访谈的多名机构负责人则指出：具有研究生以及博士以上学历的研发人员的比例，是判断一个机构是否为真正研发机构的最为可信、也最易操作的标准，数据分析很好地证明了这一点。

与此不同，机构 6~10 则是比较典型、也是比较纯粹的产品开发或辅助支持（外包）机构，除机构 6 外，其共同特点是硕士以上学历的研发人员比例较低，大致在 15%~30%，同时机构人员规模相对较大（一般在 100 人以上），但研发人员所占的比例较低（70% 以下，甚至低于 50%），这表明机构人员中，有相当一部分从事的是技术支持、产品测试等辅助型工作[②]。以

[①] 如前所述，机构 4、11、18、24 是带有"整合"性质的母公司在华研发集团或研发基地，其研发力量包括了中央实验室（Lab）在华分支及各事业集团下辖研发力量。

[②] 在商务部以及北京、上海、苏州等地方政府出台的外资研发机构认定办法中，一般将拥有本科以上学历的人员比例作为判断标准之一，其中商务部与上海市的标准较高，为 80%，北京、苏州的认定比例相对低一些。这恐怕是造成官方统计研发机构数量远远超过实际数量的原因之一，同时也高估了跨国企业在华研发规模。如前所述，按照这一较低的标准，很多从事代码编写（软件外包）、技术支持、产品培训、甚至销售服务的机构都有可能被纳入"研发机构"的范围。

机构 7 为例，所从事的实际上是药物上市前和上市后的临床测试与数据分析，公司内部界定为市场推广而非研发。机构 14 的情况则比较特殊，它实际上是母公司在华设立的一个合作机构，本身只有 7 个管理人员，其职能是与中国大学的研究人员开展委托项目合作，并为其提供办公场所、实验室、设备条件及项目管理服务。因此，虽然该机构所进行的委托项目多为基础研究，但我们仍然将其定义为辅助型（S）机构。

另外，据 CISTP 的调研显示，大部分样本机构的工作性质都不是单一的，而是呈现多元化特征。如图 3-1 所示，从研发工作的重点来看，73.7% 的机构将"新产品、新工艺开发"定义为其主要工作，而"工程技术研究、产品的工艺实现"与"前沿与尖端技术研究"也分别占到调研机构总数的 52.6%。此

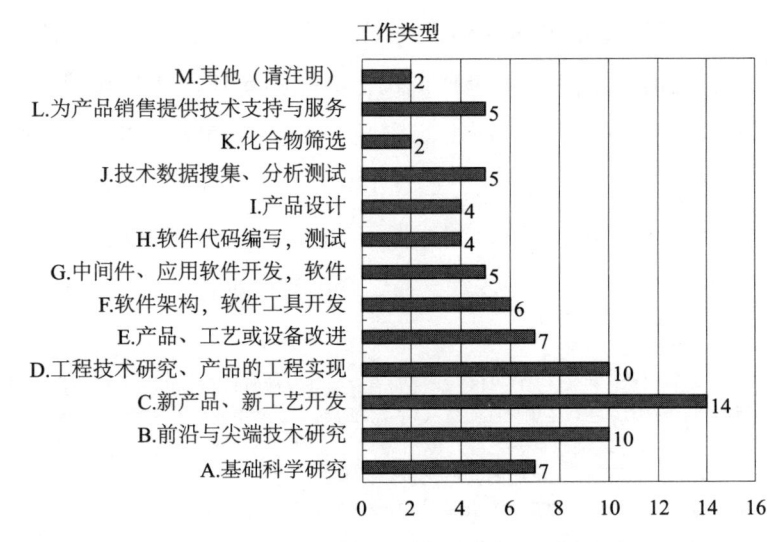

工作类型	数量
A.基础科学研究	7
B.前沿与尖端技术研究	10
C.新产品、新工艺开发	14
D.工程技术研究、产品的工程实现	10
E.产品、工艺或设备改进	7
F.软件架构，软件工具开发	6
G.中间件、应用软件开发，软件	5
H.软件代码编写，测试	4
I.产品设计	4
J.技术数据搜集、分析测试	5
K.化合物筛选	2
L.为产品销售提供技术支持与服务	5
M.其他（请注明）	2

图 3-1 问卷调研机构的研发工作类型分布

外,"产品、工艺改进"与"基础科学研究"也占到一定比例,是在华研发机构的工作内容之一。应该说,这与已有的研究发现基本一致,一方面,大多数调研都指出跨国企业在华研发机构的工作以"产品开发"为主,特别是同时面向中国与全球市场的产品开发,这一点在 IT 领域体现得尤为明显;另一方面,课题组 2004 年的调研也发现,相当一部分在华研发机构同时具备"知识生产"与"知识利用"的特点,同时进行技术研究、新产品开发与本地化。

3.3.2 跨国企业对研发活动性质的界定差异

虽然前面的分类能对跨国企业在华研究院的工作性质做一个比较好的归纳,但我们在调研中发现,由于所属公司、所处产业以及自身定位的不同,跨国企业在华研发机构自身在工作性质的界定上存在着较大差异。

其一,不同公司对研发(R&D)活动的定义不同。

美国国家科学基金会(NSF)在成立之后,曾经对 R&D 下过这样的定义:研究是"针对所研究课题的更充分的知识进行系统的和精深的探究",而发展则是"针对有用的材料、器件、系统、方法或制造过程的产生应用由研究得出的知识"。但随着知识创造与更新速度的加快,科学与技术之间距离的日益缩短(如生命科学和生物技术)以及新的商业模式的出现,今天人们对研究与发展(R&D)活动添加了更加丰富的内涵。

比如,微软中国研发集团将研发活动重新定义为 RIDE,而非 R&D,即基础研究 Research、技术孵化 Incubation、产品开发

Development 和创新生态 Ecosystem（研发流程）。IBM 公司将创新的内涵延伸到六个层面，即产品创新、服务创新、业务流程创新、业务模式创新、管理和文化创新以及政策与社会创新，从而将传统上与技术研发无关的业务模式创新与流程优化等活动也纳入了研发范畴。富士通公司自己将研发分为三个阶段：前沿技术开发（Cutting－Edge Development）、技术商业化（Commercialization）、产品/技术开发（Securing Profitability），并根据技术与认识成熟度两个维度，进一步将最前端的研究（Research）工作区分为探索性研究（Exploratory Research）、超前研究（Advanced Research）、通用基础技术（Common Base Technologies）研究和发展研究（Development Research）。而从日本公司的一般经验来看，还普遍将知识产权"开发"也视为研发活动的重要组成部分，如 NEC 的研发本部就被称为"智力资产研发部"（Intellectual Asset R&D Unit）。

另外，由于市场竞争的日趋激烈，要求公司研发活动高度面向市场，从而与市场分析密切相关的一些职能也被部分公司纳入了研发的范畴，比如，有产品开发机构的负责人将产品管理（Product Management，PM）视为研发活动的最关键环节。联合利华公司则将其研发流程总结为 4D，即 Define（定义），确定要做什么，要把握市场需求与变化；Discover（发现），怎么做，要找到什么材料；Design（设计），做成什么，涉及产品的设计；Deploy（配置），结合市场文化、法规和本地需求的实施改进。在联合利华的 4D 流程中全球共有 6000～7000 名研发人员，而其中做"定义"的只有 100～200 人，他们的职位较高，而且与业务接触多，负责制定未来发展方向。做"发现"的人约有2000人，其余均为传统意义上的开发人员。4D理念更充分地体现了市场分析和产品管理的重要性。而为了使研究队伍与工程队伍能够更加紧密地衔接，NEC中国研究院专门在内部设立了"市场连接"（Market Connect）部门。

其二，不同产业对研发（R&D）活动的界定不同。

不同产业领域往往有自身独特的研发流程以及特有的研发环节。以软件行业为例，其研发流程大致包括需求分析、概要设计、详细设计、编码、测试（品质保证）这样几个环节；而生物制药行业的研发流程则主要包括生物靶标识别、化合物筛选、化合物优化、临床实验等环节。

在比较传统的产业，如机械、食品、化学、制药等领域，将研究、开发与生产活动进行区分是比较容易的。而在一些新兴行业，特别是信息技术和软件领域，则存在着关于研发范围界定的不同认识。以软件为例，由于中国国内的软件行业仍处于初步发展阶段，大部分软件公司、特别是小公司尚未建立起完善的软件开发流程，从需求分析直到编码测试的各个环节，往往由同样的员工来完成，从而造成人们对软件行业研发即生产的模糊认识。而实际上，在所谓的软件研发全过程中，需求分析、概要设计和详细设计大致相当于开发（Development），而耗费人力/工时最多的编码与测试，则应当属于"生产"环节。软件产品的"一次开发、无限复制"特点是造成人们把其开发与生产相混淆的重要原因。而软件领域的研究（Research），应当是与具体软件产品无关的、对软件本身的研究。以软件外包为例，怎样做一个软件发包商、怎样发包给软件公司、在整个过程中怎样控制、软件架构如何设计、所需的开发工具、控制流程等，这里面涉及众多问题需要研究，包括最基础的、用于解决这些问题的算法，这才是软件领域的"研究"。

其三，不同研发组织模式下对研发范围（职能）的界定不同。

这里主要涉及美欧与日本两种不同的研发组织模式，已有研究和调研均发现：除极少数公司，如 IBM、朗讯（贝尔实验室）、GE 之外，目前在中央实验室层面进行基础研究的跨国企业几乎已经没有。美、欧公司目前的中央实验室，主要进行的是应用研究与前沿技术开发，其规模相对较小；而从平台技术开发、技术商业化（原型开发）到产品开发的大量工作，则主要由各事业部下属的研究（如 Platform，Device Lab）与开发机构来进行，其规模非常庞大，而且也被视为整个研发力量中最重要的部分。作为"追赶型"的发达国家，日本的跨国企业传统上是不进行基础研究的，而是以跟踪、消化吸收与开发利用美欧的基础研究成果为主。与之相应，基于"应用导向"的特点，日本公司的中央研究所从事的是从应用研究直到"样机"（原型，prototype）开发的全部工作，其规模相对较大，而各事业部下属的开发力量主要负责把"样机"做成产品，所进行的技术开发往往是辅助与完善性的，其规模相对较小，在公司内部往往也不被视为研发。

3.4 跨国企业在华研究院的研发组织模式

3.4.1 跨国企业在华研究院的基本组织模式

对于大型的跨国企业，整个研发体系可以分为以事业部（Business Group）为主的"产品开发"和以中央实验室（Lab）为主的"研究和前沿技术开发"这两个主要部分，这也构成了跨国企业在华研究院的基本组织模式。

跨国企业一般会在事业部之外设立独立的中央研究院，如NEC的Central Research Laboratories、日立的R&D Group、富士通的Fujitsu Laboratories、摩托罗拉的Motorola Laboratories、GE的GE Global Research、微软的Microsoft Research、英特尔的Intel Research、西门子的Siemens Corporate Technology、IBM的IBM Research等。这些机构独立于事业部之外，由CTO领导，每年从总部得到一定的研发预算独立开展研发活动，同时也可能从各事业部争取经费支持，接受事业部委托项目或者将技术成果以技术交易的方式卖给事业部。

中央实验室一般专注于较为长期的研发活动，如基础研究、应用研究、前沿技术开发、平台技术开发等，研发未来3~5年，或者5~10年的技术，为公司各项业务的未来发展提供技术基础。但中央实验室并不是公司研发的全部，在事业部里的研发队伍（主要是产品开发）往往规模更大。以ICT（信息通信技术）产业为例，其研发体系架构如图3-2所示。

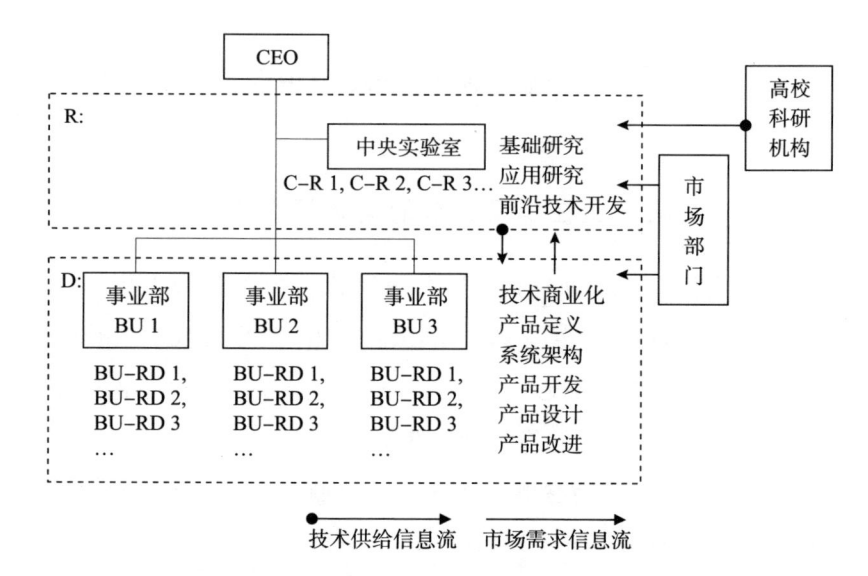

图 3-2　跨国企业整体研发体系的一般架构

3.4.2　跨国企业在华研发体系的"整合"

从大的研发体系架构来看，不同公司之间的差别并不大。然而，由于管理方式与组织结构的不同，各个公司在研发活动的具体组织上存在着较大的差异，突出体现在研发体系的"整合"程度上。

经标准化访谈，我们认为跨国企业对在华研发体系"整合"的动因主要来自于：①为更好地满足本地市场需求，加强不同部门在华研发力量的协调与合作；②为满足政府的相关政策要求与优惠条件（如地区总部、研发机构税收优惠）；③统一形象，便于与公司外部其他组织和个人的合作；④提供统一的行政管理与后勤支持（如人员招聘、知识产权管理、实验室服务等）；⑤提升企业研发声誉和形象等。

主要的"整合"纽带体现在以下三个层次：①实质领导关系：包括工作上的汇报关系、项目上的领导关系和经费上的统筹与分配关系，如微软中国研发集团、霍尼韦尔科技事业部；②合作推动关系：虽然没有实质上的领导关系，但致力于纵向推动在华不同研发机构之间的交流，促进项目合作，如 GE 公司和 A 公司（样本编号 US_ICT_01）；③形象统一关系：塑造在华研发体系整体形象，提供统一的对外宣传、公共关系、后勤招聘等服务，前述三个公司以及飞利浦、英特尔公司都具有或部分具有这一特点。

根据跨国企业在华研发体系"整合"程度的不同，又可以进一步将其区分为整合型、部分整合型和分散型这三种类型。"整合型"是指那些跨国企业在华所有研发活动以统一的形象对外、统计数字上也是提供在华研发活动整体信息的机构。如果没有这样的统合关系，公司在华各个研发机构之间缺乏联系，隔离在其所属的不同系统（如事业部）之中，也不能提供一个统一的对外形象，则可界定为"分散型"。介于两者之间的则是"部分整合型"。

调研涉及的典型跨国企业的组织模式类型如表 3-3 所示：

（1）整合型组织模式。

以 A 公司为例（样本编号 US_ICT_01）。A 公司是一家全球著名的美国电信设备制造商，1993 年在华设立了中国研究院，2004 年在研究院的基础上注册成立了中国技术有限公司。在 2008 年下半年公司事业部改组之前，其全球研发体系架构大致如图3-3所示。其中从事研究（R）工作的合计有2000人左右，从事开发的则有约25000人。与之相对应，截至2008年年初，A公司在华共设立了18个不同的研发机构（center、unit或site），其中3个是中央实验室（Corporate Lab）在华设立的分支机构（人机界面、物理与数字实现、无线宽带），其余均为事业部门设立的开发机构，其中包括一个从事硬件研发（Business Research）的研发中心，在北京、杭州、天津均有分支机构。合计起来，A公司在华研发人员总数达到3000人，在"垂直领导"的基本体制下，其在华研发架构与全球研发架构具有高度的"同构性"，约有200人从事研究（包括Business Research），其余均为产品开发人员。

表3-3 跨国企业在华研发体系组织模式：集中与分散

整合型	部分整合型	分散型
微软公司 通用电气（GE）公司 摩托罗拉公司	飞利浦公司 英特尔公司 霍尼韦尔公司	西门子公司 诺维信公司 拜耳公司 日立公司 NEC公司 富士通公司 阿斯利康公司 欧姆龙公司 联合利华公司 东芝公司 IBM公司 诺基亚公司 安捷伦公司

第 3 章 跨国企业在华研究院的组织与管理

```
                    ┌─────┐
                    │ CTO │
                    └─────┘
        ┌─────────中央实验室─────────┐
        │共│网│人│应│物理与数字实现│  ← Research（研究）
        │同│络│机│用│              │    +Architecture Team
        │接│  │界│  │              │    1000人左右
        │口│  │面│  │              │
        └───┴───┴───┴───┴──────────┘

   Device  Device  Device  Device   ← Business Research
    Lab     Lab     Lab     Lab       （商业化/应用研究）
                                      1000人左右

    手机    系统部  企业    政府     ← Development/System
    事业部          客户部  客户部     Engineering
                                      产品/系统开发
                                      25000人左右
```

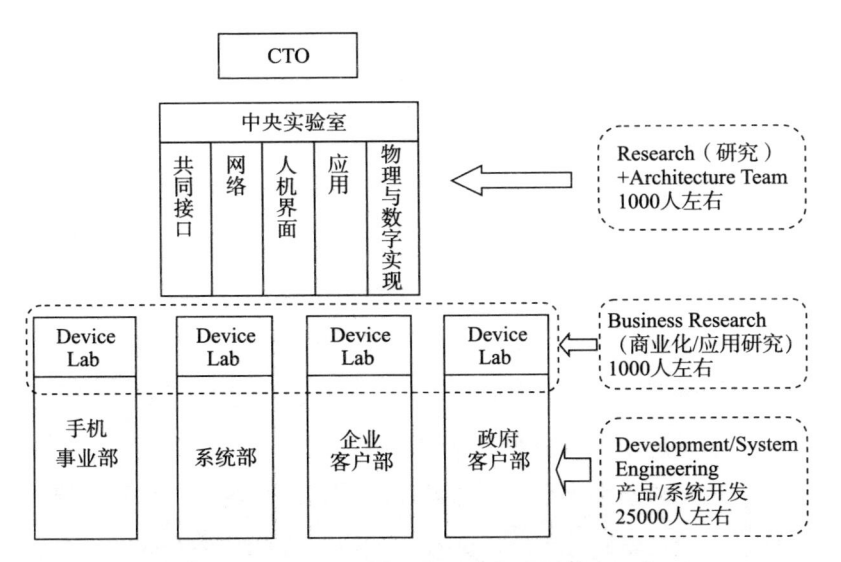

图 3-3　A 公司全球研发架构与组织模式示意

资料来源：作者根据对 A 公司中国研究院院长的访谈整理。

因此，A 公司在华成立的研发技术有限公司（即中国研究院的法人载体），更多地是促进这 18 个在华研发机构之间的横向协调与合作，同时对外保持统一形象。A 公司中国研究院院长解释：这些研发中心在研发任务执行上主要是通过各自汇报关系纵向关联；而在策略实施、特别是跟本地市场相关的方面则存在横向联系，跨部门之间的合作也是横向的，主要由中国研究院来驱动。中国研究院与各研发中心之间有密切联系，主要通过以下几个机制来保证：① 项目评估：A 公司有一套项目开发流程管理机制，一个项目有 15 个"节点"（Gate），执行到一定阶段就需要对其进度、经费使用进行评估，以避免投资浪费和与市场脱节。而中国研究院会代表中国市场，与事业部的

· 69 ·

纵向管理部门共同来进行评估,特别是在立项和年度预算环节;② 创新孵化:A 公司内部有早期孵化器机制,推动尚未被事业部列入开发计划(Roadmap)之上的新技术,以保证早期的创新,类似外部创投。早期孵化器提供基金,通常是跨部门的,在中国、研究院具体承担和落实这一机制;③ 合作推动:与公司之外的其他企业合作,会涉及很多部门,出于内部协调方便,通常也由研究院来牵头,另外也因为研究院一般会成为外部公司首先联系的对象;④ 内部交流:研究院定期举办学术讲座、会议等活动,以促进各机构之间的相互学习与交流,如每个月召开一次在华研发中心负责人会议;⑤ 公共服务:除了对外统一代表公司在华研发形象、处理与政府、媒体和公众的关系外,研究院还为各在华机构提供统一的招聘、培训、人事管理、知识产权管理、税收(个税缴纳)管理、后勤支持等各项服务。

应该说,通过中国研究院这样一个身兼多重身份的"整合"机构,A 公司在华所有研发人员都被纳入一个统一的研发形象之下。根据访谈中 A 公司提供的数据,截至 2008 年 1 月,A 公司在华研发人员合计达到 3000 人,累计研发投资超过 10 亿美元。

(2) 分散型组织模式。

中央实验室(Corporate Lab)和事业集团(Business Group)在华分别设立研发(分支)机构,带有基础或平台研发性质的实验室规模一般很小,而在各事业集团(公司)在华设立的经营实体、生产制造企业中,则分布着相当数量的产品开发队伍。除日本企业普遍带有明显的"纵向分割"特点外,以西门子为例，西门子中央研究院（CT）包括如下机构：5个位于德国本土的、按领域划分的基础实验室，分别是材料与微系统、生产工序、电力和传感器系统、软件工程、信息通迅；4个分布在英国、美国、中国、印度和俄罗斯的海外研究部门，分别是英国罗克马诺尔研究有限公司、西门子美国股份研究公司、西门子中国研究院、西门子印俄研发中心；还有两个创新支持机构，即战略市场部门（Strategic Marketing）和创新加速器（Corporate Technology Accelerators），其大体架构如图3-4所示。

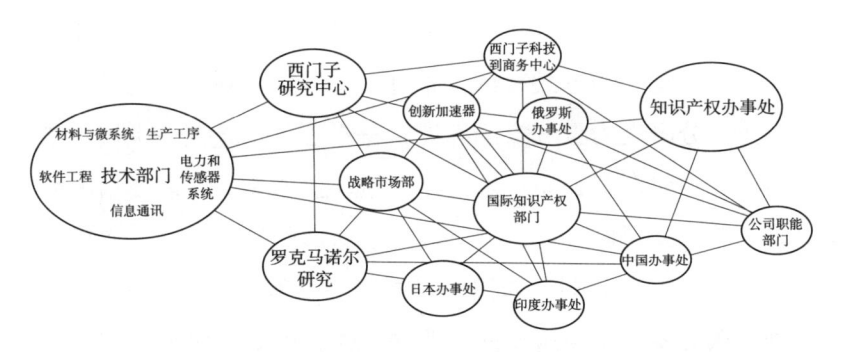

图3-4　西门子中央研究院（Corporate Technology）的基本架构

由此可见，西门子中央研究院不仅具有传统意义上的技术研发职能，还承担着战略规划与市场研究、创新（技术）加速器、技术成果转化等多种功能。2004年，西门子中国研究院在北京成立，通过与本土创新机构紧密合作，主要在信息与通信、工业自动化以及智能汽车等领域从事以应用为导向的研发活动，以及面向中国新兴市场的SMART创新（即Simple—简单、Maintenance friendly—易于维护、Affordable—经济、Reliable—可靠、Time to market—及时上市）等。可以看出，西门子中国研究院的职能基本上是和中央研究院相对应的，它在西门子在华研发体系中的地位类似于中央研究院（CT）在西门子全球研发体系中的地位，在公司内部则相当于CT部门在中国的分支。

但实际上，在西门子CT进入中国之前，西门子的众多事业集团早已在中国进行研发，而且多为在事业子公司内设立的非独立研发部门了，为相应业务提供支持，开展的基本上均为产品开发及相关技术活动，分布在信息通讯、自动化与控制、照明、医疗、交通、家用电器等领域。

由此可见，与"整合型"公司不同，西门子在华研发体系并没有一个统一的形式载体，同时，由于业务领域多元并且宽泛，大部分研发力量（产品开发）分布在不同地区，隶属于不同的子公司或合资公司，也不存在地理上的集中。需要指出的是，与单一公司制不同，类似西门子这样的集团公司，实际上是由众多的法人公司、通过股权控制、品牌共享、内部交易、管理协调等多种渠道组成的企业联合体。因此，作为西门子在华的投资公司——西门子（中国）有限公司，虽然同样为西门子在华成员企业、特别是独资公司提供人员招聘、知识产权管理等公共服务，但其本身并不具备业务协调职能。包括中国研究院在内的西门子在华各研发机构，主要是通过纵向汇报关系发生关联，相互之间的项目合作也往往以共同出资或委托的方式来进行，更类似于企业之间的合同交易行为。也正因为如此，我们很难找到一个有关西门子在华研发人员规模的（公司）官方数据，而根据各种不同渠道的信息汇总，其在华研发人员总数约为2000人，其中中国研究院大致300人。

与欧美公司相比，日本公司的海外研发比例相对较低，大部分研发工作仍然是由位于日本本土的中央实验室（研发本部）和事业部开发部门进行，中央实验室（Corporate Lab）在华设立的分支机构普遍规模较小，并且与事业部在华设立的生产经营性公司联系很少，主要的联系方式也是项目委托，研发协调工作则由日本的研发本部和各事业本部来进行。各事业部门在华研发力量一般均附属于相应的生产经营公司，主要的工作是把各事业部已有的技术应用到中国市场、支持产品销售。

（3）部分整合型组织。

以英特尔（Intel）公司为例。目前英特尔已经在华设立了5家研发机构（见表3-4），包括英特尔中国研究中心（ICRC）、英特尔亚太区研发有限公司、英特尔中国软件中心（ICSC）、英特尔亚太区应用设计中心和英特尔中国互联网交换架构开发中心（IXADC）。其中 ICRC 是 Intel Research 的重要组成部分，下辖通信技术、微处理器技术、系统技术三个实验室，实际上是英特尔公司 Corporate Lab 的中国分支机构，目前有180名研究人员，从事基础与前沿技术研究，并且在2004年成立了英特尔（中国）研究中心有限公司，具有独立法人地位。英特尔亚太研发有限公司于2005年9月在上海市紫竹科学园区正式成立，致力于推进围绕所有英特尔平台事业部的主要产品与技术的开发与创新。这些部门包括软件与解决方案事业部、数字家庭事业部、数字企业事业部、移动事业部、渠道平台事业部、数字医疗保健事业部以及信息服务与技术事业部。同年8月，英特尔渠道平台事业部的全球总部落户上海紫竹科学园区,这是英特尔在美国以外设立的第一个业务部门总部,而英特尔中国软件中心总部也"进驻"了英特尔在紫竹的创新园区。从而,在事业部这一层级上,英特尔的在华研发机构实现了"地区整合"。

3.4.3 采用并行多研发中心组织模式

随着全球化的不断深入,跨国公司的研究开发中心需要兼顾全球与区域的需要,并行多研究开发中心的模式越来越流行。

表3-4 英特尔在华研发机构基本情况一览

机构名称	地点	成立时间	人员规模	功能定位
英特尔中国研究中心(有限公司)ICRC	北京	1998年11月 2004年5月	180人	Intel Research 在全球的十一个实验室(Lab)之一,在亚太地区的第一个研究实验室,致力于应用研究和高级技术研究
英特尔中国软件中心(ICSC)前身是英特尔中国软件实验室	上海、北京等地	1993年	超过500人	英特尔在中国建立的首个软件开发机构,目前成长为世界级软件研发机构及产品开发组织,涉及英特尔众多关键软件和平台技术,并在针对中国市场的需求和机遇开发新型的应用模式和创新成果
英特尔中国互联网交换架构开发中心(IXADC)	—	2000年	超过20人	加速利用英特尔互联网交换架构的网络和电信解决方案的开发,为开发和应用互联网交换架构解决方案的中国电信设备制造商提供设计和技术支持

续表

机构名称	地点	成立时间	人员规模	功能定位
英特尔亚太区应用设计中心（ADC）	深圳	2002年11月	不详	直接与OEM，ODM等厂商合作，提供故障排除、分析和调试等支持，帮助客户在产品设计中集成英特尔的技术，解决其工程设计方面的问题
英特尔亚太区研发有限公司	上海	2005年9月	超过1000人	推进围绕所有英特尔平台事业部的主要产品与技术开发。兼具先进产品开发能力和市场推广能力，将为中国及全球提供创新产品，并为客户提供支持

资料来源：作者根据问卷调研和英特尔（中国）官方网站信息整理。

当跨国企业集团下属子公司涉及多个行业领域时，各子公司建立并管理自己的研发中心，子公司将需求直接反馈到研发中心并决定每年的研发经费，各研发中心只负责各自子公司的产品研发及基础研究和技术储备工作。集团公司只负责批准和监控研发过程，同时研发中心也会根据自身基础研究的需求提出经费预算并向子公司申请科研经费。各子公司的研发中心也可以建立自己的分部，总的核心技术由研发中心总部掌握，分部只负责各地特定市场需求的研发，人员配备也比较少。

当跨国企业集团公司的业务比较单一，只面向某一个行业领域时，也往往会在全球设立多个研发中心，公司会根据人力资源、特殊市场、区域化要求等因素决定各研发中心的研发任务，同时各研发中心也可以向总公司申请研发任务。这样的研发中心一般分布在有代表性的区域，比如亚太区可能会选择中国内地、中国香港等地建立自己的亚太区研发中心，在欧洲可能会选择英国、德国等地建立自己的欧洲研发中心等。在这种情况下，各研发中心之间是平行的，没有从属关系，研发经费主要从公司分配，如果有特定需求，也可以向公司总部申请经费。各研发中心内部可能有多个项目小组，各研发中心之间也可能有项目的合作，比如不同技术力量的联合或不同地域的产品需求等。各研发中心有一定人员安排的自由度，但规模由总公司决定。并行多研发中心的组织结构如图3-5所示。

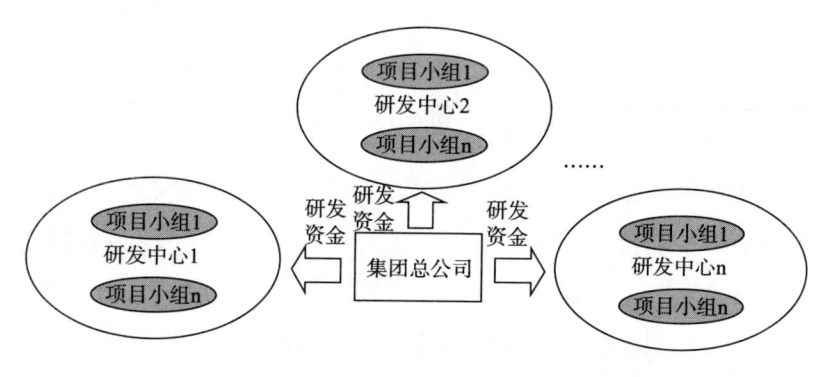

图3-5 并行多研发中心研发管理模式组织结构

微软就是典型的并行多研发中心组织模式。微软的研发机构分为基础研究机构和产品研究机构。基础研究机构主要包括微软设立在全球的四家研究院，分别是微软雷蒙特研究院、旧金山研究院、英国剑桥研究院和中国亚洲研究院。产品研发机构主要包括设在总部的、分别隶属于七大产品集团的各个产品部门，以及微软设在世界各国的研发中心，包括在中国建立的研发中心。微软研究院主要从事基础研究，而分布在世界各地的研发中心，主要任务则是面对客户端产品、信息工作者产品、

第 3 章 跨国企业在华研究院的组织与管理

MSN 产品、家用娱乐产品、移动产品、服务平台产品、商业解决方案这七大产品集团，努力为他们提供产品研发支持、本地化支持以及产品升级支持。基础研发和产品研发紧密结合，互相促进，基础研发为产品研发提供先进技术和理论支持，而产品研发带动基础研究的不断深入。微软的组织模式如图 3-6 所示。

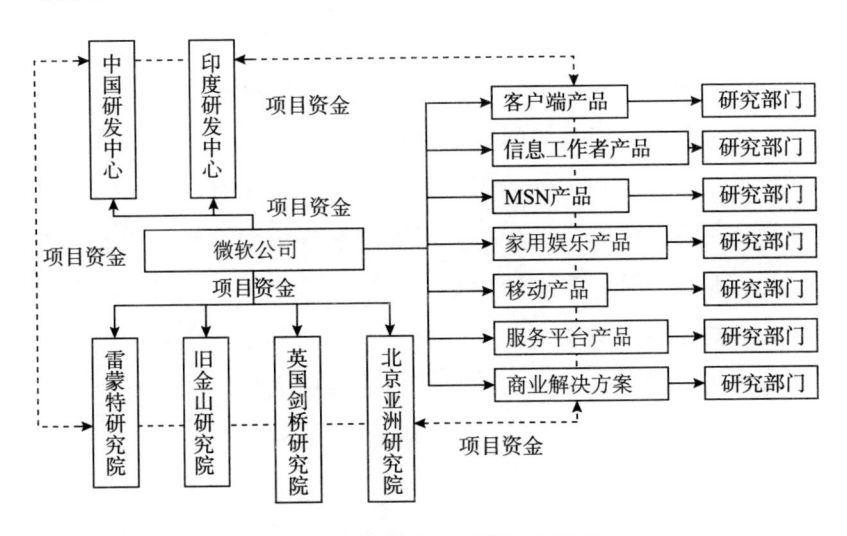

图 3-6 微软公司研发组织模式

各个研究院的经费主要来自微软总部的分配，同时还有部分来自各个产品集团，用于基础技术的研究；各个研发中心的资金主要来自于各个产品集团用来技术本地化和特殊需求的研发。产品集团的下属研究机构主要是对产品的现阶段需求进行升级或者更新。微软的项目组大都是小型的、多元化的项目组，交流成本、运营成本和管理成本都很低，决策和执行速度快。项目组内每一个角色都对项目本身以及他们的主管部门负责，以实现角色的工作目标。相互依赖的工作使得所有成员在他们直接负责的领域外主动发表意见，贡献力量，提高技能和经验的共享。微软的团队模型提倡在深入理解客户需求的基础上，熟练掌握相关的技术，积极地参与项目组中每一个重要的决策过程，同时邀请客户参与产品的设计，在产品的开发过程中，不断地征询他们的意见，这样可以保证项目组和客户的需求始终保持一致。顺畅的成果转化机制也确保了较高的成果转化率，微软研究院进入系统研究的成果转化率高达 50%。

并行多研发中心组织模式的优势在于各个研发中心直接接触市场前沿，对本地的需求变化保持高度的敏感性，可随时根据需求确定自己的研发项目。但这种模式由于没有集团公司统一的控制与分配，容易产生管理分散、效率低下和资源浪费的问题。同时不容易集中优势力量开发公司的重点技术产品，有可能由于研发中心之间的恶性竞争而造成内耗，各研发中心的信息和资源难以共享从而引发高额的研发经费。

第4章　新发展：研究开发的本土化与全球化

4.1　跨国公司面临着越来越多的来自国内企业的竞争

跨国公司在中国长期据有居高临下的局面，占据着市场的高端，是技术的溢出地，也是人才的高地。

但这一局面正在被改变。1997～2009年，外商投资企业获得专利授权的总量均少于内资企业。外商投资企业专利授权数在全行业所占比重从1997年的9%持续提高，2007年曾达到最高水平，该比重达到48%，此后呈下降趋势，2009年的比重为39%。而内资企业的专利授权数占比在经历了一段时间下降后，2008年开始有所提高，2009年该比重达到65%（如图4-1所示）。可见，外商投资企业专利获得无论是绝对还是相对水平都在经历增长势头放缓的趋势，在创新进程上已经相对落后于内资企业。

此外，随着中国当地市场竞争日趋激烈，对外资优惠政策的取消，外商投资企业的市场竞争与创新活动都面临来自内资企业的挑战。

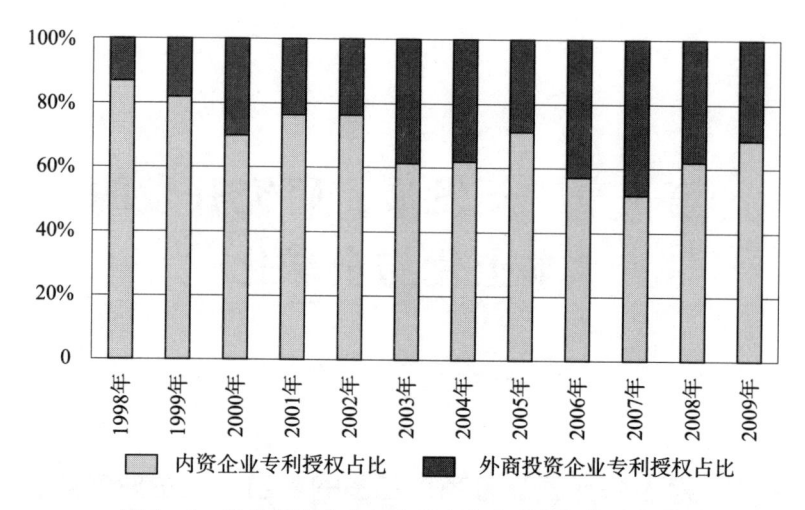

| 如何构建一流的企业创新中心——跨国公司在华研究院创新管理启示

图 4-1 外商投资企业与内资企业专利授权数量占比

首先,金融危机的到来,加剧了跨国公司在华的重组,其中如何部署研究开发资源是一个重要的指标。一个可能的预测是,随着金融危机的延伸、中国企业的崛起,跨国公司会减少对华投资,或者说,跨国公司会加快战略调整,以适应新的变化。

其次,中国自主创新政策的出台,使跨国公司在中国的发展战略受到影响。一是跨国公司需要加强面向本地的创新,才能获得社会的支持。二是跨国公司需要加强与中国企业的合作,才能有能力进行面向中国本土的自主创新。

因此,大量的跨国公司,面临着本土化与全球化的二元抉择。进入中国,并获得中国人力资源优势是许多跨国公司设立研究开发院的一个重要原因。因此,研究开发院是其全球化战略的结果。但今天,中国企业的崛起,中国市场购买力的上升,中国创新政策的实施,压迫跨国公司的研究院需要加强本土化战略。

通过调研我们发现,跨国公司研究院正进行战略调整,以应对新的变化。

4.2 注重本土化与全球化的结合:立足中国,放眼全球

英特尔认为,"中国拥有全球最瞩目的研发人才和市场潜力。作为一个拥有越来越多优秀研究人员和技术专家的领先技术市场,中国正在营造一个能够推动重要研究项目的强有力的环境"。1998年11月,作为英特尔在亚太地区的第一个研究实验室,英特尔中国研究中心创建,投资5000万美元。2004年5月,英特尔中国研究中心注册为独立法人,由北京CBD入驻中关村腹地。2006年11月,贾斯汀在视察了研究中心之后,高度评价中国研究中心,又充分考虑了其人才架构及金砖四国地位的提升等因素,认为中国研究中心已经具备了成熟的趋势和独立的资格。此后,英特尔中国研究中心成为公司全球研究网络中的重要一员,同时也是除美国之外最大的研究团队。一个研究中心要成熟,一般都要经历至少10年的发展期。研究和开发不同,开发可以在人才市场上找到现成的工程师,而一个具备独立能力的研究团队,既要与公司的研究方向相匹配,又要具备一定的研究经验,这都是需要长期积累的。

三星提出在中国建立"第二个三星"的战略目标后,一直不断扩大中国市场的产品本土化研发力度。在市场层面,三星重视中国市场的本土化需求,与政府及本地运营商建立了良好的合作关系,迎合政策指导下的中国技术发展趋势及政府倡导

的各项技术标准，积极参与研发包括 TD – SCDMA 及 4G 标准的制定，同时还参与到与中国战略新兴产业相吻合的产业，如生物制药、新能源等产业的研发中去。另外，三星不仅拥有半导体、通信、AV 及核心零部件技术，其外观设计的目标和理念也不断迎合中国人的口味，引领时尚。三星品牌理念倡导"Wow（惊叹）、Simple（简单）和 Inclusive（亲和力）"，与中国的把玩精神"入眼、入手、入心"一样，都恰如其分地诠释了三星产品设计追求的内在精神。

EMC 中国卓越研发集团是 EMC 在全球发展最快、最有激情和活力的人才团队之一，正在成为全球的创新源泉。EMC 成立中国研究院，一是因为可以更好地聆听这一市场的需求，为以中国为代表的新兴市场服务；二是因为看好中国的智力资源。

加强逆向创新，基于中国，面向全球。许多跨国公司甚至采取"逆向创新"战略，在我国开发新产品，然后推向全球市场，其研发层次也从市场寻求型逐渐向母国提高型转变。例如诺基亚研发中心过去是将一个项目中的不同任务在全球分配，而现在是一个地区完全负责一个项目，在中国做的项目可能是针对中国市场和全球市场，这样既可以提高效率，又可以有针对性地占领中国市场，压制我国国内企业对同类产品的开发，保持其在国际市场上的领先地位。德国的 BAYER 公司发现，在中国的研究开发院可以从中国得到许多很好的创新想法，如集装箱生产中需要热带雨林木材，中国的研究开发机构提出用竹子来替代木材，取得了成功。因此，逆向创新加强了中国作为世界创新前沿的地位。

第4章 新发展：研究开发的本土化与全球化

我们的调查也证明了这一点。按照战略/市场定位，跨国公司在华研发机构可分为全球、区域与本地中心三种类型。其中全球中心所开展的研发活动主要面向全球市场，满足服务全球的技术需求；区域研发中心则更多面向全球市场中的某一特定区域，如亚太区、北美区等，更多专注于本区域特有的市场需求；本地中心的任务是最大限度地服务本地市场，满足本地消费者的特殊需求。

如图4-2所示，在我们问卷调研的全部机构中，有58%的被调研机构将其定位为"全球中心"之一，如GE中国研究中心（CTC），致力于系统和平台技术研发、系统合成及市场应用与推广等，其理念则是将CTC打造成GE全球研发系统内的卓越中心（Centre of Excellence，COE）、并与全球其他研发中心形成良好的互动。有21%的被调研机构将自身定位为"区域中心"，如西门子迈迪特（深圳）磁共振有限公司（研发部）、飞

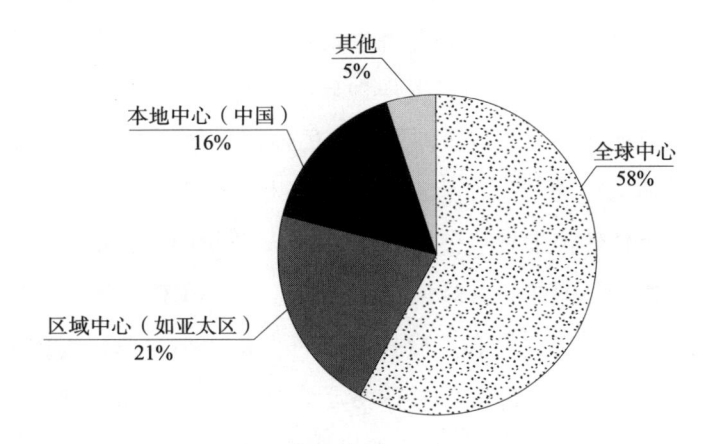

图4-2 问卷调研机构的战略定位

利浦（中国）投资有限公司苏州分公司（研发部）、苏州西门子电器有限公司研发部等，它们均依托中国市场进行开发，同时向区域（亚洲）市场提供产品，此类中心以产品开发类机构为主；还有16%的机构定位为"本地中心"，如阿斯利康中国创新研究中心，所进行的主要是转化性科学和药物早期临床研究，由于定位在亚太，特别是中国高发疾病肝癌和胃癌的研究上，因而具有"本地中心"的特点。

可见，问卷调研机构的战略定位普遍相对较高。与其定位相对应的，则是研发工作的技术前瞻性。有73.3%的机构，其研发工作主要面向未来3～5年公司所需的技术与产品；有46.7%的机构，其工作面向未来1～2年；还有20%的机构，其工作则是面向5年以上的技术，这也表明大多数在华研发机构的工作性质仍以应用研究和产品开发为主。

很多文献都将全球、区域与本地这种带有"层次性"的战略定位作为判断研发中心重要性的依据，但如果仅仅考察其服务的市场对象，而未与其工作性质相结合，往往不能真实地反映相应机构在公司全球研发体系中的地位。如表4-1所示，从工作性质角度来看，作为产品局部开发（软件外包）机构，富士通南大软件技术有限公司（FNST）与苏州西门子电器有限公司更为接近。但在服务对象/市场方面，却与GE医疗（中国）、摩托罗拉中国研究中心、微软中国研发集团相类似，因为通过服务于母公司事业部而间接服务于全球市场，从而同样具有了"全球中心"的特点，可见研发机构的战略定位与功能定位之间并不完全匹配。因此，需要综合工作性质和战略定位两个维度来考察跨国企业在华研发机构在其全球研发体系中的实际地位。

表 4-1 部分样本研发机构的战略/市场定位

机构名称	成果/产品服务 本地市场比例	成果/产品服务 全球市场比例
苏州西门子电器有限公司研发部	70%	30%
南京富士通南大软件技术有限公司（FNST）	—	70%（服务日本市场）
GE 医疗系统集团全球产品开发中国区	30%	70%
摩托罗拉中国研究中心	40%（含区域）	60%
微软中国研发集团	20%	80%

资料来源：根据调研访谈获取信息。

4.3 探索新的创新模式，提高成果转化效率

为提高研究成果的转化效率，近年来英特尔探索出一种名为"携手探路"（Joint Path – Finding）的机制。其核心思想在于，"携手"指研究团队与产品团队进行资源联合配置，共同组建成果转化团队，确定共同项目完成指标；"探路"就是根据已确定的产品方向评估筛选各种技术与实现方案，并与相关产品路线图的某个阶段挂钩。"携手探路"有多种实施方式，如研究部门与产品部门的联合实验室、虚拟团队、隶属产品部门的研究团队等。参与"携手探路"的各方面都会投入大量资源，目标明确地开发产品技术、构建概念平台、产品原型等。在"携手探路"机制中，研究团队扮演了积极主动的角色，是推进研究成果转化的主要力量，项目成果能够直接进入产品开发阶段。英特尔中国研究院独立性的提高对管理层及员工都提出了更高

的要求，携手探路机制的提出对研究院找准自身定位，把握研究方向发挥着重要作用。

EMC 现在中国北京研发团队的使命就是将产品、技术等方面的开发与各个不同产品线进行整合，从而打破单个产品的界限，让产品之间相互补充。这是一个特殊的"中国模式"。EMC 正在将中国 COE 的开发模式复制到 EMC 在全球的所有 COE 中去。2003~2010 年，EMC 用于研发的投入达 105 亿美元，仅次于 140 亿美元的并购投入。2010 年，EMC 财年综合收入达到创纪录的 170 亿美元，其中 13%~14% 来自亚洲地区，并且有 11%~12% 用于研发，这一比例数据甚至比业内的平均水平还要高出一倍，而中国市场是全亚太市场增长最快的。目前，EMC 在全球有 3 万名研发人员，中国有 2000 多名，有 10~11 个产品线，这些产品线大多是中国与其他国家合作完成。可以说，中国已成为 EMC 全球战略中至关重要的一部分。

4.4 加强跨国企业中国研发中心自主权

在采访中我们发现，不同的跨国公司采用了不同的研究开发管理模式。

一是自下而上的模式。这一类企业以美国公司为多，典型公司有英特尔和 EMC。中国研究院具有独立的功能且与全球其他中心一样具有平等的地位。这一模式下的研究院地位高、自主权高。

2009 年 10 月 12 日，升级、更名后的英特尔中国研究院，成为与位于美国的电路与系统实验室、微处理器与编程实验室、未来技术研究实验室、集成平台实验室并列的英特尔全球五大研究院之一,功能上完全独立,直接向贾斯汀汇报。英特尔在印度和欧洲也有研究院,但在功能上都不是独立的,只是一些实验室的分支机构。而亚太研发中心作为事业部的分支汇报级别也很低。目前英特尔中国研究院全职研究人员不到100人,是规模最小、人数最少的独立研究院。

由于这种独立的研究体系,研究院在成立时仅仅是美国团队的帮手,进而从独立完成小项目逐渐到独立完成大项目。如"雷电技术""无线显示技术""麦克风阵列""CT技术"等都是非常杰出的成就,令英特尔高层赞叹不已,这也成为英特尔中国研究院独立的砝码。

二是自上而下的模式,这一模式以日本企业为主。研究开发的自主性小。80%左右的课题来自总部。研究院的自主权低。

富士通中国研发中心的研发目标是服务中国市场,但目前还是与日本研发总部有密切联系,服务于日本市场,支持日本研发工作,自主性较小,对于总部的贡献越来越大。由于技术本身具有通用性,许多研究成果已成为面向全球市场的技术,只需根据不同需求进行调整和改变。例如人口普查识别软件技术也被应用到扫描仪和手机以提高识别度。但中国研发中心对中国市场的贡献很小。

三是混合模式,以韩国企业为主。

各类模式如表4-2所示:

如何构建一流的企业创新中心——跨国公司在华研究院创新管理启示

表4-2 典型跨国企业中国研发中心研发管理模式

名称	组织架构	决策机制	经费管理	成果管理
英特尔中国研究院	与位于美国的电路与系统实验室、微处理器与编程实验室、未来技术研究实验室、集成平台实验室并列的英特尔全球五大研究院之一，功能上完全独立	直接向贾斯汀汇报，自主性强，许多课题都是底层向上层逐级汇报并申请资源而产生的	经费一部分由总部CEO直接下拨，另一部分来自于事业部委托研究院研发并划拨经费；一般60%用于与产品相关的短期项目，40%用于前瞻性研究	携手探路有效促进了研究成果转化，在此基础上更加关注市场和客户，强调与投资部门的结合；通过制定相关制度和规范，举办培训和讲座等保护知识产权
富士通中国研发中心	是株式会社富士通研究所的下属机构之一，与美国、欧洲及中国各研究所等级相同，各中心之间主要根据各自的技术能力来分工，也考虑面向的区域，在上海和苏州设立了分公司	向株式会社富士通研究所总部直接汇报；研发自主性比较小，80%~90%的课题来自日本及与日本的共同研究，但中国也会提出课题，但要向总部提出申请，由总公司对技术进行推广并反馈客户需求，研发中心根据需求进一步研发	大部分经费来自日本，其中30%来自事业部，70%来自公司研发预算，事业部给中国研发中心的经费比例偏小，本土经费主要来自富士通在华的关联公司	所有技术成果归日本所有，并由日本总部实施所有的知识产权保护措施；研发中心实施目标管理机制，每半年评定一次成绩，考核标准包括论文、专利及项目的商业价值

· 88 ·

第4章 新发展：研究开发的本土化与全球化

续表

名称	组织架构	决策机制	经费管理	成果管理
三星通信研究院	三星除在韩国有6个研发中心之外，还在其他9个国家设立了18个以上的研发中心；在中国已设立了24个研究机构，包括7个独立研究所和17个法人研究机构	大部分项目由总部直接派发，与总部合作负责研发工作的某一部分，盈利模式以总部公司为主；中国也有自己的权限，每年在完成部署工作的基础上提出自己感兴趣的项目，并向总部提出申请，自己负责研发成果的产业化	研发经费一般由三星总部和中国研究院共同承担	建立了完善的专利保护机制，一方面积极进行专利申请，另一方面严格遵守保密制度，员工要签署技术保密协议或者相关协议
赛门铁克中国研发中心	赛门铁克研究院在全球建立的多个研发中心之一，在中国有北京和成都两个分支，研发规模与欧洲、美国相当	敏捷性产品开发，设立业务代表，与客户需求和开发团队建立直接联系并参与产品开发工作，更强调短期化	项目费用主要来自总部，但中国公司有专项研发经费	不同技术人员有不同的成果管理考核方法，项目负责人和二线经理需承担完全不同的责任，研发中心经理的评分只占1/4左右
EMC中国卓越研发集团	EMC全球七大研发中心之一，各研发中心在地位上是平等的，按照产品系列而不是地域来划分职能，如中国研发中心主要针对某些类别的产品	研发自主性高，中国与美国员工走同样的产品，全球同样的流程；主要做面向中国的产品；产品开发严格按照产品路线图自上而下进行，基础研究多数是自下而上的；中国研发中心将产品、技术等方面的开发与不同产品线进行整合，形成"中国模式"	销售收入的11%～12%用于研发，中国有10～11个产品线，大多是与国外其他家合作完成	

· 89 ·

4.5 利用中国的人才和市场优势，加强基础研究

（1）加强基础研究。

近年来，随着我国土地、劳动力成本优势的逐渐减弱，全球跨国企业的投资兴趣点，开始由"中国制造"转向"中国市场"。为了更好地占领中国这个巨大的市场，跨国公司纷纷改变投资策略，由利用中国的资源占领国外的市场转向利用技术研发占领中国的国内市场。

回顾跨国公司在华投资的历史可以发现，其在华技术的转变经历了由逐步进入向大幅度转让技术转变、由低技术转移向先进技术的投入转变、由单纯的技术转让向研发经营战略转变三个阶段。越来越多的跨国公司的技术战略转向与中国企业合作进行研发活动或独立设立研发中心，以进行技术研发与创新。

全球金融危机以后，跨国企业在华研发机构的地位实现跨越式提升。越来越多的跨国公司将在华设立的研发中心作为其亚太区研发总部，甚至升级为全球技术研发中心。截至2009年，跨国公司在华设立的研发机构中，全球性的研发中心有50多家，作为跨国公司在海外最大或唯一的研发中心有13家，例如2006年3月，IBM中国研究中心正式更名为IBM中国研究院，成为IBM在全球设立的八大研究机构之一，也是IBM在发展中国家设立的第一个研究机构；2008年新成立的雀巢北京研究中心是除瑞士本土外全球第一家基础研发中心，全力辅助公司的高端转型；2010年1月微软中国研发集团升级为微软亚太

研发集团，统领所有在亚太地区的研发业务，成为微软除总部之外的全球第二大研究院；通用汽车公司上海泛亚汽车技术中心已经成为通用汽车全球第二大规模的试车场。

同时，跨国企业在华研发机构的研发层次也进一步升级。根据跨国研发投资的动因，可将在华跨国研发机构分为技术寻求型、市场寻求型和母国提高型。技术寻求型的研发投资，一般投向技术高度发达的东道国，目的是跟踪当地技术的进展，充分利用当地技术的逆向溢出效应，同时掌握当地市场状况。市场寻求型的研发投资主要是为了利用公司的成熟技术拓展东道国市场，其研发工作面向东道国本土需求并进行适应性研发。母国提高型研发投资主要为跨国公司进行基础性、通用性产品和工艺技术的研发，为全公司的开发网络提供技术支持。

通过对部分跨国企业研究院研究体系的总结发现，跨国公司在华研发机构目前仍主要针对中国市场需要的适应性和专用性应用研发，但近几年一些基础性研发和全球需要的前瞻性技术研发也移入中国，如微软、英特尔和贝尔实验室在中国建立的研发中心已经开始承担起更多的基础研究职能（如表4-3所示）。

（2）跨国公司研究开发院在华研发投入持续增长。

据调查显示，即便在2009年全球金融危机的影响下，多数跨国企业仍明显增加了在华研发投入，仅有部分跨国企业减少了研发活动。

以通用电气（GE）为例，2009年GE在全球的研发投入预算基本与2008年持平，但是在中国的研发投入比前一年增加20%。其中一个完全以中国团队为核心开发并且面向中国市场

如何构建一流的企业创新中心——跨国公司在华研究院创新管理启示

表4-3 部分跨国企业研究院研究体系

名称	研发体系	研究领域	研究成果	合作项目
IBM中国研究院	研究院越来越多地参与到全球研发业务中，但其研究方向仍大多以本地市场为主，开发技术和解决方案大多是为了符合中国市场的需求；研究人员中，只有很少一部分在从事新技术的研究工作，绝大多数人从事本地化和项目开发	未来系统、网络技术与业务、分布式系统及管理、信息管理及交互、运筹优化技术和创新服务等。或基于地理信息系统的银行网点优化工具包、SmartSCOR"蓝色书童诗歌伴读"、个性化可移植性框架与Windows到Linux的系统迁移、集成本体开发工具包、市场情报门户、增值模型分析服务、电信开放式服务及技术和增值业务平台、融合网络和社会发动的业务转型、中文信息挖掘及搜索、模型驱起协议、Linux机顶盒、文本到语音转换、交互式多媒体消息服务	通过"全球性共享大学"先后资助了20多所高校的80多个联合研究项目，与清华大学、北京大学等合作建立了六个联合创新研究院	与10所高校成立联合实验室；与国家自然科学基金委员会合作设立专项基金，迄今已累计投入资金人民币几项科研助了三十几项科研项目；与国内400余家客户及合作伙伴建立了战略合作伙伴关系，成功完成近600个项目
微软亚洲研究院	其目标是发展成为全球范围内基础科研、技术创新及产品开发的核心基地，已在中国形成完整的研发体系，可以对一个创新产品进行完整生命周期的研发。对于同一研发领域，亚洲研究院会做一些基础性的研究，主要是针对未来5～10年，甚至更长时间的技术，亚洲工程院强调技术的应用和产品开发	自然用户界面、新一代多媒体、以数字为中心的计算、互联网搜索与在线广告、计算机科学基础	MSN数字特效、微软对联、关系搜索引擎、哼唱搜索、视频拼贴、Live视频搜索、情侣手机、网络图形组最新技术集锦，同时微软亚洲研究院的研究人员已经在国际重要学术会议和期刊上发表了3000多篇论文	

· 92 ·

第4章 新发展：研究开发的本土化与全球化

续表

名称	研发体系	研究领域	研究成果	合作项目
富士通研究开发中心有限公司	其研发目标是服务中国市场，加强富士通在中国的研发力量，通过将国外产品本地化及全方位的本地研发来贴近中国内用户需求，但目前还是与日本务总部有密切联系，服务于日本市场，支持日本总部的工作，可以说还是日本总部的一部分，与本地事业没有什么联系	下一代通信系统的关键技术、信息处理技术、系统级大规模集成电路技术、软件服务	让每秒100千兆位以上的光纤传输损失真补偿规模缩小70%、光相干接收机的数字频差估计和补偿技术、光 DQPSK 接收机的相位控制技术、用于 OFDM 系统的同步技术、MIMO 技术研究、高品质的中文语音合成技术、2D 图面/3D-CAD 模型检索系统、应用于移动设备的图像处理技术、跨语言专利检索系统、支持 AVS 标准的新一代高清晰度多标准视频解码器	与北京大学、上海交通大学等联合研发标注语料库，AAC Audio Codes LSI 等项目；与南京大学合资组建富士通南大软件有限公司从事面向服务器的基础软件开发；与中国本土IT行业龙头公司合作，如与风云网络服务有限公司在SaaS领域的合作

· 93 ·

续表

名称	研发体系	研究领域	研究成果	合作项目
三星电子中国通信研究院	基本已涵盖三星集团所有研究领域，从初期依赖总部完成本地化开发到现在核心领域的研究，目前在做中长期研发计划，其重点是如何进一步强化在华的研究，把韩国的技术更快地拿过来；韩国总部有最终决定权，掌握整个全球的产品计划，对于在国际市场上也有优势的技术或产品，三星将"输入型研发体系"转变成能够"输出全球性战略产品的研发体系"，如三星所有的TD手机就是完全由中国研发机构独立研发并推向市场的	通信终端软硬件开发、多媒体软件开发、第三代移动通信标准及第四代通信技术未先行研究、通信系统软件开发	Beyond 3G 系统、TD-SCDMA 手机基于 LCR 的语音通话和视频电话等	与国内知名高校形成了项目合作、人才培养等多位一体的打包式合作；将自己独立研发成本不划算的研究项目外包给其他公司

第 4 章 新发展：研究开发的本土化与全球化

续表

名称	研发体系	研究领域	研究成果	合作项目
英特尔中国研究中心	在中国已形成完整的战略布局，包含多个研究领域，以探索性研究和产品导向的应用研究为主；将位于上海外高桥的芯片制造中心转移到成都、大连以降低成本，而上海园区则完全作为研发中心	研究领域包括通信技术和微处理器结构，研究项目涵盖了计算机体系结构、无线技术、未来应用及计算负载分析、编译器技术、移动平台的运行环境等	英特尔®安腾®架构开放式研究架构 Java 可管理的运行时的研究，采用计算机视觉支持语音识别功能的声音可视化语音基本应用功能（AVSR）系统，麦克风阵列和音频信号处理技术，对于未来基于计算机学的应用和工作负载分析的研究	与国内一流大学及部分二线学校合作以扩大 Intel 在中国的影响；与北航、中科院等工科院校的联合研发，有实质性建立；与清华大学建立联合研究中心
EMC 中国卓越研发集团	主要关注应用型研究，只有 1% 的资源用于超前的、预言性的基础研究；在产品开发方面，有 99% 的产品开发针对全球市场，只有很少一部分专门针对中国市场；未来会有一些偏向对中国国情的研究，包括会投入更多精力来进行与中国市场相关的专门技术的开发	大数据的存储、管理与分析，包括虚拟化、存储系统、基础架构、网络及安全等；云计算，包括 PaaS、云中间平台和服务，云平台户件、云平台服务的递交模式、多租户管理、智能电源管理、云平台计费模型等	参与从高端 Symmetrix 存储系列到 Celerra，CLARiiON 中端存储的研发，如 EMC CLARiiON CX4 中端存储系统的虚拟资源调配功能，对 IPv6 的支持等许多重要功能；在存储产品的研发方面，推出 EMC 首款消费类存储产品——EMC 存储宝箱，2008 年年底，推出 EMC 首个云存储产品 EMC Atmos 等	与清华大学、复旦大学、中国人民大学等中国 22 所大学签署行业标准化计划；积极参与 2008 年与神州数码成立合资公司；2010 年与富通科技建立战略合作伙伴关系，并向其子公司注资

· 95 ·

的项目——"在中国为中国"（In China, For China），其投入比 2008 年增加了 50%。AMD 在金融危机下将位于加拿大的研发中心撤销，与此形成鲜明对比的是，大大增加了对位于上海的 AMD 研究院的投资，目前该研究院已成为 AMD 公司仅次于美国本土以外的全球最大研发中心。尽管德国企业文化比较保守，但主要跨国企业也同样加强了在中国的研发力量。例如，位于苏州高新区的西门子低压设备公司得到德国西门子总部的支持，加强了研发领域的投资。即使是传统产业的精细化工企业帝斯曼，也看中了中国的市场潜力和研发成本优势，加大了在华的研发投资力度，2008 年 12 月在广州新成立了研发中心。当然，也有少数企业，主要是日本及中国台湾地区的企业，减少了在华的研发投入。这是因为他们原来在华设立的研发机构重要性很小，此举主要是为了缩减成本。

调研显示，主要跨国公司增加在华研发投入的主要原因在于：第一，中国巨大的市场潜力和重要作用，特别是中国政府在抵御金融危机方面的有效举措（例如 4 万亿元的投资、十大产业振兴计划、家电下乡等），使跨国企业进一步加强了对中国的研发投资。第二，中国的低研发成本和高研发效率。金融危机使很多跨国企业寻求降低研发成本、提高研发效率，中国研发人员的成本远低于美国和欧盟，但研发效率并不低，正好可以提供承接。第三，中国初具规模的人才资源，大幅度地提高了中国的整体研发能力和质量。

以中印两国在吸引跨国企业研发中心方面的比较为例。据统计，截至 2008 年年底，在中国共有 920 家跨国企业设立的

1200个研发中心;而在印度则有671家跨国企业设立的781个研发中心。尽管中印两国在跨国企业研发中心数量上存在着较大的差距,但两国的演化路径是一致的:①两国的成本和智力存量具有可比性,但印度曾经在吸引跨国企业研发中心方面领先中国20年。②中国吸引跨国企业研发中心的数量领先于印度,不过在印度研发中心的平均规模超过在华研发中心。③2005~2008年间,跨国企业在中国设立研发中心的增长速度超过印度。多数希望利用印度独特知识、低成本优势以及巨大人力资本存量的跨国企业,普遍在2005年之前在印度建立了研发中心。在此期间,由中小企业在印度设立的研发中心占到大多数。然而,中国在吸引全球跨国企业方面更具潜力,很多公司希望能够在中国设立研发中心来降低风险。在印度的研发投入高于其全球研发投资总量20%的跨国企业,普遍希望能够将中国作为下一个投资对象。中国的优势在于数量众多且具有很强消费能力的人口与巨大市场,以及素质不断提高、具有熟练英语水平的劳动力,在吸引跨国企业研发投资方面仍具有巨大的增长潜力。

(3)在华研发层次面临重大调整与升级。

2008年以来,跨国企业在华研发层次经历了重大调整,主要是优化了研发结构,这主要表现在以下几个方面。

首先,升级了在华研发中心的地位。鉴于中国和亚太市场的重要性,以及不断提升的研发质量和持续较低的研发成本,许多跨国企业进一步提升了在华研发中心的地位。以著名半导体制造商AMD为例,目前在上海的AMD研发中心进一步升级,已经基本具备 CPU 研发设计整个过程的能力，而这个能力过去只有美国总部才具备。德国 SAP 集团在上海的研发中心也升级为全球五大研发中心之一，其在中小企业领域的软件能力是全球范围内的领先者；SAP 同时将其相对不重要的研发客户服务中心转移到中西部城市成都。全球著名生物制药企业丹麦诺维信公司也将北京的研发中心定位为全球六大中心、亚太地区唯一的核心研发中心。英国的风能零部件企业 Titan 公司在苏州的太仓加大了研发投资，从原来的本地改良升级到目前的应用开发。

其次，削减了一般性支出和不重要的研发活动，将研发地点进行了一定的调整。尤其在金融危机期间，为了渡过难关，多数跨国企业都在华削减了一般性开支（一般业务支出和行政管理费用）。例如，日本的横河电机削减了在华的应用开发投入，直接统一由东京总部来协调。而 Intel 则将位于上海外高桥的芯片制造中心转移到成都、大连以降低成本，而上海园区则完全作为研发中心。

（4）进一步寻求与中国政府、高校和科研院所的合作。

金融危机之后，特别是 4 万亿元的经济刺激机会、十大产业振兴计划等项目的实施，推动了跨国企业更加积极寻求与中国政府的合作，主要体现在把中国政府作为未来若干年业务发展的最大客户。这在 ICT、电气等行业体现尤为明显，例如，韩国三星主动寻求并积极建立与中国政府各主管部门的交流合作，再比如，IBM 公司与沈阳市政府、东北大学共同成立了沈阳生态城市联合研究院，思科公司与重庆市政府结为战略合作伙伴，共建"智能+互联城市"；SAP、西门子、GE 等公司均表现出同样的强烈愿望和兴趣。

与此同时，跨国企业也进一步加强了与中国高校、科研院所的合作力度，合作内容逐步升级。三星公司表示将加大和南京、上海、北京等地高校的合作；西门子也希望加强与西安及上海的高校和科研院所的合作。惠普研究院则倡导"开放创新"模式，致力于主动吸收中国著名大学、科研院所的创新思想。

在与中国高校、科研院所建立合作方面，中小型跨国企业同样表现出兴趣，不过也表示在如何建立社会联系、获取相应的信息方面存在困难。例如德国新材料企业瑞好（RIHAU）就表示过这样的愿望，不过很难克服上述提及的两个问题。

4.6　跨国企业越来越偏向独立全资的产权结构

跨国企业在投资研发初期，往往采取在生产销售企业内部设立非独立法人的研发部门或以中外合资、合作的方式进行研发投资，近年来在对当地的研发资源和市场需求有了一定的了解之后，跨国公司在华更多地采用独资方式设立研发中心。根据崔新健（2010）对世界500强在华设立研发机构的研究，在可确定设立方式的375家样本中，独资研发中心有291家，占总数的77.60%；合资研发中心有84家，占22.40%。例如富士通研究开发中心有限公司就是日本富士通株式会社独资440万美元在中国境内设立的第一家独资法人研发机构，其他独资研发中心还包括摩托罗拉中国研究院、朗迅贝尔实验室、三星电子中国通信研究院、联合利华上海研究中心、微软中国研究院和

IBM 中国研究中心等,这种体制便于总部控制,出于研发的保密性和谋求利益的需要,越是技术领先的跨国公司越倾向于设立独资研发中心,以便获取更高的技术领先或技术垄断收益。在我国北京、上海、广东等地采用独资方式设立的研发机构较集中,其他地区主要以合资为主(如表4-4所示),独资化速度虽有较快增长,但在跨国企业内部研发环节的地位较低。如中日合资天津富士通电子有限公司,是由富士通持股60%、天津真美电声器材持股35%、日本丰田持股5%组成的合资公司。日本富士通掌握公司控制权,天津富士通公司没有独立的研发部门,主要技术均来自母公司,其生产只是对母公司已有技术的中国化改造。

表4-4 五省市跨国企业研发机构的控股方式

省(市)	独资 机构数(家)	合资 比例(%)	合作 机构数(家)	总计 比例(%)
北京	185	66.5	78	28.1
上海	185	86.0	30	14.0
广东	193	88.9	22	10.1
江苏	77	65.0	40	34.0
天津	29	36.7	38	48.1

4.7 加大与中国高校研究所的合作

在金融危机爆发后,我国将加快战略性新兴产业发展提升至国家战略高度,为此,跨国公司研发领域逐步从传统产业迅速扩展到高科技产业,并更加关注我国采取的鼓励跨国公司投资战略性新兴产业的政策,从而进一步把中国纳入跨国公司日

第4章 新发展：研究开发的本土化与全球化

益庞大的全球网络。

跨国企业也进一步加强了与中国政府、高校、科研院所及行业领先企业的合作力度，合作内容和形式也逐步升级。如2008年一项针对32个跨国企业在京研究院的研究表明，分别有13家和4家机构与中国高校/科研机构知识交流比较频繁或非常频繁，占有效样本数的53.13%；有11家机构表示与中国高校/科研机构无知识交流或知识交流很少，占有效样本数的34.38%；有4家机构交流程度一般（如图4-3所示）。跨国企业研发机构以全球的视野进行研发工作，对未来科技和产业的发展趋势有更深刻的理解，在人才吸引和培养方面的先进体制和管理方法也非常值得借鉴。因此，我国许多地方政府在制定产业和人才政策时会邀请跨国企业的研发机构参与其中，通过相互交流制定出更科学的产业发展规划及人才吸引和培养方面的措施。另外，跨国企业的研究机构也非常重视同国内学术界的合作和同行业专家的交流，甚至许多研发机构的领导本身就

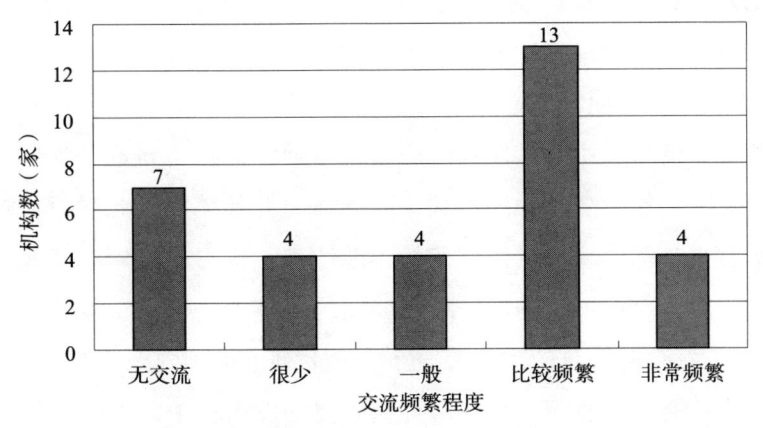

图4-3 跨国公司在华研发机构与中国高校/科研机构知识交流情况

是行业领域的专家，他们通过研究报告、学术成果发表、媒体采访等方式来表达对我国相关领域发展的看法和建议，成为我国制定行业策略和规划的重要参考。

4.8 跨国企业在华研发机构的人力资源管理调整

4.8.1 广泛采用人才本地化战略

在华跨国企业的本土化人力资源战略的发展主要经历了三个阶段：20世纪80年代到90年代初，跨国公司进入中国之初，总经理、第一线部门经理、分公司总经理一般由总公司外派拥有丰富专业知识和多年从业经验、熟悉公司整体运作和企业文化的西方人担任。20世纪90年代中后期，来自新加坡、中国香港、中国台湾的亚裔人士占了上风。近几年来，我国虽然出现劳动力成本大幅度提高的趋势，但由于我国教育水平的提高，特别是高等教育的发展和规模的扩大，使我国成为当前全球人才智力资源增长最快、技术人力资源成本最低的国家。在此前提下，跨国公司由重视我国的廉价劳动力资源转向重点利用我国的人才智力资源，纷纷采取人才本土化策略。与此同时，随着国内生活环境和工作环境的不断改善，我国对国际高端人才的吸引力也在不断增加，跨国公司的很多主要管理职位已由大量受过跨国公司研发训练、进行过现代研发的国内人才担当。

相关调查表明，在跨国公司研究开发机构中，中国的研究开发人员平均占95.107%，中外合资研究开发机构的研究开发人员几乎全部是中国人，平均占99.03%。如西门子（中国）有限公司的2万多名员工中，只有不到1%的外籍员工，普通员工的本地化程度达到99%。同属跨国企业在华研究院的研究人员中具有博士、硕士学位的比例也逐年增加。如在IBM中国研究院拥有近200位专职研究人员，其中超过一半拥有博士学位；英特尔中国研究中心现有90多位研究人员，均拥有博士或硕士学位，另有多位来自国内外知名高校的访问学者。跨国公司在华研发机构除以高薪吸引人才外，还通过建立培训中心、与中国名牌高等院校合作建立培训基地等方式独立或合作培养人才。例如，微软中国研究院推出"微软学者计划"，每年从中国各大学挑选10名计算机专业优秀博士生，授予"微软学者"称号，并资助其出国从事学术活动。另外，跨国公司在华研发机构大多采用非命令式的宽松的人性化管理方式，例如IBM中国研发中心的人员就经常到IBM位于日本、美国的IBM实验室与那里的同事一起工作；三星电子中国通信研究院则努力营造国际化工作文化；而微软亚太研发集团更看重员工的多元化观念和背景，致力于将集团建设成为"学习型"的企业创新组织。相关研究表明，本土企业研发人员每增加1%，其专利申请数就增加1.79%，这说明本土智力资本的溢出效应明显，对我国技术创新能力的提高具有重要作用。

4.8.2 注重考核与激励制度

研发过程是一项对协作要求非常高的活动，既要求个人的高效，更注重团队的表现。因而，跨国公司在华研发机构在进行人员考核时，既重结果又重过程；既要考核个人的绩效，又要考核个人的协作能力。如贝尔实验室就在如下两个领域对员工的业绩进行考核：首先，考核工作结果。作为贝尔实验室的员工，一年前你的主管会和你坐在一起给你制订今后一年你的工作目标、学习目标和发展目标等，并在保证合理的基础上，征得双方的同意。一年后，贝尔实验室会根据双方已经同意的工作目标、学习目标，测评是否达标，并以你的工作结果为基础进行考核。第二，贝尔实验室更倾向于对工作过程的考核，即关注你在工作中的具体行为。比如，你是不是一个只注重个人发展而不注重团队的人，你是不是能够与其他员工知识共享，你是否能带新员工，你是否愿意帮助遇到困难的员工，你是否愿意倾听别人的意见等。过程与结果相结合的考核制度实际上是要求员工既要能够"单打独斗"，又要能够"协同作战"，而这其实也就是研发人员最为重要的基本素质。而联合技术研究中心的绩效考核则分为两部分，一部分是对项目的考核，另一部分是对人的考核。对项目的考核是考核 BU 办公室经理们和项目经理们的绩效；对人的考核包括工程师、部门经理、技术小组经理、后勤保障人员等。每个项目在开始时，会有详细的项目预算、执行计划、人员安排等，都会有文档记录。项目每进行一个月，都会有一个月末考核会议。在每个月初的时候，每个 BU 办公室都会开一次项目考核会，办公室下面的每个项目经理都会参加，对每个项目逐一审核。考核的重点包括计划执行情况、费用花费情况、人员安排情况等。对项目的大考核一年有两次，最后的考核结果会有三个结果：超额完成任务、完成任务、没有完成任务。项目经理的业绩主要是依据这个结果来决定。研究中心每年在所有的项目中评定年终最优的项目,项目的年度考核结果是一个指标,另一个指标是这个项目对 BU 有多大的价值或者影响,以此来决定它的商业价值。对个人的考核包括上级对他们的考核和下级或服务对象对他们的考核,包括个人对项目的贡献,完成个人发展目标和个人培训计划的情况,对下级和服务对象各方面的支持等。对个人考核主要的工具是个人业绩反馈工具,最后的考核结果分为优秀、胜任、进步、需要提高 4 个档次,该结果一般是升迁或报酬涨幅的依据,所以考核结果是进步或者需要加强的人,他的工资涨幅会很有限,升迁机会也会很少。

跨国公司在华研发机构也建立了较为完善的激励体系(如图 4-4 所示),它认为不仅应该给研发人员有竞争力的薪资待遇,而且要设立竞争机制,奖励对研究开发有突出贡献的人员,激励的形式包括奖金、转化或转让成果的收入中按比例提取的奖励、学术休假、股权期权等。

第一,产权激励——以科技成果入股为核心的物质激励。其具体形式包括利润分成、股票期权等。美国企业在华设立的研发机构,如贝尔实验室、微软亚洲研究中心等大都将分配"认股权"作为对研发人员的激励措施之一。值得注意的是,这种激励方式对中国企业也产生了一定的示范效应,如许继电气股份有限公司出台的《设计开发新产品奖励办法》规定:研发人员根据新产品转化为商品后实现的利润提成折成科技股,按第一年新产品实现利润的 40%、第二年 30%、第三年 20%、第

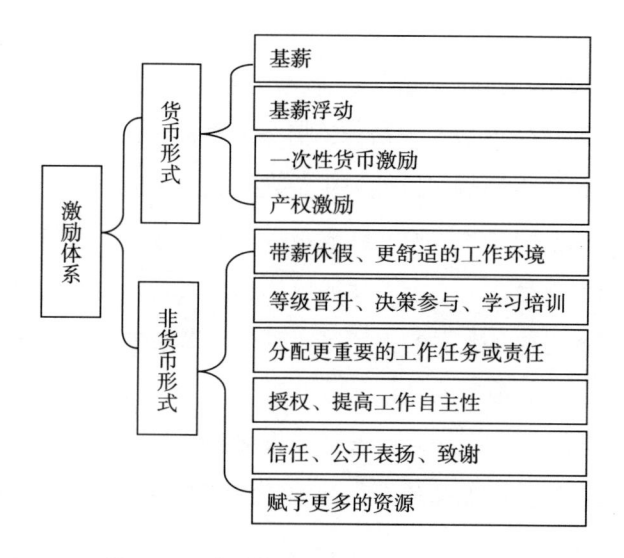

```
                    ┌─ 基薪
           ┌─ 货币   ├─ 基薪浮动
           │  形式   ├─ 一次性货币激励
           │        └─ 产权激励
  激励体系 ┤
           │        ┌─ 带薪休假、更舒适的工作环境
           │        ├─ 等级晋升、决策参与、学习培训
           └─ 非货  ├─ 分配更重要的工作任务或责任
              币形  ├─ 授权、提高工作自主性
              式    ├─ 信任、公开表扬、致谢
                    └─ 赋予更多的资源
```

图 4-4 高科技企业研发人员激励体系

四年 10% 提成，奖励给新产品设计团队或个人，并将这些奖金折成股份以激励研发人员。

第二，发展激励——学习培训。如出国培训、参加各种专业会议或专题培训等，使研发人员的专业水平在各类学习中得到提高。如摩托罗拉公司为研发人员创造更多的学习和培训机会，既提高了研发人员的技术水平，也激发了研发人员的工作热情。

第三，等级晋升——提供清晰的职业发展路线。如建立与管理人员并行的技术等级晋升制度，提供创新基金，给核心技术人员独立发展的空间。微软、IBM、SUN、DELL 等跨国公司在华研发机构都普遍建立了技术等级晋升制度，为研发人员建立了一种特殊的角色结构。

第四，津贴、福利。跨国公司在华研发机构的津贴和福利强调本地化，充分考虑中国的价值体系和文化传统对员工福利所起的激励作用，根据中国研发人员的实际需求设计津贴和福利。如上海贝尔公司曾推出无息购房贷款的福利项目，同时规定员工工作满规定期限后，此项贷款可减半偿还。这些福利措施在无形中加深了员工和公司之间长期的心理契约，起到了良好的激励作用。

除此之外，跨国公司研发机构还努力营造良好的创新环境和文化，如IBM研究中心在企业内部建立了一个自由的、随意讨论的研究氛围，使创新精神深入人心，激励所有研究人员不断提出新思想、新主意和新构思，使研究中心成为一个充满生机和活力的创新机构。

4.8.3 采用新的人才管理机制，提高跨文化下的科研管理水平

跨文化问题是这类研究院面临的重大问题。如三星跨国创新网络内部各研究院之间，包括中国与总部或中国与其他国家之间在沟通上还存在语言、文化、制度等各方面问题。另外，三星在中国的研发机构成立较晚、地位较低，这极大地影响了研究人员的积极性，制约了研究院的发展。很多研发机构倾向于做更高级的研发，希望三星总部给予中国研究院更高的战略地位和资源支持，从而增强自身在集团内部的话语权，更充分地发挥主观能动性。最近几年，三星中国研究院承担了很大一部分国际化、全球化的课题，并积极参与所有标准（如CMMB，TMMB，TD-SCDMA）的研发，曾在"最满意的海外研发机构"

评选中获得第一名，这表明中国研究院在三星研发体系中发挥着越来越举足轻重的作用。

　　针对跨文化的特点，英特尔采用"导师制"培养模式。英特尔发现很多新入职的研究员在职业规划上都希望做高层管理人员，对研究本身却缺乏足够的热情。"导师制"就是根据每位研究员的不同特点，为他们安排合适的导师。导师一般都是资深的研究人员，是研究员眼中的偶像。通过与偶像交流技术、畅谈人生，使中国研究员逐渐把技术创新作为自己的人生追求，并开始体会当自己的技术得到运用时所带来的巨大成就感。在英特尔中国研究院，所有的员工，包括总经理每个人都是一样的工位，没有特殊的办公室。在研究院里做经理，更大的责任是创造好的氛围，为大家服务，当研究员碰到问题的时候，帮助他们解决。

第5章　在华跨国研发机构的知识产权战略

5.1　鼓励研发成果产出

调查结果显示，多数跨国企业在华研究院都非常重视以专利为代表形式的研发成果产出。为此，大多机构都列有明确的专利奖励制度。

甲骨文（Oracle）公司具有明确的专利奖励制度，一旦有关专利及专利项目的有效信息可以在此找到，就会马上将有可能申请成为专利的发明报告传递给法律部门的专利操作员来进行评估。为了奖赏和激励雇员发明者，甲骨文公司对于将甲骨文的发明整理成为美国专利申请文档的员工保证以下所有表彰和奖赏：亚太地区之外的员工，每个在初始美国专利申请材料中提名的专利编撰人可获奖金1000美元；亚太地区之内的员工以及澳大利亚、日本、新加坡及中国香港地区的员工，每个在初始美国专利申请材料中提名的专利编撰人可获奖金1000美元；其他地区，对于发明披露材料于2005年1月1日之后提交的专利,每个在初始美国专利申请材料中提名的专利编撰人可获奖金500美元(之前提交披露材料的发明每个1000美元)。

在我们调查的一个公司中,我们称其为A公司。A公司在华研发机构内部也制定了如下专利奖励制度:①在经过专利披露(disclosure review)评审之后,如果最终决定可以继续申请,则每个专利编撰人(filer)可以获得1300美元的奖金,每项专利最多奖励3个专利编撰人。如果有4个及以上的专利编撰人,则每人得到(3×1300)/X的奖金,其中X是专利编撰人的数目;②在专利申请评审(patent application review)阶段,如果最终决定通过此专利申请,每个专利编撰人可以获得8100美元的奖金,最多奖励3个人。同样的计算方式适用于4个及以上专利编撰人的情况;③在专利正式获得批准之后,每个专利编撰人可以获得4000美元的奖金,最多奖励3个人。同样的计算方式适用于4个及以上专利编撰人的情况。

需要注意的是,跨国企业在华研究院的研发活动并不是完全以专利等产出成果为最终目的,其知识产权战略与管理服务于在华业务开展,着眼未来战略布局。例如,阿斯利康在华研究中心主要的工作在于其产品在亚洲的应用研究与推广,论文和专利只是"可以考虑的产出形式",但不会是重要方向。而西门子在华的诸多研发机构在关系上隶属于各个事业部,主要为其产品的本土化及在华推广服务,专利产出也不是最重要的评价指标。

5.2 强化知识产权保护

跨国企业在华研究院非常重视对其知识产权的保护,虽然研发活动是在中国完成，成果也是在华取得，但对于绝大多数机构，其成果所有权仍由母公司拥有。跨国企业在华研究院通常采取以下几种方式来确保母公司对研发成果知识产权的控制。

第一，成果运用以内部循环为主。我们的问卷调研显示，大多数机构均同时有不同数量的专利和论文产出，成果形式呈多元化特点，其中又以母国专利（47.6%）、论文（40%）和提交事业部的产品原型和技术报告为主（40%），表明样本机构多数兼具"研究与开发"（R&D）特点。其基本选择路径如图5-1所示。然而，跨国企业在华研发机构在中国本土提出的专利申请很少，这一方面是由于跨国企业在华研发机构的研发任务多由母公司下达，调研显示，"上级委派"和"母公司事业部委托"是其在华研发任务的主要来源，在华研发机构缺乏足够的自主权；另一方面也是出于母公司的制度要求，在华研发机构将研发成果拿回母国申请的占绝大多数，或由母公司优先在母国申请，然后再视需要而决定是否在中国申请。当然，随着中国市场的日趋重要及中国政府对知识产权重视与保护程度的提高，近年来对于东道国专利的重视也有所提高，接受调研的机构中，有40%将其列为重要产出之一。如甲骨文在专利

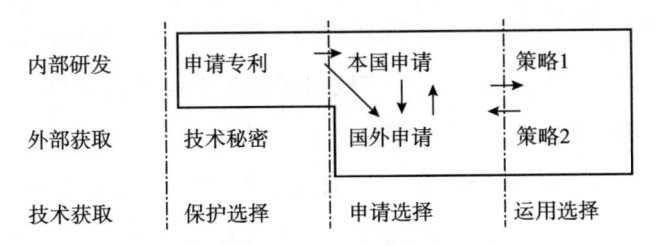

内部研发	申请专利	本国申请	策略1
外部获取	技术秘密	国外申请	策略2
技术获取	保护选择	申请选择	运用选择

图5-1 跨国企业专利申请路径

审批上，总部有一个专门团队综合考虑全球市场及战略布局，部分成果也会在中国申请专利，但会综合考虑专利的重要性、成本以及市场因素等，大部分专利仍会首先在美国申请。

第二，对于主要与本土科研力量开展合作的外资研发机构，一般采用知识产权共享的方式。以欧姆龙公司为例，其在华创新中心主要与中国一流高校开展合作，合作内容大多为承担日本总部某课题中的一个子课题，从而利用中国高端人才、节约成本而实现目标。研发成果主要以程序算法为主，一般都基于项目合同，实现产权共享，双方都有权无偿使用，但是无权单独转让给第三方。论文、专利也是共有，但一般来说日方不提倡申请专利，这主要是基于技术保密的考虑，算法难以保护，即使被侵权应用，也无从获知，而且一旦申请还要缴纳高昂的维护费。而对于其他成果产出，如要申请专利，则需经总部审批是否有必要申请，获得批准后先在中国申请，然后再在日本登记。

第三，设立专门机构加强知识产权规范、管理与保护。随着知识产权逐步成为跨国公司在华研发战略布局的重要阵地，对于知识产权的管理亦随之严格。例如甲骨文、飞利浦等跨国公司都有专门的知识产权管理机构。随着飞利浦在华研发活动层次的不断升级，其对知识产权的质量也有了更为严格的追求。通过调研了解到，飞利浦近年来知识产权申报的绝对数量比以前有所下降，发表论文亦有所减少，但"整体创新力在增强，只是我们对自己的要求提高了（飞利浦研发主管）"。同时，部分跨国公司为了加强自身知识产权的保护，通过事前、事中、事后管理的加强以及保密制度的建立,防止核心机密泄露。例如,三星在华研发中心的办公室禁止携带任何存储设备、封闭电脑外接端口、实现严格的涉密审查、总部定期进行检查、部分先进课题人员需滞留3个月再离岗等。总体来看,跨国公司在华研发机构知识产权管理流程的基本模式如表5-1所示。

表5-1 跨国公司在华研发机构的知识产权管理流程模式

管理阶段	具体形式
事前管理	"模块化"、分散化产品开发方式;雇佣合同中的相关条款、保密协议
事中管理	重点部位、重点人员的教育与管理,针对项目的保密协议
事后管理	通过竞业禁止协议的规制,给予6~7个月工资的补偿等

一项针对135家跨国公司的研究结果表明,跨国公司在华专利申请具有明显的高端优势,其发明专利申请侧重电学部(H)和物理部(G),分别占其申请总量的39%和23%(如表5-2所示)。跨国公司非常注重知识产权的保护,除了凭借其技术和品牌优势,构筑高技术壁垒,抢先制定行业标准外,还通过建立专利联盟、技术转让等方式维护其垄断地位。

表5-2 移动通信行业跨国公司在华申请专利的主要技术领域

分类号	技术领域
G06F 15/00	通用数据处理设备及其方法,包括使用神经网络的数据处理设备及其方法
G06F 17/00	适用于特定功能的数字计算设备或数据处理设备或数据处理方法
G06F 3/00	计算机输入、输出设备及其方法
H01L 21/00	半导体器件的制造工艺及其方法
H01L 23/00	半导体器件零部件的制造方法
H04B 1/00	通信系统中信号接收方法、信号检测方法及减少接收机受到干扰的方法及其装置

续表

分类号	技术领域
H04B 7/00	无线电传输系统，包括多址连接的无线传输系统、功率控制方法、发射分集方法和系统等
H04L 1/00	数字信息传输过程中检验或防止受到信息中的差错的装置
H04L 12/00	以交换功能为特征的数字信息传输网络，包括通信网络中的分组交换技术、消息交换系统、总线及其节点设计、交换系统网络间的接口技术、电信网络管理方法及系统等
H04L 27/00	多载波通信技术及其系统设备
H04L 29/00	以协议为特征的数据传输方法及其系统
H04M 1/00	电话通信的分级设备、包括电话通信终端，如无线电话机及其部件
H04N 7/00	视频编解码、射频接收技术等图像通信技术
H04Q 3/00	通信网络构建中的路由选择装置，包括智能网控制呼叫、业务执行、数据分析等技术
H04Q 7/00	通过无线电链路或感应链路连接用户的选择装置

资料来源：国家知识产权局。

5.3 跨国公司研究开发知识产权管理的一些新趋势

通过我们的面访及二手资料发现，知识产权管理呈现如下新的趋势。

第一，知识产权转移内部化趋势加强。跨国公司向发展中国家（包括中国）出让技术时往往严格控制核心技术转让。表现为向我国国有企业、集体企业等转让的技术数量少、水平低、重复严重、实际效果差，以生产线、技术咨询、技术服务为主，专利技术所占的比重过低；引进硬件比例偏高，工艺技术引进比例偏低，成套设备、生产线引进中技术费所占的比重比较低，对提高自身创新能力作用小。这反映出跨国公司技术转让的内部化趋势进一步加强。

第二，设置高级专门机构来管理知识产权。如摩托罗拉中国研究院到 2004 年为止已经成立 6 个专利委员会，对其员工准备提交的专利申请进行预审。这 6 个专利委员会分别负责包括通信、软件、个人通信、能源系统、先进材料等各个领域的科研成果的预审工作。

第三，通过与员工签订含有知识产权保护条款的合同来保护自己的知识产权。跨国公司在与员工的雇佣合同中都包含知识产权保护条款。这些条款一般包含几个内容，一是要求员工让渡其在被雇用期间研究开发的所有成果的知识产权；二是要求员工在使用公司固有的知识产权时，不经公司同意，不得泄露给任何第三人；三是员工离开公司几年内不得在同行业公司内从事类似工作的限制同业竞争条款。例如三星就对于人员流动，特别是研发人员流动时可能发生的知识产权保护问题给予了高度重视。他们通过与员工签订保密协议等一系列措施，来确保人员流动不涉及知识产权的问题。

第四，在知识产权保护过程中十分讲求效益。跨国公司特别注意在保护自己知识产权成果、打击竞争对手的同时又节约费用。一是严格筛选技术，节约申请和维持费用，对于决定不申请专利的技术成果采取一定处理方式。如丰田公司、IBM 公司等都定期公开未申请专利的技术成果，这既保护了自己使用该

· 115 ·

技术的权利，也节约了申请专利的费用。二是跨国公司定期评估已获得的专利，对于没有必要维持的专利及时放弃，部分跨国公司还廉价出售部分自己没有使用、同时也难以转让出去的专利，以尽可能地通过多转让专利来获取收益。三是在有关侵权诉讼中，以和解为原则，节约时间和费用。

第五，通过加强基础研究来获得尽可能多的基本专利。跨国公司往往投入大量的精力进行科技基础研究，争取获得尽可能多的基本专利，并通过不断获得外围专利来延长基本专利的生命，从而获取尽可能多的利润。另外，某些跨国公司往往围绕一个基本专利编织严密的专利网，在并不拥有大量基本专利的情况下也能获取丰厚的利润。此外，跨国公司对于商标也十分重视，往往投入巨资培养和集中使用一个商标。如埃克森石油公司目前使用的商标"埃克森"就花费了 100 万美元的征集费。

第六，利用技术转让法律漏洞大肆掠夺我国的自主知识产权。在跨国公司对华技术转让的过程中，由于知识产权意识不强以及策略失误，我国大量自主知识产权向跨国公司流失。如有的是共同开发的技术，由外方申请专利并取得专利权；有的是由外方先在国外申请专利，然后在优先权期限内再到中国申请。例如微软亚太研发集团的所有研发成果都必须以母公司的名义在美国专利商标局第一时间申请专利，如果需要的话随后再在中国国家知识产权局进行申请，这有利于母公司对知识产权进行总体的控制。而英特尔尽管对成果归属和知识产权的要求相对宽松，但其在选择合作研发伙伴时，也将高校的知识产权保护情况作为最重要的评估条件之一。

5.4 跨国公司研究院溢出的新观察

过去，有过关于跨国公司研究院能否产生有效溢出的争论。因为许多人认为，由于跨国公司形成的科技和工资高地，会阻止员工的流出。或者说，跨国公司的中国员工只掌握了一些技能，不是真正的高技术拥有，溢出的价值不一定很大。

但近几年，我们看到了一个现象：由于中国企业的能力在提高，中国创新创业的环境在改善，越来越多的中国员工离开跨国公司研究院进行再创业或者进入中国企业成为高管。最有名的例子有：原微软亚洲研究院的院长张亚勤成为百度的副总裁。原来微软副总裁李开复离开微软，成立了自己的创新工场，培养出来一大批有为的创业企业。

谷歌在中国的业务，由于多种原因，已经退出。但作为一个技术领先的企业，许多谷歌的前员工，已成为中国的创业骄子。

谷歌是全球最大的搜索引擎公司，也是集互联网搜索、云计算、广告技术等于一身的全球性跨国公司，在其发展过程中，一直强调人性化、民主、自由、创新的理念。2010年，由于多种原因，谷歌中止在中国的部分服务，在一定程度上丧失了服务中国个人用户的机会，而把重心转移到帮助中国企业出海，谷歌的一群聪明人将死局下成了一个活局，"谷歌出口易"成为谷歌中国的关键产品，仍然保持营收。谷歌公司的企业文化精神在全世界都产生了深刻的影响，包括中国，对于在谷歌工作过的员工来讲，谷歌的发展理念也深深地烙印在其职业生涯中。

离开谷歌的多数中国员工如今都是国内 IT、互联网公司的创始人或者高层管理者，尤其是近年来国内互联网飞速发展，大多数人都选择了创业并取得了不错的成绩，这与其在谷歌的宝贵工作经历密不可分。首先，谷歌是一所大学，教会人看世界、想事情的方式，能把人生观和文化融合并且落实到具体的商业运营当中，不仅仅关注人才的培养，更关注是否为教育的平等和多样性作出贡献；第二，谷歌是一家以人为本的企业，其在人上面的投入不遗余力，有宽容失败的文化，有自由的工作环境，有开放性的对话，鼓励员工表达独立的见解和想法，激发员工的热情和创造力；第三，作为一家技术驱动的公司，也是家不创新会死的公司，在这里，不仅能接触到全世界最新、最前端的技术，而且培养工程师以每天都能学到新东西为基础，从长远计划的角度提升技术能力，以创新的视角看待工作，以打造更好的平台体系为目标，使员工对系统有更深层次的分析和理解能力；第四，产品和技术研发时时以用户为核心，坚持有用户才有商业变现机会的理念；第五，在精神层面、价值观上以及通过组织活动的方式与员工家庭产生连接，让员工家属有"大家庭"的归属感。

离开谷歌的员工，带着谷歌精神，在中国形成了十分浓厚的创业文化，谷歌的全球视野使他们在创业之初就将公司定义在"如何改变世界、建立全球公司"的格局之上，而这也正是创业的真正意义。每一个在谷歌工作的员工在成长到一定阶段的时候，大部分的事情都会由自己做决定并承担责任，教会人自我管理和自我驱动，制订前瞻计划并不断思考，而这些谷歌精神也被其员工潜移默化地带入今后的工作岗位和创业企业中，成为宝贵的财富。在中国，谷歌培养出的一批人，将谷歌的技术和文化理念在中国的互联网世界发扬光大，他们努力得来的经验和知识，也同样值得被创业社群反复咀嚼、分享和继续深耕。

第二部分

美国跨国企业在华研究院

美国是一个以科学技术研究为基础的创新国家，十分重视突破性创新，不断领导世界产业技术潮流。在美国创新模式的演进过程中，一直保持科学驱动的领先，强调自由市场，没有明确的产业政策，也不需要政府确定的方法来形成技术标准，其标准是在市场竞争中自然形成的事实标准。

20世纪初，美国进行了管理革命，将股权与经纪人分离，解决企业家创新之后的后续发展问题，出现了MBA、商学院等专业的职业经理培养体系，职业经理对生产、销售和管理的"三叉式"（three–pronged）投资，成为工业企业发展的必要条件。

1940年以前，美国科技和创新体系是碎片化的，美国政府几乎没有科技管理机构，没有专门的机构负责全国科学技术活动的组织，而是由行政、立法、司法三个系统不同程度地参与国家科学技术政策的制定和科技工作的管理。对于大小企业之间怎样实现有序竞争，也不需要政府部门进行反垄断协调。

但美国政府历来重视企业研发活动，政府也制定各种政策进行激励。美国科技的世界领先地位，也是以巨额的投入为后盾。美国拥有世界上最完善、最严格的专利法规，从而使美国企业形成高度重视工业研究和知识创造的传统。美国政府认为，政府必须支持探索性研究、实验项目以及创新活动，从投入结构上看，在基础科学投入上美国大部分是来自政府的公共投资，而不是私人激励。从投入效果上看，美国政府对私营企业研发上的投入也不是低回报的。经济学家估计，私营企业对研发投入的平均回报率为30%左右。然而公共研发投资的社会回报率是它的两倍（萧冬，2005）。

同时，联邦政府通过研发投资税减免、国防研究和军事采购等手段对产业部门的研发活动予以间接或直接的资助。根据美国财政部的估算，联邦政府在 1981~1998 年间所提供的税收减免，相当于同期联邦政府研发直接投资的 3.2%，总体来看，20 世纪 90 年代以来，这一比例是在逐渐提高的，1998 财年达到了 4.7%。像通用电气公司、波音公司、摩托罗拉公司这样的产业巨头，每年都从政府手中接到巨额的军事订单。

20 世纪 50~80 年代，是美国大企业创新的黄金时期，其研究模式主要为：第一步是做最好的科学研究，第二步是取得重大突破，第三步是进入市场带来丰厚的效益。在此期间，美国拥有系统的研究开发实验室制度，拥有一大批著名的企业研究实验室，例如 AT&T 朗讯实验室、RCA 实验室、贝尔实验室、施乐帕克研究中心、IBM 沃森实验室等，同时通用电气、杜邦、柯达等企业也建有企业研究中心，使得大批人才集聚在企业。

美国企业在黄金时期的研究主要基于以下四个方面的前提假设：一是在好奇心驱动下随之而来的问题与应用；二是避免财务或者成本目标的过度约束；三是雇用最好的职员并给予其一定的自由；四是与大学和公共科研机构保持紧密联系。

美国这一时期的研究模式也确实给其企业和国家带来了丰厚的回报。其成功主要是由于对基础研究的重视，同时强调科学与产业的结合，将大学作为重要的创新来源，企业重视人才，建立了一流的实验室，对技术创新进行高额投资，同时在全社会营造出鼓励创新、宽容失败的文化氛围。此外，发达的市场经济，也使得各类要素向创新部门聚集，促进了创新的产生。

当然这一模式在后来的发展过程中，由于相对封闭、垄断、进步速度慢等，也不可避免地出现一系列问题：许多公司无法利用重大发现，或者重大发现的效果要经过多年才会显现；大量的突破来自于与用户和市场的密切接触，而非公司实验室的研究；技术人员的流动性越来越大，技术不断外溢；同时风险投资的增加使技术人员创办自己的公司变得越来越容易，对大公司构成了威胁；企业往往采用大规模生产的模式，强调机器的管理，忽视了对员工技能的培养与管理。因此，这种模式后来受到了来自日本的挑战。

20世纪90年代后，美国推出了硅谷创新模式，借IT和互联网的快速发展，抓住新一轮科技革命带来的机遇，瞄准新能源、生物、信息、新材料、航天等新兴产业领域，加大政府投入，扶持前沿技术创新，着力培育未来竞争新优势，重新迎来新经济时代的创新体系。

美国之所以能够长期处于全球技术领先地位，很大程度上归因于它拥有一个包括企业、政府和社会在内的比较完备的创新生态系统。强调开放创新，大学、高科技小企业、专利等的作用都在不断加强，更加依赖全球价值链实现快速发展。新经济企业的创建者通常从风险资本家那里寻求资金投入，并与风险资本家一同分享企业的所有权和战略控制权。与旧经济企业相比，新经济企业更加强调核心竞争力，诸如思科、戴尔、太阳微系统等公司均将投资战略集中于核心竞争力所需的组织学习活动中，利用全球产业链开发外包制造、布局全球生产，而这些大企业也成为美国企业专利行为的重要贡献者。

第 6 章　英特尔中国研究院的战略与本土创新

6.1　英特尔在华基本情况

英特尔公司成立于 1968 年，经过近 50 年的发展，在芯片创新、技术开发、产品与平台等领域奠定了全球领先的地位，并始终引领着相关行业的技术产品创新及产业与市场的发展。英特尔公司总部位于美国加州，工程技术部和销售部以及 6 个芯片制造工厂位于美国俄勒冈州波特兰。公司设有数字企业事业部、移动事业部、数字家庭事业部、数字医疗事业部和渠道平台事业部等多个运营部门。2015 年，英特尔在全球的员工数已超过 10.7 万人，年收入达到 554 亿美元。

英特尔于 1985 年在北京设立第一家代表处，目前已成为在华最大的外国投资企业之一，员工人数超过 7500 人。作为英特尔公司全球第二大消费市场和全球 PC 制造基地，中国已完成各项功能和资源的整合。为响应中国政府西部大开发、振兴东北工业基地等战略，英特尔先后在成都建立世界一流的芯片封装测试厂,在大连建立英特尔亚洲首家晶圆制造厂,英特尔的销售和市场活动亦覆盖了全国 300 多个城市。同时,包括英特尔中国研究中心、英特尔亚太区研发有限公司、英特尔中国软件中心和英特尔亚太区应用设计中心在内,英特尔公司部署在中国的研发机构已达 4 个。目前,英特尔中国已成为包括研发、客户支持、芯片生产、封装与测试、分销与市场支持、战略投资及创新教育计划等在内的部署最全面、价值链最完整的海外机构,如表 6-1 所示。

6.2 英特尔中国研发战略与定位

在华跨国企业中,英特尔公司是较早在华设立研发机构的先行者之一。从英特尔在华研发的整体布局来看,其在华研发投资行为与其全球研发战略以及在华战略变化趋势是相吻合的。英特尔前高级副总裁帕特·基辛格认为,"中国拥有全球最瞩目的研发人才和市场潜力。作为一个拥有越来越多优秀研究人员和技术专家的领先技术市场,中国正在营造一个能够推动重要研究项目的强有力的环境。"

1998 年 11 月,作为英特尔在亚太地区的第一个研究实验室,英特尔中国研究中心创建,投资 5000 万美元。2004 年 5 月,英特尔中国研究中心注册为独立法人,由北京 CBD 入驻中关村腹地。2006 年 11 月,英特尔首席技术官(CTO)贾斯汀在视察了研究中心之后,高度评价中国研究中心,又充分考虑了其人才架构及金砖四国地位的提升等因素,认为中国研究中心

第6章 英特尔中国研究院的战略与本土创新

表6-1 英特尔在华机构基本情况一览

基本职能	机构名称	地点	成立时间	人员规模	功能定位
研究与开发	英特尔中国研究中心（ICRC）	北京	1998年11月	超过100人	亚太地区设立的第一个研究机构，研究领域包括微处理器技术和无线通信技术。研究项目涵盖计算机体系结构、宽带移动应用及未来应用技术，编译器技术、运行环境、技术标准等
	英特尔中国软件中心（ICSC）	上海、北京等地	1993年	超过500人	前身是英特尔中国软件开发实验室，是英特尔在中国建立的首个软件产品开发机构，目前成长为世界级软件研发机构及产品开发组织，涉及英特尔众多关键软件和平台技术，并针对中国市场的需求开发新型应用模式和创新成果
	英特尔亚太区应用设计中心（ADC）	深圳	2002年11月	不详	面向中国计算和通信行业的OEM与ODM厂商，提供故障排除、分析和调试等支持，帮助客户在产品设计中集成英特尔的技术，解决其工程设计方面的问题
	英特尔亚太区研发有限公司	上海	2005年9月	超过1000人	推进围绕所有英特尔平台事业部的主要产品与技术开发。作为一个职能完备的研发机构，兼具先进产品开发能力和市场推广能力，为中国及全球提供创新产品，并为客户提供支持

·127·

续表

基本职能	机构名称	地点	成立时间	人员规模	功能定位
生产与制造	英特尔产品（成都）有限公司	成都	2005年	超过3000人	总投资额达到6亿美元的半导体产品封装和测试工厂，是改革开放以来落户成都的最大外商投资项目。目前已成为英特尔全球集中进行晶圆预处理的三大工厂之一，未来将成为全球封装测试来料的重要供应基地
生产与制造	英特尔半导体（大连）有限公司	大连	2010年10月	不详	投资25亿美元，亚洲首个晶圆制造厂，是世界级、全新的芯片制造工厂，已开始生产300毫米硅晶圆。首先制造芯片组产品，将配备笔记本电脑、高性能台式机和基于英特尔®至强®处理器的强大功能服务器
市场与营销	英特尔中国区销售与市场营销事业部	该部门基于英特尔优秀的技术、产品和平台，与营销及渠道合作伙伴协力打造针对新兴市场特定需求而定制的本地化平台解决方案
市场与营销	渠道合作伙伴	为营销和渠道合作伙伴提供切实可靠的业务支持，包括：技术与销售培训，构筑高效的保修更换体系和技术支持，市场推广计划资助，品牌及产品推广，营销信息支持等

资料来源：英特尔官方网站。

已经具备了成熟的趋势和独立的资格。此后,英特尔中国研究中心成为公司全球研究网络中的重要一员,同时也是除美国之外最大的研究团队,足见中国市场和人才对英特尔具有重要的地位。

一个研究中心要成熟,一般都要经历至少10年的发展期。研究和开发不同,开发可以在人才市场上找到现成的工程师,而一个具备独立能力的研究团队,既要与公司的研究方向相匹配,又要具备一定的研究经验,这都需要长期积累。2009年10月12日,升级、更名后的英特尔中国研究院,成为与位于美国的电路与系统实验室、微处理器与编程实验室、未来技术研究实验室、集成平台实验室并列的英特尔全球五大研究院之一,功能上完全独立,直接向贾斯汀汇报。从此安排可以看出,中国研究院在英特尔系统内,具有更大的自主权。英特尔在印度和欧洲也有研究院,但在功能上都不是独立的,只是一些实验室的分支机构,而亚太研发中心作为事业部的分支汇报级别也很低。目前英特尔中国研究院全职研究人员不到一百人,是最小、人数最少的独立研究院。

"在中国做研究"和"为中国做研究",这是所有跨国企业在华研究机构必须解答的辩证课题,需要协同对待,因此有着十余年历史的英特尔中国研究院也承担着支持英特尔公司的技术领先战略和中国本地化战略的双重任务。当前中国的整体研发实力和创新能力越来越强,中国的人才和智力资源影响全球。英特尔希望升级后的英特尔中国研究院,既要扎根中国、融合本地优秀人才的创新智慧带来更多世界级的研究成果,发挥中国人在全球技术研究竞争中的影响力，使中国成为为自己的重要创新基地；又要结合中国市场特点在研究课题上突显中国特色，更好地贴合中国本地客户和合作伙伴的需求，加强本地化的合作研究和创新，为发展中国自主创新贡献力量。研究院在成立时仅仅是美国团队的帮手，进而从独立完成小项目逐渐独立完成大项目，如"雷电技术""无线显示技术""麦克风阵列""CT技术"等都是非常杰出的成就，令英特尔高层赞叹不已，这也成为英特尔中国研究院独立的砝码。

位于北京的英特尔中国研究院定位于前瞻和探索信息产业的未来技术和应用模式，从事突破性的技术研究工作——基于对未来产业、技术趋势和市场需求的深刻洞察以及英特尔技术创新的战略方向，研究5~10年后可能对英特尔、整个产业及广大用户带来深远、甚至是革命性影响的技术，从而让英特尔在保持技术领先性的同时，满足人们未来的科技需求，改变人们的工作和生活方式。也就是说，英特尔中国研究院主要承担研究（Research）任务，而位于上海的英特尔亚太研发中心则是英特尔在中国的研发基地和创新中心，主要从事产品开发（Development）工作，如表6-2所示。研究院目前由六大团队组成，包括机器人系统实验室、机器人交互研究实验室、认知实验室、智能存储实验室、通信架构实验室和新技术中心，主攻人工智能技术、智能自主系统和智能互联基础设施研究。这种研究布局说明，英特尔不是仅让产品适应中国市场的工作，虽然这是许多跨国公司设立研究院的一项主要功能，相反，英特尔把中国作为一个可以承担高端、开拓性的研究基地。

第6章 英特尔中国研究院的战略与本土创新

表6-2 英特尔中国研究院主要部门及研究领域

部门	研究方向	研究成果
英特尔中国研究中心	通信技术实验室（CTL）	为英特尔的平台战略从事未来无线通信网络、网络系统分析技术等研究。①有线通信技术部分，主要研究多核CPU如何满足未来通信技术的需求；②无线通信技术部分，主要是无线宽带技术的研发；③与中国的行业厂商和大学合作，共同推进全新无线技术的应用及制定相关标准
	微处理器技术实验室（MTL）	致力于为未来微处理器平台开发重要技术：①面向多内核中央处理器（CPU）架构的编程系统技术；②支持未来移动应用开发和移动平台的移动受控运行环境技术；③未来应用及相关体系结构的研究
	技术标准部	通过参与国际国内的技术标准制定，与同行切磋，促进IT产业发展
	先进平台技术研发中心（APDC）	隶属于英特尔移动事业部，是为未来的芯片组和产品提供原创性技术的研发中心	①由ICRC与中国科学院共同开发的英特尔®安腾®架构开放式研究编译器；②针对Java可管理的运行时的研究对下一代英特尔®XScale®微架构产生重要影响；③采用计算机可视化视觉架构支持语音识别功能的声音可视化语音识别系统，显著改进了实际环境中的语音识别准确度；④麦克风阵列的音频信号处理技术定义了新的音频标准，支持广泛的全新使用模式并已集成在Florence移动平台中；⑤对于未来基于统计学平台应用和工作负载分析的研究，对下一代多内核（CPU）架构产生重要影响

· 131 ·

6.3 项目管理及知识产权保护：重视转化

研究院与项目的管理，决定了一个研究机构的灵活性和效率。由于研究开发院建在中国，与跨国公司总部一般都有较远的地理距离，因此如何建立一个有效的管理机制，是跨国公司研究院能否生存的一个挑战。

英特尔中国研究院作为英特尔全球五大研究院之一，由院长直接向首席技术官汇报。英特尔拥有自由开放的企业文化，官僚等级意识淡薄，鼓励员工之间交流，许多课题都是底层员工沟通后向上层逐级汇报并申请资源而产生的。从研究院的经费构成也可以看出研究机构的经营模式。如果所有经费都来自总部，说明这一模式是从上至下的管理模式；如果经费也有来自事业部的，说明研究院重视市场驱动的研究。

在英特尔，研究院的经费主要用于员工工资和分摊的运营费，以及采购设备和寻求对外合作所需的业务费，一般总部会按照员工数量比例和研究机构的具体需求及发展阶段由总部CEO直接下拨一部分经费；还有一部分来自事业部，事业部委托研究院研发并划拨相关经费。管理层在进行资源分配和团队分工时应遵循合理的比例，一般60%的资源用于与产品相关的短期项目，40%用于与产品关联相对较弱的前瞻性研究。

在英特尔，由于部门分工，核心研究机构专注于前沿研究工作，产品部门负责具体产品开发。但是在研究成果从研究团队向产品团队的转让过程中，存在效率低下的问题，相当一部分研究成果在此阶段夭折。这个在产品开发周期图上的低谷，被形象地称为"死亡之谷"。

为提高研究成果的转化效率，近年来英特尔探索出一种名为"携手探路"（Joint Path – Finding）的项目管理新机制。其核心思想在于，"携手"指研究团队与产品团队进行资源联合配置，共同组建成果转化团队，确定共同项目完成指标；"探路"就是根据已确定的产品方向评估筛选各种技术与实现方案，并与相关产品路线图的某个阶段挂钩。

"携手探路"有多种实施方式，如研究部门与产品部门的联合实验室、虚拟团队、隶属产品部门的研究团队等。参与"携手探路"的各方面都会投入大量资源，目标明确地开发产品技术、构建概念平台、产品原型等。在"携手探路"机制中，研究团队扮演了积极主动的角色，是推进研究成果转化的主要力量，项目成果能够直接进入产品开发阶段。英特尔中国研究院独立性的提高对管理层及员工都提出了更高的要求，"携手探路"机制的提出对研究院找准自身定位、把握研究方向发挥着重要作用。

在知识产权保护方面，英特尔制定了一系列知识产权保护制度和规范，并通过行为守则、反腐败等常规培训和在线培训、小范围的技术培训和讲座培养员工的专利保护意识，防止技术泄露和侵权行为的发生。

6.4 企业创新文化及人才策略：注重传承

英特尔中国研究院将中国的人才库视为其发展的最基本土

壤。英特尔中国研究院是英特尔中国公司学历最高的部门，有60位正式研究员，博士及博士后人员占比约为70%。尽管行业环境和公司变革带来的双重不确定性不断向员工提出更大挑战，但过去十年，英特尔研究团队的流动率远低于行业平均值，说明研究团队具有相当的稳定性。

英特尔关注前瞻性的研究领域，可能在世界各知名高校都难以招聘到专业对口的毕业生。因此英特尔研究院一方面通过招聘具有相关经验和背景的实习生并将其培训成该领域的专门人才，另一方面注重对新员工的培训，将培养人才视为管理层和员工自身的重要责任。

英特尔的本土化程度高，年轻一代的管理层大都是逐渐培养起来的本土人才，还有一部分精兵强将是外聘的，大多有美国护照。尽管在发展过程中研究方向和团队都经历了多次重大变革，但团队的骨干力量和核心始终保持稳定，这与英特尔中国研究院培养本土人才的创新机制息息相关。

首先，英特尔十分强调员工具有灵活的适应能力。英特尔中国研究院在选拔人才时，在具备良好的研发实力的基础上，会特别侧重寻找适应力比较强的研究人员。因为现在高科技发展得很快，工业研究院需要根据企业发展战略和市场风向来决定或者改变研究内容，研究员就必须在这种环境下不断学习怎样适应新的环境，只有这样，才能更好地和其他合作伙伴进行良好沟通与协作，实现自我成长、公司营利、产业进步三者之间的共赢。

其次，英特尔采用"导师制"培养模式。英特尔拥有自由平等的企业文化，人际关系简单，没有地域歧视。只要能力出众，本土人才完全可以从基层研究员提拔为首席工程师，这是仅次于英特尔研究院院士的高级职位。在这种文化氛围里，员工的发展空间更大、研发自主性强，但同时对员工的独立性和责任感提出了更高的要求。

再次，英特尔注重知识共享与自主创新。英特尔认为。中国的研究员功底很扎实，却不太善于与人交流，也不太主动去实现自己的创新想法；而美国研究员沟通能力比较强，敢于表达自己的想法，并善于寻找各种资源来促进工作的开展。为了培养研究员的沟通技巧，英特尔中国研究院规定，每周一早上都要举行"分享会"。这个会由 CEO 组织，所有高层管理人员，如副总裁以及董事会成员都会参加，由研究员自己与大家分享最新的技术资讯，讨论竞争对手或者整个产业界在关注什么、合作伙伴们都在做什么、将来技术可能发展的方向及它们怎么影响英特尔的业务，再根据很多人提出的意见进行整合，然后成立专门的小组，针对某些技术进行进一步探讨。

英特尔还经常召开内部的技术会议，很多研究成果对外不能发表，仅在内部让大家互相交流和学习。当研究员在同事或领导面前提出想法后，当场就能得到大家的反馈与鼓励，有时也得为自己的想法进行辩护，从而学会高效地表达与沟通。中国与美国研究院的人才交流和轮岗也是常年进行，中国研究院派员工参与到美国研究院的课题中，交流时间为三个月至一年，而美国到中国的短期交流更多，仅停留一至两周。

同时，在英特尔中国研究院，为激励年轻的研究员更加积极地进行创新，实现自己的创意，特别制订了"草根创新计划"。该计划专门给每个研究员 10%～20% 的时间去做自己感兴趣的开创性的事情，并为此成立了技术领导力委员会。研究院里有许多学习小组和兴趣小组，大家阅读文章后做报告与其他员工分享。在这个民间组织里，研究院有专门的资金支持研究员自己的创新，还会请资深研究员进行指导，从而帮助研究员把创新想法变成真正对产品有影响力的技术（李国敏，2011）。

另外，英特尔中国研究院不光培养了自己的一流研究队伍，更通过合作研究、合作课程开发、访问学者计划、实习生计划等，为中国高校和产业界培养和输送了一批既把握最新技术趋势，又拥有丰富实践经验和较强研究动手能力的未来型人才和创新型人才。如 2006 年年底接过"博士后工作站"牌匾后，英特尔中国研究院成为国家人才培养体系的一部分。在站博士后研究人员参与了业内最前沿的科学技术和应用模式研究，取得了丰硕的成果。

英特尔认为，要做成一个百年老店，最核心的价值是你是否正直，你是否按公平的游戏规则在竞争，是否坚持自己的道德底线，不管外部环境如何，都要维护公司的品牌和信誉。摩尔定律是个誓言，就是坚持给客户最好的东西，这在一定程度上是可以影响环境的。摩尔定律坚持了 40 年，人员稳定对于这种文化的传承具有至关重要的作用。

6.5 考核激励制度：重视技术的商业价值而不只是专利

英特尔最直接的激励制度还是与考核挂钩。英特尔针对基础研究的考核机制经历了一系列历史变迁。总体来说,纯研究团队最直接的作用就是为公司降低风险、节约成本。比如在决策层决定推出安腾处理器时,研究团队主要负责做出原型系统和验证系统,需要的人力比较少,在验证成功后这些人可以去研究别的项目。而最终的商业系统的推出依赖于开发团队,需要的人力比较多,研究团队与开发团队的人员比例大约为1∶10。因此在重大决策之前,如果有研究团队进行验证,就可以大大降低成本。另外,英特尔作为硬件制造商对产品的依赖程度也是决定因素。与半导体制造不同,英特尔针对的主要是产品,对研发依赖度很高,更期待研究团队为公司探索方向,从而有效规避风险。

过去对纯研究团队的考核方式是看有多少技术转化到产品中商业化了。英特尔主要从事工业应用研究,不强调学术性,大多数研究人员都有专利和论文,但这些在考核时只作为参考,最关键的考核指标还是研究项目对公司的意义和价值。但在执行过程中技术成果的转化还与市场环境变化等因素有关。研究与开发有本质的区别,研究院做了很多原型系统和验证系统而不是纯粹的商业系统。在研究团队与开发团队交接过程中,由于外部环境的变迁,很多研究团队编写的代码在商业开发时需要重新编写,开发周期长、复杂程度高,研究团队发挥的探路性作用往往被忽视,其成果得不到开发部门的认可。另外,还有很多技术是被其他公司直接购买转化了。例如,苹果公司直接利用英特尔于 2011 年年初研发成功的电子设备新一代高速数据接口"雷电(Thunderbolt)",提交了三件有关雷电接口的专利申请，并将这项全新的技术移植到新款 MacBook Pro 的 iOS 设备中。雷电技术没有被英特尔内部的任何一个产品部门应用，而被客户和市场直接挑出来。有时，研究院费了很大力气去推销，但产品部门会认为这项技术没有应用价值，并认为研究院只会漫无目的的瞎想；而研究院则认为其研究方向的确定主要遵循公司的总体战略框架，如雷电技术只是英特尔硅光电技术溢出的外围接口技术。这种矛盾对研究院的发展造成了一定冲击。

中国市场是个高度活泼、动态性强的市场，容量很大，且信息产业发展迅速，若研究院被绑在产品路线图上，就没有多余资源尝试新想法，从而影响整个团队的活力；同时，若研究成果得不到应用，研究团队也难以得到相应的报酬。

因此，英特尔研究院从近年开始进行战略调整，转变其评价指标，不再只强调与产品部门的合作，局限于产品线路图，看产品部门需要什么，而是在携手探路的基础上与投资部门直接结合。一方面重新高度重视原始创新，另一方面关注市场和客户，广泛开展市场调研，快速响应市场需求的变化，积极向投资部门申请资源并做一些试探性尝试和小规模试验。

此外，研究院要做出详细的商业计划书说服投资部门进行投资，在项目的选择上，太接近产品短期需求可能不合拍，因此应有一部分应急项目和一部分长远项目。过去，在对雷电技术的表彰中忽略了大批英特尔中国研究院的员工，而现在，能够得到投资部门划拨的风险投资也就成为该项目最直接的收益，同时是面向本土客户获得收益，过去的很多问题因此迎刃而解，从而起到了良好的激励作用。

第 6 章　英特尔中国研究院的战略与本土创新

6.6　英特尔与其他业务部门的合作：开放创新

英特尔中国研究院创立 10 多年来，一直秉承"开放式创新"的策略，在与美国、俄罗斯、印度和韩国等海外研究与开发实验室保持着密切的合作关系的同时，也积极与本地学术界、产业界及政府部门展开合作，如表 6-3 所示。

表 6-3　英特尔学术合作伙伴

大学	领域	大学	领域
卡内基梅隆大学	嵌入式计算，云计算	帝国理工大学、伦敦大学	智慧城市
华盛顿大学	普适计算	以色列理工学院、希伯来大学	计算智能
加州大学伯克利分校	安全性计算	清华大学，东南大学，中国科学技术大学	移动网络与通信
加州大学欧文分校	社会计算	台湾大学	创新研究中心
萨尔兰大学	视觉计算		

（1）英特尔与大学的合作。

大学研究合作计划是英特尔中国研发中心的一项长期战略性计划。其目标是形成和推进与中国大学的研究合作，以共同提高科研水平和培养高素质人才为宗旨。目前的研究合作领域包括无线网络技术、高性能计算、下一代互联网试验台、未来工作负载分析、编译器技术、设备与电路研究等。英特尔中国研究中心与国内多家高校展开了合作，具体形式包括：

◆ 研究资助计划：英特尔资助大学在共同感兴趣的领域内

进行科学研究；

◆ 合作研究计划：英特尔与大学共同合作进行研究工作；

◆ 博士生论文资助计划：英特尔以资金与设备资助高质量的博士论文研究，资助力度为三年；

◆ 学术论坛：英特尔主办的学术会议；

◆ 校园技术报告系列：由英特尔的技术人员为大学师生举办的技术讲座；

◆ 在线学术期刊、在线技术杂志：宣传最新英特尔的研究与技术成果。

总体来说，英特尔与高校的合作在初级阶段仅为捐赠计算机和实验仪器等硬件设施，协助高校完成部分课程的教学，以扩大自身的知名度，因为英特尔认为学校对学生和产业基础教育的影响非常大。随着合作的深入，英特尔开始注重与学校的研究合作。一方面更接近人才，让有才华的人认可其企业文化；另一方面通过这个途径在研究层面达到交互的作用，研究院与高校学术精英彼此了解对方所关注的研究方向，现在这种双向需求非常明显。英特尔不认为自己代表最先进的方向，目前中国高校的一些研究方向已经处在世界先进行列。目前，英特尔每年为与中国高校各类合作项目提供近 80 万美元经费。目前与清华、北大、北邮、上海交大、复旦、中科院计算所、中科院软件所、中科院自动化所等都有合作项目，如与中科院自动化所合作建立的物联技术研究院，就是北京市政府提供了大部分资金。

清华大学是英特尔最主要的合作伙伴之一。英特尔与清华大学的合作从 1999 年就开始了，2004 年还成立了清华—英特尔联合研究院,中心由清华大学和英特尔公司研发总部(Intel Research)联合成立,与清华海外部合作,挂靠于清华大学信息科学技术学院。该中心在组织上还不是独立的实体,结构比较松散,主要研究领域为下一代并行计算架构的高级系统管理、未来统计工作负载和编译器研究等。该中心没有专职研究人员,项目的申请由英特尔研发总部、各事业部、中国研究院或者教育部门与有关老师或研究人员联系,提出自己的兴趣点和需求,双方共同确定课题,共同指派研究人员,有时也共同开发编码,但在项目合作过程中,英特尔的参与以提供一些专用软件开发工具及技术报告为主。项目拨款主要来自英特尔业务经费,每年有3~5个项目,项目书是一年期,但计划本身是多年连续的。例如MOU项目在2004年就开始运作,至今已有多年。英特尔并没有将与高校的合作研发当作外包合同,因为高校不可能做出工业级的成果,因此总体来说英特尔对高校的期待都比较低,一般不直接使用高校的编码,只用于一些内部测试。2008年6月,科技部高新司还与英特尔公司签署了《关于新一代移动计算架构合作研究的谅解备忘录》,在科技部指导下,清华大学和英特尔公司共同建立了"清华大学(微电子所)-英特尔先进移动计算技术研究中心",以有效集聚清华大学与英特尔的研发优势,致力实现我国在移动计算技术领域的跨越式发展。该中心为实体组织,主要形式是科技部出资,英特尔与清华共同指派研究人员。

(2)英特尔与本地企业的合作。

英特尔中国研究院也与国内多家知名企业建立了良好的合

作关系，主要以大家共同关心的研究性问题作为基本出发点，并在最近几年取得了初步成效。如 2011 年 4 月在网络基础设施建设中，英特尔和中国移动合作，引入了中国移动 CRAN 无线接入的理念。CRAN 网络是未来的重点，可以通过通用的云计算平台进行通信，这与传统基站完全不同，可以节省大量的能源并提高系统利用效率，传统的服务器应用也将逐步转变为云计算的模式。此项目是由中国移动发起的通信技术领域的一个重大革新项目。在研究合作框架下，双方共同出资解决其中的研究问题，所获得的研究成果，包括专利及其他知识产权归双方共同拥有，平等分享。英特尔目前已取得的中期成果是解决基带池里的互联问题，做出的硬件原型会在 CRAN 中应用。还有一些成果不在研究框架之下，如基于通用平台的信号处理系统，就是通过英特尔的产品部门与中国移动及其供应商合作完成的。2012 年 4 月 11 日，英特尔研究院与联想研究院在北京签署了《研究院合作框架协议》，宣布双方将在 PC 及移动互联网领域，立足 3～5 年的长远技术研究，开展协同创新深度合作，基于英特尔架构探索 PC 及移动互联未来发展核心问题。协议明确了双方未来在法律义务、知识产权保护等事项上的规定，在互信的框架下建立开放、信任的关系，以确保未来双方协同创新的高效开展。英特尔中国研究院与联想也已开始进行项目上的合作，并取得了一定成果，如某项应用于手机、将来对终端用户很有价值的技术。此外，英特尔与华为也展开了深入的合作，双方的研发能力都已逐渐成长起来。

第 7 章　IBM 中国研究中心面向未来的创新战略

7.1　基本情况

1911 年创立于美国的 IBM（国际商业机器公司），是全球重要的信息技术和业务解决方案公司，其业务遍及 170 多个国家和地区。2015 年，IBM 公司的全球营业收入达到 817 亿美元，在美国共注册 7355 件专利，连续 23 年位列第一。

IBM 公司从 1911 年创立以来，无论是主机时代、PC 时代、电子商务时代，还是今天"智慧的地球"时代，蓝色巨人 IBM 始终扮演着产业推手的角色并引领科技发展。

100 多年来，IBM 曾经历过多次传奇式转折，最为著名的有三次：1993 年，郭士纳将"一只脚已经迈进坟墓"的 IBM 从亏损高达 160 亿美元的泥潭中拯救出来，带领 IBM 完成了从硬件向软件和服务的转型；2003 年，在彭明盛的领导下，IBM 突破了传统跨国公司的地域限制和思维框架局限，在全球范围内重新设计分配资源和运营体系，成为真正的全球化企业；现在，

IBM正在进入变革的"智慧"阶段，经历着又一次转型，即成为引领新一代信息产业的智慧企业。2016年，IBM认知商业战略在中国正式落地。认知商业战略是继"智慧的地球"之后，IBM发布的又一次重大转型战略，它将引发堪比电子商务的又一次商业变革大潮。IBM认为，这一技术能赋予物件、产品与流程"思考"的能力，帮助企业以前所未有的方式获得洞察和决策支持，从而为各个行业甚至人类的生活工作方式带来颠覆性的变革。

IBM作为一家成功的创新公司，一直重视研究开发的投入，包括许多基础研究。它们认为，创新是要有投入的，创新也需要时间的积淀。IBM从成立之初就不断在创新领域大规模、长周期的投入。这些投入，保障了IBM能够不断提出一些新的引领性的创新理念，引导产业的技术进步。例如，人工智能作为一门学科，正式成立于1956年达特茅斯会议。IBM参与了达特茅斯会议，并从此开始投入人工智能的研究。此后60年中，人工智能起起伏伏，先后在20世纪70年代和90年代两次陷入"寒冬"，大多数企业和研究机构离开了这个领域。但IBM在这个方向上始终如一，坚持不懈地投入，六十年磨一剑，这才有1997年深蓝战胜国际象棋世界冠军的突破，才有2011年Watson在电视知识竞赛中的获胜，这都是人工智能领域里程碑式的成就。今天，IBM在人工智能领域已经超越了游戏和竞赛的层面，发展到认知计算，并且向产业应用挺进，在医疗、法律、金融、零售等领域取得了令人瞩目的成就。

事实上，基础科研领域创新门槛高、创新难度大，但是一旦实现突破，往往能够给行业带来质变。因此，在这个领域的创新特别需要长远的眼光、持之以恒的坚持以及对于失败的宽容精神。IBM 长期坚持数学、量子物理、纳米材料、超导基础领域的研究，从而能够做出一大批突破性的、革命性的成果。

① 7 纳米芯片。目前业界使用的主流芯片大约集成 40 亿~50 亿只晶体管。2015 年 7 月，IBM 首次制造出 7 纳米芯片。7 纳米芯片可以在一个指甲盖那么大的面积上放置 200 亿个晶体管，至少将芯片性能提升一半，能耗降低一半。

② 类脑计算机。2016 年 3 月，IBM 宣布构建类脑计算机，处理能力相当于 40 亿个神经突触，而能耗仅为 2.5 瓦，是现有计算机的万分之一。

③ 原子存储技术。随着大数据时代的到来，存储将是人类社会难以承受之重。目前密度最高的存储设备也需要 100 多万个原子才能存储一个比特的信息，而 IBM 制作出的原子级存储设备，可以用 12 个原子存储一个比特的信息，从而将存储密度提升 10 万倍，可以以高清格式把人类拍摄过的所有电影存储在一部手机里（陈黎明，2016）。

此外，IBM 十分注重合作创新。IBM 强烈地认识到，越来越多的创新不再来自企业的实验室，而是来自市场前沿，来自我们与合作伙伴的跨领域合作。例如，IBM 的 Watson 计算机，能够理解自然语言，具有理解、推理和学习的能力。但仅有这个能力是不够的，IBM 与数家美国医疗机构合作，分享了大量的癌症治疗病例数据以及相关专业的海量文献。由此他们多方共同在癌症治疗领域取得了很多重大进展，例如在医学影像分析方面，一台 Watson 计算机可以在一小时内阅读 3000 张像片，对恶性肿瘤的判断准确率达到 85%，超过最优秀的医生。类脑计算机计划是 IBM 与美国劳伦斯·利弗莫尔国家实验室（Lawrence Livermore National Lab）合作的。7 纳米芯片是 IBM 与格罗方德（Global Foundries）、三星和纽约州立大学理工学院（SUNY Polytechnic Institute）的跨国合作。抗病毒大分子是 IBM 与新加坡生物技术研究所的跨国合作。

在中国，IBM 也推动一系列创新项目发展。例如，IBM 与中国有关企业合作，通过科技合作计划，帮助中国信息产业在服务器芯片和软件技术上创新。得益于北京等地的环保部门与 IBM 的开放合作，IBM 得以运用大数据分析和认知计算的技术开展绿色地平线计划，帮助北京等城市精确预报空气质量变化，帮助改善空气质量（陈黎明，2016）。

7.2 IBM 在中国的研发机构

IBM 在中国的业务关系源远流长。早在 1934 年，IBM 公司就为北京协和医院安装了第一台商用处理机。1979 年，在中断联系近 40 年之后，IBM 伴随着中国的改革开放再次来到中国。同年在沈阳鼓风机厂安装了中华人民共和国成立后的第一台 IBM 中型计算机。随着中国改革开放的不断深入，IBM 在华业务日益扩大。20 世纪 80 年代中后期，IBM 先后在北京、上海设立了办事处。1992 年 IBM 在北京正式宣布成立 IBM 中国有限公司，这是 IBM 在中国的独资企业。随后的 1993 年，IBM 又在广州和上海建立了分公司。截至目前,IBM 在中国的分公司已经扩展至沈阳、深圳、南京、成都、西安和武汉,并建立了福州、重庆、长沙、昆阳和乌鲁木齐办事处,从而进一步扩大了在华业务覆盖面。

作为当年计算机领域的领先企业,IBM 在中国具有很大的市场份额,这也使 IBM 在中国实现了从销售、生产再进入研究开发的步进式发展模式。IBM 在中国设有 IBM 中国研究院、中国开发中心、中国系统中心、中国创新中心等相关研发机构。

(1) IBM 中国研究院 (CRL)。

为了适应中国市场的发展,IBM 于 1995 年 9 月成立了中国研究中心,这是跨国公司在中国建立的第一个研究机构,也是 IBM 全球八大研究中心之一。2006 年 3 月,IBM 中国研究中心正式更名为 IBM 中国研究院,位于北京西北角的中关村软件园。目前拥有 200 多位计算机专家,其中超过一半拥有博士学位,拥有集基础研究和应用研究为一体、均衡发展的研究体系。其研究领域包括系统技术、基础架构、中间件、服务、解决方案多个层次,涉及未来系统、网络技术与业务、分布式系统及管理、信息管理及交互和创新服务等内容,同时基于对行业领域的见解和实践,通过运筹优化等技术来解决业务复杂度问题。

为了解决公司产品与中国市场的有效对接,IBM 中国研究院在中国率先设有多个创新中心。创新中心不仅展现研究院在特定行业的研究成果和解决方案,同时也帮助研究人员根据市场需求,培养行业洞察力、完善技术方案、加强与 IBM 各业务部门和客户的协作创新。这些创新中心包括：中小企业创新中心（China SMB Innovation Center）、高性能解决方案中国实验室（High Performance On Demand Solutions）、电信创新中心（Telecom Operational Platform）。其中中小企业创新中心成立于2004年，为中国乃至全球的中小企业与IBM的研究部门提供一个更好的沟通和合作的桥梁。高性能解决方案中国实验室致力于协作创新。电信创新中心是一个支撑IBM中国研究院和电信行业以及学术界同仁协作、开放创新的平台，其目标是以国际先进的eTOM体系结构和国际电信行业的最佳实践，结合电信领域的最新研究成果，建立一个小型的电信运营支撑平台，支撑电信领域的研究工作。同时，中国创新中心与银行客户体验、保险解决方案、零售创新、全球供应链解决方案、全球铁路创新、SAP解决方案等多个中心紧密合作，为IBM客户以及合作伙伴提供创新动力的互动平台。

2008年10月13日，IBM中国研究院上海分院在上海张江高新区成立，专注于数据分析采集、云计算与流计算和服务科学等领域。

（2）IBM中国开发中心（CDL）。

1999年，IBM又率先在中国成立了中国开发中心，是IBM全球规模最大的软件开发基地之一，也是目前跨国企业在中国最大的开发中心，分别在北京、上海、西安、宁波、香港、台北设址，主营IBM核心软件及硬件的研发、技术支持以及与合作伙伴展开的技术联合创新业务。IBM中国开发中心是IBM众多软件开发中心中唯一同时进行IBM所有核心品牌软件以及行业产品与解决方案开发的中心。5000多位工程师在北京、上海和台北三大城市同时进行Information Management、WebSphere、Lotus、Tivoli、Rational等IBM核心五大品牌软件开发,真正意义上实现了"IBM软件,中国创造"。中国开发中心同时承担IBM system z(大型机)软件的重要开发工作,为客户提供顶级行业解决方案。

中国开发中心包括中国软件开发中心、中国系统与科技开发中心、xSeries台湾开发中心和开发中心技术支持等机构,同时还设有SOA方案中心、新兴技术学院等软件开发机构和实验室服务、SOA设计中心、北亚太SOA技术战略与合作部、SaaS中心、全球化服务等技术服务机构。

2010年3月23日,IBM在西安成立IBM中国开发中心、IBM西安全球分析软件实验室和IBM区域软件成长中心等数个重要的软件开发机构,以适应全球"物联化"趋势,力图将行业服务、软件架构、预测分析和系统优化等解决方案带给中国客户。

(3) IBM中国系统中心(CSC)。

中国系统中心是IBM为中国客户实践创新量身定做的服务平台,提供系统测试、访问接待等多项技术支持活动,以及服务器、存储等设备的测试环境搭建、基础构架设计等服务,协同完成包括新技术方案演示、概念原型验证、性能指标测试各项任务,以此来满足中国客户对高端方案、高端业务的独特需求,如表7-1和表7-2所示。

如何构建一流的企业创新中心——跨国公司在华研究院创新管理启示

表 7-1 IBM Research 的全球体系

研究院	地址	创建时间	雇员	研究领域
华生研究院（全球研究部门总部）	美国纽约州约克镇和霍桑	1961 年	1793 人	计算机科学、数据库、数据挖掘、商务智能、用户界面、存储系统、材料科学、纳米技术、服务科学、生命科学、数学、半导体技术
阿莫顿研究院	美国加利福尼亚州圣荷塞	1955 年	500 人	计算机科学、数据库、用户界面、Web 软件、存储系统及技术、物理学、材料科学、纳米技术、生命科学、服务科学
苏黎世研究院	瑞士苏黎世	1956 年	250 人	纳米科学及技术、半导体技术、存储系统、先进服务器技术、系统设计、IT 安全和保密技术、业务优化、无线使能技术、服务研究、工业解决方案中心
海法研究院	以色列海法	1972 年	490 人	存储和业务连续性系统、验证技术、多媒体、主动管理、信息检索、编程环境、优化技术、生命科学
东京研究院	日本东京	1982 年	188 人	分析和优化、软件工程、中间件、系统软件、安全校验、光电技术、工程技术科学、文本挖掘和语音技术、无障碍中心
奥斯丁研究院	美国得克萨斯州奥斯丁	1995 年	74 人	高性能、低能耗、超大规模集成电路设计、系统级能耗分析、新系统架构
中国研究院	中国北京	1995 年	150 人	未来系统研究、网络技术与业务研究、分布式系统及管理、信息管理及交互、创新服务研究

· 150 ·

续表

研究院	地址	创建时间	雇员	研究领域
印度研究院	印度新德里	1998年	110人	语言技术、普适计算、电子政务、信息管理、电子商务、生命科学、分布式计算、软件工程
巴西研究院	巴西圣保罗和里约热内卢	2010年	62人	工业技术和科学、参与和洞察型系统、社交数据分析、自然资源解决方案
爱尔兰研究院	爱尔兰都柏林	2011年	—	大规模建模和数据同化、以数据为中心的系统/云、优化、控制、风险和决策科学、自然语言处理、深度语义推理、统计、数据挖掘和机器学习
非洲研究院	非洲肯尼亚内毕和南非约翰内斯堡	2013年	55人	创新生态系统、商业解决方案、针对非洲问题的解决方案、重点包括教育、能源、水、农业、医疗保健、金融、人员移动和公共安全
澳大利亚研究院	澳大利亚悉尼	2016年	69人	认知、云、分析、社会、移动、安全和系统解决方案

如何构建一流的企业创新中心——跨国公司在华研究院创新管理启示

表7-2 IBM在中国的研发机构

机构	分支机构	研究领域/工作内容
中国研究院	中小企业创新中心	未来系统研究、网络技术与业务研究、分布式系统交互、管理、信息管理及交互、创新服务研究
	高性能解决方案中国实验室	
	电信创新中心	
中国开发中心	中国软件开发中心	Lotus、WebSphere、信息管理、Tivoli、Rational、ibm.com、用户技术、SOA设计
	中国系统与科技开发中心	IBM eServer™ 和 IBM TotalStorage© 产品系列的产品和服务
	xSeries 台湾开发中心	主要任务是负责开发 High-Volume 服务器及高阶工作站
	开发中心技术支持（中国实验室服务）	原型开发、合作开发、系统移植、性能调优、咨询服务等，涵盖 WebSphere、Tivoli、Lotus、DB2、Rational、System Technology 等主要产品和领域
中国系统中心	—	系统测试、访问接待、服务器、存储设备的测试环境搭建、基础构架设计等，新技术方案演示、概念原型验证、性能指标测试
中国创新中心	—	客户会议、技术研讨、最新产品和技术演示、市场活动和产品发布、成功案例经验分享

资料来源：IBM官方网站。

7.3 研究开发战略：面向中国市场的再开发

IBM公司将创新的内涵延伸到六个层面，即"产品创新""服务创新""业务流程创新""业务模式创新""管理和文化创新"以及"政策与社会创新"，将传统上与技术研发无关的业务模式创新与流程优化等活动也纳入研发范畴，但其研发机构的创新还是更多集中在技术领域。研发活动是一项创造性的活动，研发人员一般都具备很高的知识素养，高效的研发活动只有在宽松的管理环境下才能顺利地开展。跨国公司在华研发机构大多采用非命令式的宽松的人性化管理方式，鼓励冒险和奖励冒险，多方共同承担风险的决策方式。例如，IBM中国研发中心人员经常到IBM日本、美国的实验室参与工作，了解和掌握IBM乃至IT行业最先进的研究成果（曹丽莉，2008）。

IBM中国研究院在选择研究项目配置资源的时候，经过研究中心讨论过程确定项目之后，具体资源和人员以项目而定。如果项目比较难，还看不清产业化结果，就不会花很多人力，可能两三个人组成一组进行探索；如果题目比较清楚，希望产品在一年之内或更短的时间内呈现，就会放十个人去做（李晓艳，2005）。

虽然IBM中国研究院越来越多地参与到全球研发业务，其研发成果也越来越多地被运用到全球市场，但其研究方向仍大多以本地市场为主。从实用角度出发，开发的技术和解决方案也大多是为了符合中国市场的需求。在IBM中国研究院的研究人员中，只有很少一部分在从事新技术的研究工作，绝大多数人从事的还是本地化和项目开发。这一点可以从每年 IBM 的技术专利中看到，几乎 90% 以上的技术专利都是出自 IBM 在美国的研发中心，中国的研发中心连 1% 都不到。

IBM 中国研究院每年能获得 5 亿美元的资金投入，其中 60%~70% 来自 IBM 研究总部，30%~40% 来自产品部门。之所以有相当大比例的经费来自产品部门，主要是因为这种模式会使研究结果更符合他们的需要，这也是 IBM 公司一个故意的设计。

此外，基于认知计算的 IBM 营销云在 2016 年 3 月落地中国，利用大数据分析、云计算等领先技术，帮助企业实现快速部署，并且从多种渠道收集、分析消费者行为数据，并为营销人员提供精准商业洞察。基于这些数据，品牌商能够在最合适的时间，为最相关的人提供最有价值的体验。针对中国市场，IBM 营销云特别推出微信营销组件。

7.4 转型与智慧产业

2011 年，IBM 在中国提出"智慧的成长"的理念。IBM 提出信息科技正进入新的纪元，从以过程为中心的计算架构全面迈向以"信息"为中心的架构，从相对标准化的 IT 迈向更智慧化的 IT，新计算模式及其架构的变迁，使得人类将有可能真正地拥抱信息，深刻而透彻地理解数据，实现真正意义上的智慧决策，推动企业和经济成功转型。在"大数据"时代之下，全

第 7 章　IBM 中国研究中心面向未来的创新战略

球经济增长的压力不断增大,市场环境表现出前所未有的复杂性,传统的市场驱动和金融驱动增长模式已经难以奏效。政府、企业与组织迫切需要以科技创新为驱动力的更加智慧的成长模式。对于巨量数据的分析、预估与优化能力,将帮助政府、企业积极面对复杂外界环境所带来的挑战。创新的信息科技,包括以云计算、业务分析洞察、移动互联,社交商务为代表的新技术的广泛应用,会成为未来智慧成长的关键动力(关于 IBM 公司,2015)。

20 世纪 90 年代中期,IBM 第一个提出了电子商务,这一思想有力地引导了各行业与互联网的融合,推动了互联网环境下商业模式的大变革。

2008 年,在国际金融危机的阴霾中,IBM 提出了"智慧的地球",准确地把握了物联网、云计算、大数据、移动的科技发展脉络,为 IT 产业的发展点出了新的方向,从而诞生智慧城市、智慧医疗、智慧能源、智慧交通等一系列产业链。IBM 在提出智慧地球理念时,包括了 3 "i",即感应(instrument)、互联(interconnect)、智慧(intelligence)。目前来看,在智慧城市实施方面依然有很大的空间可以完善。

2015 年年底,IBM 又提出"认知商业",描绘了新一代人工智能,特别是认知计算技术与各行业深度融合的广阔应用前景,并指出了创新路径。IBM 认为,思想和商业模式的创新是科技创新的催化剂,更是创新体系中不可缺少的环节。企业要创新,就需要为创新人才提供最好的创新环境。IBM 在全球建立了 12 个研究院,其中 1 个在中国。IBM 有 3000 多名科学家,

10 万名开发工程师,每年的研发投入超过 60 亿美元。正是在这种条件下,IBM 涌现出 6 位诺贝尔奖得主、6 位图灵奖得主、19 位美国科学院院士、69 位美国工程院院士,拿到 10 个美国国家技术奖和 5 个美国国家科学奖。正是因为有这样一支"富可敌国"的创新人才团队,IBM 才能一代又一代地做出举世瞩目的创新(陈黎明,2016)。

"智慧的地球"从狂想变成现实是当时论坛的主题。在 2010 年的世博会上,IBM 参与了整体园区的设计规划、诸多场馆规划建设,以及园区的维护和运营等多个重要项目。IBM 还帮助昆山、东营、沈阳、北京、无锡等多个城市完成了智慧城市的规划与建设(刘丽丽,2011)。

7.5 注重产学研合作

IBM 在中国的研发活动,除了其自身研发机构之外,还通过与中国本地的业务部门大量的合作来推动。这些合作主要包括与大学的合作和与相关企业的合作。IBM 专门设置了一个"大学合作部"来开展与大学多层次多形式的深度合作。迄今为止,IBM 与全国 60 多所大学建立了合作伙伴关系、合作成立了 24 个 IBM 技术中心、合作建立了 100 多个合作实验室和合作技术中心、与全国 20 多所高校开展了 100 多个联合"共享大学研究"项目。事实上,这也是 IBM 中国研究院在中国培养发现人才、掌握最新技术、开辟市场的重要方式。

IBM 与大学合作的方式包括课程体系建设、师资培训试教、

第7章　IBM中国研究中心面向未来的创新战略

课程技术认证、教学平台共建、联合研究开发、校园科技活动、奖学奖教奖研、学者交流访问、精品课程共建、毕业实习招聘等。具体到研发方面，主要的形式有以下几种。

（1）项目合作。

IBM引进了全球性的共享大学研究（Shared University Research，简称SUR）项目，来实现与中国一流高校科研人员的技术合作与交流，促进科研成果的快速转化。该项目的流程包括立项、捐赠、实施和验收四个阶段。首先，立项是IBM确定研究方向并向高校征集项目方案，根据项目自身的技术价值、创新性、可行性和适用性等方面，选择适当的项目开展合作；其次，IBM捐赠研究项目所需的部分设备和资金；再次，IBM提供全面的技术支持，并定期组织研究领域内的学术交流，与高校共同对项目进行管理；最后，IBM组织专家对联合研究项目进行验收。

2000~2009年，IBM通过SUR项目先后资助了清华大学、北京大学、浙江大学、华中科技大学、上海交通大学、西安交通大学、哈尔滨工业大学等20多所高校的80多个联合研究项目，硬件捐赠总额超过8000万元人民币，研究领域覆盖了深度计算、下一代互联网、普及运算设备、无线技术、网格运算、服务科学、生命科学、商业价值研究、供应链管理、云计算、大型主机、绿色技术等课题。

（2）建立联合研究实验室。

从2000年起，IBM已经和清华大学、北京大学、哈尔滨工业大学、西安交通大学、上海交通大学、北京邮电大学合作建立了六个联合创新研究院。在 2005 年支持清华大学成立了现代服务科学研究中心，致力于中国现代服务业的发展和新型人才的培养；在 2006 年，与北京大学合作成立方案工程研究中心，共同推进方案工程的研究及人才培养，开展服务科学、管理和工程方向的研究和学科建设。

（3）学术交流。

为加强国内外优秀大学间的科研合作以及校企合作，IBM 设置了学者交流访问项目，推荐合作伙伴高校的优秀教师作为访问学者到 IBM 研究机构或国内外著名高校进行短期学术访问。同时，IBM 通过召开国内、国际性的学术交流会议，同来自教育界、工业界、商业界等专家分享经验和研究成果，为专家、学者提供一个广阔的交流平台。

1998 年至今，IBM 共资助来自 29 所合作伙伴大学的 60 名优秀教师到美国 NCSU、加拿大 McMaster 大学、香港大学、IBM 中国研究院和 IBM 中国开发中心等地进行访问学习，学习的内容包括数据库相关技术、商业智能、电子商务、Web Service、SOA、网络安全、RFID、供应链管理、服务科学等。2008 年 4 月和 2009 年 5 月，IBM 分别与哈尔滨工业大学和北京大学合作举办"2009 服务科学国际会议"和"2009 服务科学国际会议"，吸引了来自全球数百位政府官员、学术专家和产业领袖，共同探讨和分享在服务科学、服务管理、服务工程、解决方案、教育和发展战略等方面的最新观点、经验和成果。

IBM 在中国的发展主要基于以下两方面背景优势。

第一，中国市场巨大且快速增长，更容易引入新产品和服务,能够营造出宽容创新失败的环境,公司可以承担更多的风险,尝试更多的创意想法,公司能够快速尝试并找到创新市场。中国消费者的宽容也降低了试验的风险。

第二,中国有很多空白的市场空间,IBM 在上海的中国研发实验室就有一个关键作用,即在众多行业解决方案领域成为全球领先。在中国,新行业发展的应用具有很大的多样性,IBM 可以在这些空白领域进行更多的实验。IBM 希望借中国的后发优势实现跨越式创新发展。

IBM 现在开始与中国公司分享其技术,允许中国企业基于其产品设计软件和硬件,目标是建立中国的 IT 部门。"斯诺登事件"之后,IBM 在中国的销售额大幅下降,而且是在中国的外国公司受打击最严重的公司之一。另外,中国正在推动国内技术的发展和使用,由于安全问题在一定程度上抵制外国公司的产品,这也是 IBM 面临的一大障碍。

第8章 微软亚太研发的问题导向创新模式

8.1 基本情况

从 Windows 1.0 到 Windows 10，微软花了 30 年时间。从像素化桌面到现在的扁平化界面，微软不断创新和变革，使自己已成为全球著名的电脑软件公司（王江和王心见，2015）。

微软公司成立于 1975 年，用基于软件的思维开创了新时代，在其 40 年不平凡的发展历程中，一直影响着计算行业不断发生变革。1980 年，为解决员工招聘难题，微软总部从新墨西哥州阿尔伯克基搬迁到华盛顿，同年，IBM 需要为其面世的 IBM 个人电脑打造一款操作系统，微软抓助机遇提供了 MS－DOS 系统（非自主研发，Seattle Computer Works 公司授权产品），IBM 个人电脑长期统治市场，而微软恰恰为其提供了操作系统。1986 年，微软通过 IPO 完成上市，盖茨身价大涨。1990 年，微软成为第一家年度营业收入突破 10 亿美元的软件公司，微软继而推出了一代代 Windows 系统，一系列 Office 办公软件，

第 8 章 微软亚太研发的问题导向创新模式

开辟了至今已经长达数十年之久的软件王朝时代,曾几何时,微软一直是个人电脑领域的真正王者,IBM 制定了 PC 兼容的标准,微软的 Windows 几乎运行在所有 IBM 的 PC 上,而在此期间,苹果公司虽然用户群体规模较小,但也是微软公司当时面临的唯一劲敌,有极高的用户忠诚度。

为了迎合互联网浪潮,Windows 95 成为微软进入互联网公司的重要产品,还推出了"微软网络"互联网服务产品。20 世纪 90 年代末,微软开始全面扩张,与美国全国广播公司推出合资公司——微软全国广播公司(MSNBC),还推出了 Windows CE——一款针对个人数字助手和其他微型电脑的操作系统,这一系统比 iPhone 早了 10 多年。2000~2014 年,鲍尔默执掌微软大权,这期间也发生了诸多行业内伟大变革——苹果归来、谷歌崛起、个人电脑陨落等,这些重大变革也都对微软公司产生了巨大影响。

在凡有个人电脑就有微软的时代,微软成功的秘笈是创新,而微软面临的最大挑战也来自于创新。从 MS-DOS 到 Windows 3.0、Windows 95,微软每一步都是重大技术革新,它在创新中迅速发展,到 Windows XP,事业达到一个顶峰。但此后微软似乎失去了创新的动力,仿佛也失去了方向。Windows VISTA 没能延续微软革命性创新的神话,Windows 7 也反应平平,Windows 8 甚至可以说让微软失去了颜面。加上移动互联的发展,微软巨舰似乎跟不上创新的步伐,苹果公司、谷歌等都实现了对微软的超越。

面对挑战,微软又捡起了创新的法宝。微软推行了"云 +

端"战略计划应对 Android 系统和 iOS 系统的竞争,把自身强大的软件功能和丰富的云服务相结合,创造出跨终端的完美体验。如今的微软全面推出云计算平台的新产品,包括基础资源服务云 Azure、应用服务云 Office365 以及 MSN 预览站点,主打移动触控体验和云端网络在线服务(刘丽丽,2015)。同时,2015 年 7 月,微软正式发布 Windows 10 系统,这是微软为适应移动互联发展的需要,进行的一次最重要技术创新,能够将个人电脑、掌上电脑、手机通过 Windows 10 融为一体,也期待通过 Windows 10 将自己和对手再次超越。

微软 1992 年时开始在中国设立代表处,1995 年设立中国研究开发中心,开始产品本地化工作。2001 年微软中国研究院发展为微软亚洲研究院,2003 年成立微软亚洲工程院。2006 年成立微软中国研发集团,统领所有在华的研发业务。2010 年 1 月微软中国研发集团升格为微软亚太研发集团,统领所有在亚太地区的研发业务。目前,微软亚太研发集团已经成为微软除总部之外的全球第二大研究院。

微软亚太研发集团由微软亚洲研究院、微软亚洲工程院、微软亚洲搜索技术中心、微软亚洲商务软件事业部、微软亚洲硬件技术中心、微软服务器与开发工具事业部(中国)、战略合作部等机构组成,覆盖基础研究、技术孵化、产品开发和战略合作等方面,形成了完整的创新链条。拥有由超过 3000 名杰出科学家和工程师组成的团队,分布在北京、上海、深圳、香港、台北、东京、首尔、悉尼和曼谷等地,已成为微软在美国之外规模最大、功能最完备的研发基地。

第 8 章　微软亚太研发的问题导向创新模式

微软亚太研发集团最重要的目标是发展成为全球范围内基础科研、技术创新及产品开发的核心基地，还将全面深化与亚太地区科技、教育及产业界的合作，与本地区的信息产业合作共赢。

微软在中国缔造并保持了多项"纪录"——微软是第一家将基础研究移植至中国并取得成功的跨国公司，是唯一一家研发人员数量远超过营销人员的跨国公司，是在华机构职能最完备、业务布局最全面、研发投入最大的跨国公司。

为进一步加大技术分享和创新合作，更好地实现中国云、实现中国梦，微软于 2014 年 9 月在上海成立微软亚太科技有限公司，这是一家独立的研发实体，把与计算相关的研发中心布局中国。

8.2　在全球研发网络中的定位：全职能研发链

微软研究院在全球拥有超过 800 名研究员，在超过 55 个研究领域开展研究。绝大多数研究员在微软的研发总部。但微软在全球共有 6 个研究院，分别是雷蒙德的研究总部、英国剑桥研究院、亚太研究院、硅谷研究院、印度研究院和新英格兰研究院。

微软亚太研发集团是在美国之外，规模最大也是功能最完善的研发基地。2010 年 1 月份，微软中国研发集团升格为微软亚太研发集团，将微软环太平洋地区除了美国之外的业务整合到一个平台上来，包括日本、韩国、加拿大、澳大利亚、泰国、新加坡，中国大陆和中国台湾地区也包含其中。其中，中国大陆的规模是最大的；日本大概200人，主要做MBD；澳大利亚人很少；泰国不超过100人，主要做医疗方面；中国台湾地区不到100人，主要做MBD和移动通信；韩国做MSI。印度也是微软在亚洲设立的一个老牌研发基地，它是独立的，但是其成长性不如中国。

微软中国现在有5000多人，北京现在有2000多人，位于中关村腹地丹棱街，可容纳7000人；上海现有1500人，其中500多人从事研发，在紫竹园区建有4栋办公楼、1栋服务楼，未来可容纳7000人；深圳共有200多人，主要是做硬件创新和研发。

事实上，微软在中国已经是一个完整的研发体系，可以对一个创新产品进行完整生命周期的研发。对于同一研发领域，亚洲研究院会做一些基础性的研究，主要是针对未来5~10年，甚至更长的技术；亚洲工程院则会针对这些创新技术进行孵化，强调技术的应用和产品开发，一定要把技术应用到具体产品中去才能推向市场；接下来的是微软在深圳的硬件研发团队，从硬件角度来做进一步的研发。在微软语音合成的一项技术中，整个产品就完全是在中国研发集团研制出来的，从亚洲研究院到亚洲工程院，现在已经集成到全球各地的产品中。

对此，微软亚太研发集团原总裁张亚勤形象地称之为一个从CRD1.0向CRD2.0、CRD3.0发展的过程。微软在中国的发展历程是从1998年以技术研究为主的微软亚洲研究院开始，微软把它称为"CRD1.0"。5年后成立微软亚洲工程院，创新深入到技术孵化和产业合作，这是"CRD2.0"。2006年2月成立了研发集团，在研究的基础上加入开发核心产品功能，还包括产业方面的合作，是一条"全职能研发链"，也就是"CRD3.0"。这体现了微软对中国研究开发的高度重视和独立地位。

2012年7月，成立微软创投加速器，旨在深入中国的创业生态链，鼓励更多的创业者使用微软云计算平台进行技术开发及实现创新；同时为企业提供多方位的创业支持资源，以帮助创业者实现梦想。2014年9月，成立微软研发科技有限公司，旨在将云计算相关的研发中心布局中国，这是一家独立的研发实体，旨在进一步促进微软与中国本地加大技术分享和创新深度合作。

8.3 项目管理模式：问题导向

微软在中国的管理是矩阵式的管理结构。亚太研发集团中亚洲研究院、亚洲工程院等各个组成部门虽然接受集团主席的领导，但都与美国本部的相应机构有着纵向的联系。同时，也有些团队直接向集团主席汇报，有些项目直接由中国领导，由集团主席向美国本部汇报。

微软亚太研发集团现在整合了整个亚太地区的研发资源，将所有部门统一在一起。这个统一主要是一个人力资源和财务平台的统一，在各自研发领域，目前还是向微软总部的对应业务部门汇报。中国亚太集团的架构仍然是RIDE，R是基础研究、I是技术产品孵化、D是产品开发、E是战略合作。

| 如何构建一流的企业创新中心——跨国公司在华研究院创新管理启示

R 主要包括：① 多媒体图形、动画制作、计算机视觉（computer vision），让计算机看懂人、听懂人、智能化，可以视频传输，压缩；② 互联网的数据挖掘，是面向未来 5~10 年的，与 D 中的 ONLINE 搜索有关联，致力于为客户提供一个完整的信息解决方案和关联化信息，如旅游攻略信息，还有如人立方、六度空间——绘制某个人的朋友圈；③ 计算机基础系统，做数据中心，现在谷歌、微软、惠普，都在美国建有自己的数据中心（微软中国还没有建）。一般数据中心都建在河流旁，便于供电，也便于利用河水降温；④ 自然语言系统，语音合成和语音识别，还有自然语言处理，如翻译，从之前词的层次提升到句子和段落。

D 里面包含五大研发方向：移动通信和嵌入式系统、互联网技术产品和服务、数字娱乐、服务器和工具、新兴市场。数字娱乐是一个很重要的业务方向，中国是世界最大在线娱乐市场，IPTV 也已经进入"十一五"和"十二五"规划。新兴市场，包括教育、医疗、绿色能源等。例如在教育方面，微软曾经同教育部和重庆市的教育局都合作过。其实，微软在以上五方面投入都很大。

I 主要包括教育、医疗、能源等，我国的"十一五"和"十二五"规划均涉及此方面内容，美国、欧洲也都在做这些。微软在中国同本土的企业也在进行这方面的合作。

E 方面，在软件领域，2009 年微软在中国市场的外包规模达 1.5 亿美元，为中国提供了大量的就业机会。同时，在同本土企业合作的过程中，为它们提供了开发大软件的流程和管理经验，这些是中国之前非常欠缺的。微软现在与多家中国企业有外包合作关系，其中有10家最核心的战略合作伙伴，如文思创新、中软、微创、软通动力、浪潮等。其中，微软在微创和浪潮有投资。硬件领域，微软的硬件产品几乎全部在中国广东生产，包括键盘、鼠标甚至 X – Box，2011 年在硬件上有 7 亿元产值，主要是游戏和视频。对于广东的经济和就业拉动显著。

微软亚太研发集团的课题研究和产品开发是高度问题导向的，一切都是为解决客户的实际问题。

以医疗为例，医院每个部分的信息都是不联通的，CT 科、内科、财务、病例，都是一个个信息孤岛。客户要求微软为他们开发集成的信息系统，以解决信息孤立的问题。微软会首先提供一个整合的信息系统，进而建立技术构架（API），紧接着做原型开发。在这个过程中，微软会同客户反复沟通，以能提升模块化程度。之后是开发部门和测试部门的互动，开发部门负责产品开发，测试部门负责产品的测试，最后提交最终产品。

在产品开发方面，微软亚太研发集团实行"三权分立"：项目经理负责接项目；产品部门开发源代码，完成项目要完成的功能和要求，支撑项目经理要做的事情；而测试部门则是站在客户的角度，看产品是否安全、符合要求。在微软，从事开发的人员与测试人员几乎一样多。在产品开发的全部链条中，"测试"非常重要，这是微软的特色。产品的项目经理、开发人员、测试人员三者互相协调、互相牵制，当三者实现动态平衡的时候，就是产品最好的时候。

| 如何构建一流的企业创新中心——跨国公司在华研究院创新管理启示

微软亚太研发集团有一个非常特殊的内部运作机制,即由技术人员将他的创新思想演示或表述给管理队伍,管理队伍评估认可后就可能会投资给他,然后这个技术人员就可以组建一个团队来实现他的创新思想。这样的团队是跨地区的团队,北京的、上海的、深圳的员工都可以参加,也可以是跨部门的。这就类似于一个组织内的风险基金。从这一点也可以看到成立中国研发集团的优势,在一个大的组织内,小的团队可以利用大的组织的养分来成长,若是各自分离开来,独自与总部联系,就不可能有这样的大的组织基础。

为了确保项目成功,微软集团为员工提供充足的研发经费。从整体来看,经费是根据员工规模确定的较为保守的数据。例如,在 Windows 7 的开发过程中,先测算中国贡献了多少个项目、共需要多少人员,然后再进行预算估计和分配。2009 年微软中国的研发经费是 5 亿美元(人员经费,不包括基础设施建设),全部由总部决定。

此外,集团为亚太研究开发院提供良好的员工培训。通过培训,实现员工能力的提升。培训的方式有:第一,EEG 项目,由微软最有经验的员工对其他员工进行培训,使得每个员工在制度和系统中成长,快速进入工作状态;第二,微软有一个"马可波罗计划",在软件开发中最为重要的是架构师(比尔·盖茨自己也是架构师),但之前在中国比较缺乏,于是就从美国总部请师傅过来教;第三,送中国的员工去美国学习培训,通过请进来、送出去,为员工提供一个好的学习环境,保证员工学到很多。微软在严格筛选人才进入公司后,会始终为他们提供持续学习成长的空间和平台。

8.4 创新文化与激励机制

文化多元化是微软亚太研发集团一个非常重要的人力资源特点，不同领域、不同国家的顶尖人才在这里汇聚，形成了独特的多元文化。微软亚太研发集团非常看重员工的多元化观念和背景，并坚信多元化成就创新，所以致力于将集团建设成为"学习型"的企业创新组织。通过保障文化的多元性，加强沟通、取长补短，为观念和背景不同的各类人才搭建宽广的舞台。

为吸引更多来自高校的尖端人才，微软亚太研发集团专门设立高校关系部，搭建起与亚太地区各大高校与科研机构沟通、合作的桥梁；同时，借鉴微软总部的人才培育经验，建立卓越软件工程部（Engineering Excellence Group），启动"未来之星""Marco Polo"等人才培养项目，以此为亚太地区 IT 产业移植经验、移植资源、移植流程，以培育人才、培育团队、培育领袖。为更好地把握研发部门人员发展的动态，微软亚太研发集团的人力资源部门中，专门设立了为 ATC 服务的人员——HRBP（HR Business Partner，即人力资源业务伙伴），其作用是充当 ATC 研发业务部门与整个 HR 体系的中间界面。

在微软亚太研发集团，拥有五条定律专门诠释其管理和文化精髓：① IT = IQ（Talents）+ IP（Intellectual Properties），吸引和培养第一流的人才，给他们创造一个足以充分发挥其才能的空间，鼓励创新并保护其智慧成果。② $E = MC^2$，吸纳一大批有卓越潜质的人才（M），同时缔造一个完全释放人才潜质的过程（C^2）：在此过程中，先进的管理方式、富于感染力的企业文化将在个人、团队之间产生一系列正面的连锁反应，从而最大限度地激发出微软中国研发集团的动能（E）。③ $\Delta V \cdot \Delta P \geqslant \alpha$，鼓励创新，允许失败。创新而不因循。$\Delta V$ 和 ΔP 两个变量分别代表研发集团项目目标的风险度和准确度，所得出的乘积便是机构或团队发展的速度。④ $1+1 \geqslant 3$，有关企业的内部交流及合作：只有在 $1+1 \geqslant 3$（或者说"多赢"）的前提下，合作才是有价值和有必要的。⑤ $\varnothing E ® \inf$（热力学第二定律），建构一个开放、共赢的 IT 产业生态圈（Ecosystem），和全球范围内的学术界、企业界合作伙伴协力创新，共同分享资源、经验与成果。

8.5　绩效考核与专利战略

微软在中国的管理是矩阵式的管理结构。亚太研发集团中亚洲研究院、亚洲工程院等各个组成部门虽然接受集团主席的领导，但都与美国本部的相应机构有着纵向的联系。同时，也有些团队直接向集团主席汇报，有些项目直接由中国领导，由集团主席向美国本部汇报。

微软亚太研发集团的绩效考核包括机构和人员两方面。

（1）机构的绩效考核。

机构的考核标准主要根据工作性质确定，比较灵活，R-I-D 是相关联的，但并不完全相同：基础研究不一定有产出，技术孵化也不一定有成果（"local innovation, global incubation"）。I 和

D 是商业化的过程，D 是企业命脉，R 是为未来买的保险。R 可以错，因为这是探索性的，D 则是要严格考量的，每个项目都有严格的期限。比如 Windows CE 7 要在欧洲发布，是有时间限制的，必须在限定时间之前完成。对 E 的评价，外包的规模是一个考核指标，也利用第三方公司的评价。对 R 的评价标准主要是学术报告和期刊论文。

（2）员工的绩效考核。

员工考核有年中考核和年终考核，年终考核最重要。每个员工在年初都有一个承诺书，其中包含员工的目标和预期贡献，到年终的时候，逐条对照打分，这个评审是 360°的，主管或者下级都可以打分，按照完成目标的程度分为：exceed、achieved、underperformed。员工奖励同年终考核相挂钩。

微软亚太研发集团的所有研发成果都必须以母公司的名义在美国专利商标局（USPTO）第一时间申请专利，如果需要的话随后再在中国国家知识产权局（SIPO）进行申请，这有利于母公司对知识产权进行总体控制。

8.6 本地产学研合作与创新生态

在产业生态方面，微软亚太中心主要从以下四个方面着手。第一，创建开放性学术平台。微软通过多层次战略分享与引入创新理念等多种渠道，架设中外学术交流的桥梁，与国内外科研机构、教育机构以及产业合作伙伴在基础研究领域共享经验和成就，助力本土科研水平的提高和学术进步。第二，培养创新人才。实施"明日之星""卓越软件工程""微软学者""马可波罗""丝绸之路""长城计划"等一系列项目，采取技术培训、项目合作、大学课程建设等多种方式，培养创新人才。仅通过与国家发改委和工信部合作项目，至 2011 年，在中国培训的软件工程师、软件架构师和高级项目管理人才的人数即达到 8 万人。第三，推动本土技术创新。微软通过战略投资、联合研发、技术授权等方式，携手本地产业伙伴，共同进行前沿技术研发，加快整个中国区域创新进程。微软对浪潮国际、中软国际、大连华信等中国本土企业进行了战略投资。至 2011 年，微软已投资超过 1 亿美元支持中国软件行业的发展。至今，微软已将 8 个专利技术授权于本地合作伙伴，并与地方政府和合作伙伴携手建立了 20 个技术中心，以支持本地软件企业的发展。第四，积极推动知识经济发展。微软通过推动知识产权保护、加大软件外包力度等方式，直接推动本土知识经济的发展、IT 公司与产业的升级以及生态系统的建设和完善。据调研公司 IDC 报告显示，2009 年，微软在中国每收入 1 元，生态系统内的其他公司可合计获利 16.45 元，并促使业内企业雇用了 140.3 万名员工，这些雇员占 2009 年中国 IT 从业总人数的 25%，贡献的税收占当年 IT 业相关税收的 56%。

微软建立了战略合作与外包事业部，旨在加强与中国政府和外包产业界的全面合作。微软通过微软软件外包、人员培训、解决方案开发等合作方式，与国内优秀的外包企业建立战略合作伙伴关系，不断加强与业界的创新合作，增强本土软件企业的开发实力和人员技术，携手打造共同发展和共赢的软件外包

第 8 章 微软亚太研发的问题导向创新模式

生态环境。目前在北京、上海、无锡、深圳等地,微软供应商的 6000 多名员工直接服务于微软的外包项目,微软在中国已先后与 20 余家国内领先的软件外包服务提供商如中软国际、浪潮、文思创新、海辉、软通动力、博彦科技等合作并亲眼见证了许多外包服务伙伴的成功上市。

微软亚洲研究院在中国的多方面合作是其高速发展的重要基础。主要包括与中国高校的合作和相关企业的合作。

(1) 与中国高校的合作。

微软亚洲研究院非常重视与中国高校的合作,为此专门设有高校关系部(UI)。过去数年间,高校关系部与清华大学、北京大学等 10 所高校成立了联合实验室,其中,在清华大学、浙江大学、哈尔滨工业大学、香港科学技术大学、中国科学技术大学成立的是教育部—微软重点实验室,与香港中文大学、上海交通大学、北京电影学院、西安交通大学成立的分别是计算及界面科技联合实验室、智能计算与智能系统实验室、数字化卡通与动画实验室和智能信息处理实验室。同时,微软亚洲研究院资助国内高校教师就游戏与图形、高可信度计算、Windows 核心技术与嵌入式、互联网服务、教育中的移动计算等进行主题研究;设立创新研究基金资助了虚拟奥运博物馆、基于 FPGA 的中国象棋博弈系统、基于认知的学习理论研究等基础研究项目;与国家自然科学基金委员会合作设立专项基金,迄今已累计投入资金共计近 2000 万元人民币,共同资助了 30 多项科研项目;开展了 300 余项研究及课程项目,组织了 1000 余场各种类型的技术交流讲座,有 80000 余名学生在微软技术俱乐部、"明日之星"实习生计划等项目中得到锻炼。

（2）与本土企业的合作。

微软亚太研发集团特别设立了战略合作部，专注于与国内优秀的 IT 企业建立战略合作伙伴关系，在软件外包、技术转让及产品研发等各方面加强合作。

截至 2007 年 6 月，战略合作部已与国内 400 余家客户及合作伙伴建立了良好稳定的合作关系，成功完成近 600 个项目，涵盖了解决方案定制、产品优化与测试、高性能计算、RFID 无线射频识别技术、数字家庭娱乐、移动计算等多个领域。在 2006~2007 年，该部门还出色地完成超过 3000 万美元的软件外包项目。

微软亚太研发集团战略合作部对合作伙伴不仅提供资金支持，还充分发挥微软在跨国经营中技术、市场和管理上的经验，协助中国的信息产业合作伙伴们拓展包括中国在内的全球市场，向他们提供信息技术咨询、全球市场推广和人才资源等方面的支持，并把国际化的管理经验移植给这些伙伴。

当然，微软亚太研发集团与本土企业的合作有一个渐进发展的过程。建院之初，微软亚洲工程院的合作伙伴数量为 0；而现在，微软亚洲工程院已同中软、浪潮、神州数码、创智等 14 家国内知名软件企业建立了良好的合作关系。双方的合作形式包括资源共享、人才培训、协力研发特定项目等。

8.7 微软创投加速器

微软创投加速器成立于 2012 年 7 月，是微软公司在中国的

第8章 微软亚太研发的问题导向创新模式

首个创业加速器,是微软 BizSpark 新创企业扶持计划的延伸。微软加速器旨在深入中国的创业生态链,做顶尖、专业的创业服务,致力于为中国早期创新创业团队提供人、财、策略、市场拓展的全方位优质服务,鼓励更多的创业者使用微软云计算平台进行技术开发及实现创新。此外,为企业提供多方位的创业支持资源,每一个入驻的创业公司将得到 BizSpark Plus 计划所提供的微软软件及使用 Windows Azure 云服务,以及为创业企业提供办公空间、多方位培训与导师扶持,技术及运营指导,融资机会等多种创业支持资源。公司每年在大中华地区进行两期海选,最终选择 15~20 家公司入选,享受终身校友制服务。

微软加速器的成立为微软创新生态建设注入了更多活力,秉承包容共济的开放发展心态,对创新生态中的企业级产品和技术创新进行推动,以往孵化的企业中以云计算、大数据、人工智能、机器学习为技术竞争力的团队占到了 7 成以上。微软创投加速器洞悉创业者所需,为创业者进行专业化的创业培训,包括战略、投融资、技术产品、销售市场、品牌公关、事务处理等领域的专业服务和培训。微软作为一家跨国公司,其国际视野推动了加速器的高效高质量发展,据微软方面介绍,加速器以微软亚太研发集团和微软亚洲研究院为科研智囊团,提供了累计超过 200 小时的前沿技术顾问服务,与超过 100 家投资机构建立合作关系,为初创企业寻找最适合他们的投资机构提供融资帮助,与众多行业领军企业结成战略合作,帮助初创企业对接战略合作用户。

针对项目选择,遵循三个要点:是不是能解决刚需、团队组合是否有执行力、用什么技术手段来实现。面试过程均由创投加速器内部专业服务团队完成，只要 B 轮融资之前的创业团队，面试前五分钟主要考察逻辑以判断创业者是否已经把创业项目想清楚。同时，在创业团队方面，微软也着重考察团队之间的信任、互补、价值观、心胸以及在行业的深耕。同时这一过程也积极邀请 VC 的参与，以求不错过任何一个创新项目。筛选之后，创投加速器则开始针对不同的创业团队寻找人才、资金、市场和用户，帮助创业团队创造更大的价值（石丹，2015）。

微软创投加速器的建立，是跨国公司的一个创举，既对中国创业者有利，也便于微软接触最鲜活的小微企业创新，从而实现公司的不断转型和创新，更实现跨国公司与小微企业的共赢。如今的创新早不是企业个体的创新了，是包括生产环境、合作伙伴的创新，微软创投加速器是在建立一个生态系统。

8.8 微软创新中心

2014 年 6 月，微软创新中心（Center One）在北京中关村微软大厦成立，该中心是一个汇集微软前瞻愿景与科技展望的创新中心，是真正体现微软科技与艺术表达的地方，是一个交流与展示创意的平台，可以更清晰地了解未来科技是如何与人们的工作与生活发生密不可分的关系。创新中心并不对外开放，而是按照需求进行参观申请，每一次的参观都有专人引导、实时交互，在微软外部的参观者中，有超过 60% 来自大企业高层

decision-makers, 超过 20% 来自政府和科研机构。

创新中心摒弃所有肤浅的表达法式,以空间为载体,以场景为核心和灵魂,然后不断地推出各种各样创新的场景。从宏观上讲,整个创新中心所有的应用场景都环环紧扣,如云厅的设计就是一个从小到大、层层向上汇聚的设计思路,从小小的办公空间开始到什么叫智能办公室,每一个智能办公室又组成了微软位于中关村的智能楼宇,而再大一些就是中关村的智能园区,再到北京市这个智能城市,更高层次的就是国家与宇宙层面。每一个层面都可以结合技术展开讲一个故事,都可以交互看到这个层面的数据与对应的场景。这些环节中,巧妙地把物联网、云计算、大数据等技术充分地融合进每一个交互场景,构成了最基础的技术支撑、真实的数据分析与艺术表达,让我们能够对楼宇、园区、城市、交通、空气甚至是宇宙地壳运动都能进行数据分析,这些数据分析为人们所用,指导人们的生活,使人们真正明白科技是如何改变人们的生活。

创新中心运行以来,最大的成就就是和来访者之间的互动交流,带给来访者灵感和启发,投资人都带着大量问题来到这里,希望验证他们的想法,验证投资的准确度,因为这里是中国唯一一个能够看到完整的微软科技在不同领域运用的地方,已经成为微软在中国对外的一个重要创新交流平台,创新中心就像是为有愿景、有技术的这一群人准备的"科技馆",更多时候不是用眼睛在看,而是用脑袋在思考,思考自己当前的技术与未来生活的连接点,思考自己的创新如何实现,思考技术应该如何让人真实可感(微软创新中心 Center One 揭秘,2015)。

第 9 章　通用电气中国研究院的反向创新

9.1　通用电气在华基本情况[①]

9.1.1　集团概况

美国通用电气公司（General Electric Company，简称 GE，创立于 1892 年），是世界上最大的提供技术和服务业务的跨国公司，也是世界上最大的多元化服务性公司。公司业务范围从飞机发动机、发电设备到金融服务，从医疗造影、电视节目到塑料，业务遍及 100 多个国家。

GE 公司 7 个发展引擎产生 85% 的利润，分别是消费者金融集团、商务融资集团、能源集团、医疗集团、基础设施集团、NBC 环球、交通运输集团；4 个现金增长点在增长的经济环境下持续产生现金流和收益，分别是高新材料集团、消费与工业产品集团、设备服务集团、保险集团。在科技股中，通用电气

[①] 本部分内容主要来自通用电气中国官方网站的介绍以及网络信息。

历史市值是除微软之外的第二大市值股票。

1900年，通用电气在车库里建立了第一个研究开发中心，这是世界上最早的企业研究开发中心之一。GE在全球有四个一流实验室，它们分别位于美国纽约州尼斯卡于纳（1900年开放）、印度班加罗尔（2000年9月开放）、中国上海（2003年10月开放）和德国慕尼黑（2004年6月开放）。

9.1.2 GE中国情况

截至2015年，通用电气（中国）有2.2万名员工、30多家工厂、60多个技术实验室、34家合资公司。近期目标计划实现100亿美元收入以及100亿美元的采购额。在2013年时，已实现70亿美元的销售收入，50亿美元的采购额，覆盖35个城市，设有154个办公室，为中国各大城市供应着3300台飞机发动机、200多台重型燃气轮机、500多台内燃机车以及3万多台医疗诊断设备。

GE在中国已经有一百余年的历史，在中国进行长期投资。早在1906年，GE就开始发展同中国的贸易，是当时在中国最活跃、最具影响力的外国公司之一。1908年，GE在沈阳建立了第一家灯泡厂。1934年，GE买下了慎昌洋行，开始为中国提供进口电气设备的安装和维修服务。1979年，GE与中华人民共和国重建贸易关系。1991年，第一家合资企业GE航卫医疗系统有限公司在北京成立。

目前，GE所有业务部门都已经在中国开展业务，如表9-1。GE大中华区在2014年工业订单达到78亿美元。

表 9-1 GE 在华机构一览表

地点	时间	规模	员工	重点领域	地位
成都	2012 年	33500 余平方米	500 余人	基层医疗、钻探技术、新能源交通及智能平台，其中以基层医疗为重中之重	是公司全球范围内的首个创新中心，也是 GE 中国西南区总部所在地
西安	2012 年 07 月	14000 余平方米	250 余人	照明、航空、能源领域	西北区的第一家创新中心，定位于西北创新枢纽，聚焦产学研联合创新，提升本地化合作，与高校及当地研究机构对接，融入并提升中国西北的人才培养体系
哈尔滨	2014 年 03 月	—	—	致力于燃气发电技术创新，集合 GE 和哈电技术优势，开发适应中国国情的联合循环发电技术，为中国燃气电厂提供最具竞争力的联合循环电厂系统解决方案	—

第 9 章 通用电气中国研究院的反向创新

在航空领域，GE 公司为中国航空公司提供了 3600 多台在运营的飞机发动机；2009 年，GE 公司与法国斯奈克玛（赛峰集团）平股合资的 CFM 国际公司研发的 LEAP-1C 发动机，被中国商用飞机有限公司选为中国开发的 C919 大飞机的动力，GE 公司的 CF34-10A 还是中国 ARJ21 支线飞机的发动机。2010 年，GE 和中航工业集团成立的合资企业昂际航电被选中为 C919 大飞机项目提供新一代航空电子系统。GE 航空集团还提供公务和通用航空发动机，为中国首款公务机——中航通用飞机有限公司生产的领世 300 型飞机提供 H85 涡桨发动机。

在能源领域，GE 积极为中国燃机事业的发展贡献绵薄之力，与哈电集团和南汽集团建立的重型燃机长期合作已走过十多年的历程。2006 年，GE 公司与国家发展改革委签署了合作协议，共同推进"绿色创想"节能环保技术在中国的开发和应用。2011 年，GE 和神华集团成立合资企业，致力于在中国发展煤气化技术。GE 还与中国华电集团公司成立合资企业，携手生产航改型燃气轮机，开发分布式热电联供产业。GE 风能业务已经为中国提供超过 1000 台风力发电机，在沈阳拥有一家风机制造工厂。GE 水处理及工艺过程业务以覆盖整个过滤图谱的膜产品和化学助剂为钢铁、电力、炼油、化工、食品饮料、电子和市政提供新鲜水、工艺水、循环水和废水处理等方面的解决方案。迄今为止，已向中国提供了 270 多台燃气轮机，400 多台燃气内燃机，70 台蒸汽轮机及近千台风机，并颁发了 40 余项气化技术许可。

GE 石油天然气集团在中国参与天然气管道、炼油、乙烯、煤化工、工业用电等行业的重要项目，已经为中国提供 1000 多台离心式压缩机和往复式压缩机、蒸汽轮机、燃气轮机、泵阀以及领先的分布式天然气解决方案技术,自 2005 年起为中国的西气东输项目供应和安装了超过 100 个压缩机组,为川气东送项目提供设备,为两个全球最大的煤基丙烯项目——神华宁夏和大唐锡林郭勒煤化工项目提供了压缩机组。GE 的检测控制技术广泛应用于中国航空、油气、运输、医疗等行业。

在可再生能源领域,GE 可再生能源业务 2004 年在中国安装了第一台风机,目前已装机超过 1300 台,容量超过 190 万千瓦。被称为"最智能的风机"——GE 公司 2.75 兆瓦风机即将在云南大理安装使用。GE 为华能集团的大理龙泉风电项目提供了 55 组智能风机,总装机容量为 151MW。天峰山龙泉风电场装机预计建成后年发电量 52507.7 万度,每年可节约标煤约 17.33 万吨,相应每年可减少因燃煤造成的废气排放,其中减少排放二氧化碳 36.38 万吨、二氧化硫 155.42 万吨、氮氧化合物 155.42 万吨、烟尘 46.63 吨。此外,每年还可节约淡水 132.54 万立方米,并减少相应的废水排放和温排水。

GE 医疗集团在中国业务范围广泛,包括研发、设计、采购、生产、销售、营销和服务等各个领域,在医学成像、软件和信息技术、患者监护和诊断、药物研发、生物制药技术、卓越运营解决方案等多个领域,助力专业医务人员为患者提供优质的医疗服务。GE 医疗集团在中国拥有重要的全球生产基地:在北京建有 CT 扫描系统和 X 光成像系统工厂、在上海有生命科学基地、在无锡建有超声和患者监护仪设备工厂、在桐庐建有滤纸生产基地、在天津建有磁共振成像系统生产基地。

第9章　通用电气中国研究院的反向创新

在中国，GE"健康创想"战略提出的"提高医疗质量、降低医疗成本、为更多民众增加医疗机会"三大目标，与国家医改和"十二五"卫生发展总体目标高度契合。GE医疗中国在"健康创想"战略指导下，正在加速开发"立足中国、服务中国"的产品，结合基层医疗团队优化渠道资源，重建服务模式，并增进供应链本土化。GE在中国继续向高端医疗市场提供领先的医疗解决方案，实现从产品和服务到个性化和全方位解决方案的转变，保持在技术创新和市场方面的领先地位，同时切实配合政府"保基本、强基层"的方针和健全基层医疗设施与机构的目标，积极开拓基层医疗市场，满足本土市场需求。

GE医疗集团从1979年开始在中国开展业务，1986年在北京成立了第一个办事处。1991年，航卫通用电气医疗系统有限公司在北京成立，成为GE在中国的第一家合资企业。目前，GE医疗集团在中国建立了包括独资和合资企业在内的多个经营实体，并在中国北京、上海、无锡、桐庐、深圳建立了七个全球医疗设备生产基地。

GE能源管理集团为能源行业提供电力交付、管理、转换、优化的持久技术解决方案，由数字能源、工业系统、电能转换和智能平台等业务组成。1999年，GE与上海广电电气集团合资，成立上海通用电气开关有限公司及上海通用电气广电有限公司（SJV）。2013年8月，GE与中国西电电气股份有限公司建立了全球战略联盟。依托GE电网自动化技术与全球能源业务优势，结合西电高压输配电设备成套生产能力，双方将优势互补，以满足石油与天然气、采矿及石化等高耗能产业在电气化和产能提升的需求。

在铁路领域，GE 为铁路基础设施提供核心的机车和信号设备，产品延伸并带动船舶及石油钻采、交通解决方案和储能等行业。GE 运输集团为中国青藏线提供了全部机车，为中国市场提供总量超过 1100 台内燃机车。功率范围涵盖 3000HP 到 6000HP。GE 矿业业务提供驱动系统及井工矿设备，为矿业客户提供电力和水处理解决方案。机车和信号产品运行在中国最为繁忙的货运线路及煤运专线上，并在高寒海拔线路上表现出色。

在金融领域，GE 公司为中国客户提供飞机租赁、医疗金融、设备融资、商业分销融资等业务，GE 金融集团与国家电网成立了以设备租赁为主要业务的"英大汇通融资租赁有限公司"。在亚洲，GE 金融结构性融资在中国大陆地区、中国香港地区、中国台湾地区、新加坡、日本、韩国、印度及澳大利亚均设有分公司及办事处，为这些地区及国家的跨国公司及相关子公司提供结构性融资服务。

GE 照明秉承创始人爱迪生的创新精神和智慧，致力绿色解决方案，在中国市场以 LED 产品开发为重点，集中拓展零售、酒店、工业和道路及渠道建设。

除了业务投资外，GE 还积极参与各种公益活动，如在中国的教育机构设立奖学金。另外，GE 的员工志愿者组织也在北京、上海、广州、大连和香港成立了分会，积极开展社区服务、保护环境等志愿活动。

GE 中国研发中心位于上海，是 GE 公司全球七大研发中心之一，是跨业务集团、跨研究领域的研发机构，为 GE 各业务集团提供基础科学研究、新产品开发、工程开发和采购服务。

GE 中国创新中心专注新产品研发、应用开发和采购支持,涵盖行业包括医疗、可再生能源、智能电网、高能效照明、水处理、运输和航空等公司重要的业务领域。目前,GE 中国创新中心(成都)以及 GE 中国创新中心(西安)已经相继成立,与在上海、北京和无锡的研发机构形成协同效应。创新中心将实行"客户协同创新"模式,通过"引进来、走出去"的方式将客户全方位引入公司内部的创新流程,实现快速满足客户需求、与客户共同创造新价值的目标。

GE 在中国还拥有集研发、客户体验、服务、培训及运营为一体的成都、西安和哈尔滨三大创新中心。在中国共有研发人员近 3000 人,150 多个世界一流设备的实验室,主要研究领域包括:清洁能源、水处理、材料科学、电力电子和实时控制、先进制造技术(3D 打印、智能工厂)、影像技术、化学和电气化学技术、传感与检测技术、LED 照明、航空系统整合、铁路运输等。并于 2014 年成立软件与分析中心,致力于推动工业互联网在中国的发展。

9.2 通用电气中国研发战略与定位

9.2.1 "在中国,为中国"的本土化研发战略

"在中国,为中国"(In China, For China)战略构想是 GE 在大力推动全球化的背景下,针对中国市场定制的具有标志性

意义的长期发展战略,由通用电气首席执行官伊梅尔特在 2008 年正式启动,由中国研发中心负责推动执行,以全面培养本土研发人员和针对中国市场需求开发新产品新技术为目标,使中国站在 GE 全球化战略的最前端。2008 年项目启动以来,"在中国,为中国"专项研发基金已累计投入超过 1.7 亿美元,专门研发针对中国市场的新产品、新技术和新的解决方案。截至目前,"在中国,为中国"研发项目已诞生近 40 项新技术和产品,并在中国及全球市场获得成功。

在新能源、水处理等领域,通用电气已不仅仅局限于出售产品,还扩展到提供完整的解决方案。这些专为中国客户本土研发的创新成果不仅有助于中国客户节能减排,还能够提高运营可靠性。例如,中国研发中心热能团队成功完成了高炉煤气联合循环电厂(CCPP)的优化设计,这正好满足了中国政府要求钢铁等行业充分利用高炉煤气,提高能源利用效率和降低排放的要求。通用电气的先进系统可将高炉煤气的利用率由传统的 20% 提高到 40% 以上。

为了支持中国隧道的绿色照明,通用电气中国研发中心照明工程团队 2011 年自主研发了 LED 隧道照明系统,其先进的模组化设计相比于传统的照明系统节能高达 45%,同时设计寿命高达 10 年,是传统荧光灯系统使用寿命的 4 倍。

在水处理领域,通用电气中国研发中心开发了新型的超低压反渗透膜,以解决中国市政饮用水和工业废水的处理难题。这种膜具有常规膜 4 倍的产水量,而且能够保持较好的水质,有效脱盐,降低能耗。目前,这类反渗透膜已成功应用于饮用水和饮料行业的进水净化系统。

在医疗领域，通用电气根据中国基层医疗市场需求研发的小型CT机——博睿，目前已有1/3产品在中国销售，2/3出口到世界其他市场，截至目前，博睿CT取得了巨大的成功，在全球的销量近400台。

9.2.2 GE中国研发中心三大原则

GE中国研发中心（CTC）是国内最大的独立外资研发机构之一，也是国内极少数具有基础科学研究能力的企业研发中心。其三大原则分别是无边界合作原则、研发以市场驱动为原则、反向创新原则。其中反向创新原则使中国一战成名。

（1）无边界合作。

杰克·韦尔奇在20世纪80年代执政GE的顶峰时期大力推行"无边界组织"（Boundaryless Organization），号召GE的30大类别生产部门大胆地与其他组织合作。GE中国研发中心因地制宜充分贯彻了这一原则，由于以往的研发中心内部分为各个独立的研发团队，不同领域的研发人员并不互相了解对方的工作；同时，研究的技术也往往对市场和客户的需求不很清晰。于是，在GE中国研发中心，会定期举行各个部门的交流会议，并形成了一套"从摇篮至坟墓"的新产品和新技术的研发准则，研发做到从客户需求中来，为满足客户需求而去。

（2）市场驱动。

市场驱动是GE研发中的另一个重要原则，不同于GE全力造就的印度研发中心，草根出身使得中国研发中心并没有世界

500强企业惯有的俯视视角，但却成就了其聆听市场需求的基因。GE至今始终坚持其创始人爱迪生留下的"首先去了解这个世界需要什么，然后再去发明它"的做法。新产品开发中，中国研发中心内部共有六道程序，对于是否具有一定的客户需求量、完成研发后市场能达到的销售量以及对手增长情况等都有详细分析。此外，GE还积极了解市场情况、趋势，分析未来三年的竞争对手动向。

（3）反向创新。

2009年GE的CEO伊梅尔特与其他几位专家在《哈佛商业评论》上发表了文章《反向创新：通用电气的自我颠覆》，引起业界巨大反响，被认为是继"全球本土化"之后，跨国企业经营最成功的创新模式。以一个GE医疗的案例为例，GE此前在中国销售的超声波设备都是直接引自美国，功能虽完善，但由于10万美元以上的高昂价格，仅三甲医院才有能力引进。研发中心根据市场需求，定制开发出了售价仅1.5万美元的简化版，受到市场热烈欢迎。而最让GE感到意外的是，由于其体积小、便携等特点，这款性能简化的产品在欧美市场的需求也飞速增长，成为GE超声波业务的新增长引擎。GE将这种新兴市场上成功研发出的产品反哺发达国家的做法称为"反向创新"（毕曙明，2012）。

9.2.3 本土化策略与"反向创新"的结合

在GE中国研发中心成立最初的几年中，主要的发展策略是本地化。通过将欧美市场上行之有效的技术转移到中国，使其更适用于中国用户习惯；将团队部署在本土市场，在全球团队

第9章 通用电气中国研究院的反向创新

开发的基础上做一些小调整,此时本土团队的地位比较被动。在后来发展的7~8年中,中国研发团队在实践中发现,需要重新设计更多更适合发展中国家的产品。

为适应中国经营环境的变化,研发中心践行"反向创新"等策略,即在中国的研发创新不仅可以服务中国,还可以走向世界。以 GE 医疗为例,GE 中国本土研发的博睿(Brivo) CT 机售价为同类型进口产品的一半以下。在投放市场最初的6个月内,首次购买的医院和诊所中有60%是第一次购买 CT 机。GE 的这项创新吸引了那些无法承受昂贵 CT 机的医院和私人诊所,同时与同类 CT 机相比,GE 的产品体积更小,这也更符合中国基层医疗市场的广泛需求。如今这款产品已经开始销往其他新兴市场,甚至进入了欧美国家(王志彦,2016)。

这种研发体系打破了以欧美成熟市场开发的产品为中心的所谓"全球化"战略,这种创新方式也得到了 GE 总部的肯定和支持。几年前,GE 还没有相对完备的针对发展中国家市场的技术和发展战略。如今,每个部门、甚至小到每一条产品线都进行了发展中国家战略的布局。

从2008年开始到2013年年底,GE 总共投资了约2.5亿美元,在华启动了"在中国,为中国"的战略,专门用于研制和开发更加满足中国市场需求的产品。GE 研发中心本土团队甚至可以直接向公司高层主管汇报并根据当地需求从零开始研发相关产品。

这其中需要着重提及 GE 在2013年常被提起的快速反应。陈向力称:"GE 中国研发不仅仅要求质量与高精尖技术,在研发与创新方面更要讲求速度。"这是 GE 中国与业务、销售、客户紧密相连后得到的最佳方案，即在企业创新初期与客户及时进行紧密沟通。这种快速反应的机制给客户带来了最实际的解决方案。例如，GE 在中国的一家钢铁客户，希望通过余热发电减少对大气的污染排放，提高炼钢时产生废气的利用率。GE 中国研发中心通过合作等方式，用两年的时间进行专项研究，将高炉煤气的利用效率提高到 40% 以上，为中国市场开发出一整套联合循环发电的解决方案。

如今 GE 中国研发中心在完成"支持产品本土化、在中国形成供应链"与"由中国研发人员操刀、根据中国市场需求，对产品进行更新和改进阶段"的前期布局后，现在已经进入发展的第三阶段，即完全由 GE 中国研发中心进行本土研发，然后将成果推向中国和世界市场，从"反向创新"到"协同创新"。同时团队内部对协同创新价值观也十分认可，GE 发布的《2014 全球创新趋势报告》中，通过采访包括中国在内的 26 个国家的 3200 位高管后得到数据：在 2014 年有 77% 的人认为协同创新虽然可能存在问题，但是值得去冒险。

此外，GE 中国研发中心与业务部门会以三年为周期做远景规划。双方一起探讨未来三年竞争对手的走势、变化以及现有产品的改进。每年春季，双方会通过技术交流会深入沟通（刘聪，2014）。

9.2.4 "绿色创想"战略

2006 年 5 月 29 日，GE 公司董事长兼首席执行官杰夫·伊梅尔特在中国启动"绿色创想"计划,并与发改委签署了一份环保技术合作谅解备忘录,约定加强在环境可持续发展方面的合作,公司将提供先进的技术和方案为中国的能源节约型和环境友好型产业作出贡献。

(1)技术研发战略。

研发方面,中国战略与全球战略十分相符。在中国启动的"绿色创想"计划,以发展环保技术,帮助中国政府解决日益紧迫的环境问题。通过"绿色创想",GE致力于应对各种环保问题,比如对更清洁、更高效能源资源的需求,减少废气排放,充足的净水资源等,GE的业务集团也从这些项目中获益。GE还加倍研发投资,广泛进行技术投资。

(2)竞争战略。

GE竞争主要采用总成本领先战略、差异化战略和专一化战略。"总成本领先战略"要求企业必须建立起高效、规模化的生产设施,严格控制成本、管理费用及研发、服务、推销、广告等方面的成本费用。"差异化战略"是将公司提供的产品或服务差异化,树立起一些全产业范围中具有独特性的东西。"专一化战略"是主攻某个特殊的顾客群、某产品线的一个细分区段或某一地区市场。其中,差异化战略是GE公司保持业务常青的竞争之道。

(3)营销策略。

GE主要从产品、价格、地点和促销等方面考虑营销策略。

① 产品方面。首先,GE的"绿色创想"产品丰富,从工业用品到民用产品,涵盖了社会大多数领域的需要,具有明显的品种多元化优势。而且产品大部分为行业内尖端科技产品,

具有显著的高科技优势。同时，体现了"绿色"价值标准，更加节能，能为客户带来巨大的经济利益；更加保护环境，为客户带来显著的社会效益。此外，通过战略伙伴关系或政府关系合作，GE 在中国已经投入使用了一些标志性的"绿色创想"产品，起到了良好的产品示范作用，广泛增强了社会认同感与信任度，更加体现出产品策略的优势，优质品牌与严格的质量控制体系也为产品的质量提供了保障。

② 价格方面。首先，采取差异定价，根据产品在不同领域的优势以及产品本身的科技含量、技术优势等因素，对产品进行不同的定价；其次，针对有选择性的客户，采取增值服务，保护产品高价销售。在中国，工业产品的大部分优质大客户，都是政府部门、大型国有企业及相关部门的关联企业。

③ 渠道方面。根据产品的特点，目前 GE 中国采用直接销售及在全国各地设立代理商销售的方法进行产品销售和服务。

④ 促销方面。建立良好的合作关系，相对于中国本土企业，来中国市场扎根的跨国公司越来越重视与政府的关系，甚至比本土企业还要重视。本土企业极少设立专门的政府公关部门，而跨国公司一般都会设立，而且在中国进行大量的广告宣传（黄尚发，2009）。

9.3 决策机制与知识产权保护

9.3.1 专利情况

2003～2013 年，通用电气在我国申请的专利总数为 13881

件,其数量相当之多。尤其是 2003 年在中国上海成立了研发中心之后,其在华专利申请数量几乎呈指数型增长。对于其专利类型的分析可见图 9-1 所示,通用电气在华申请专利的绝大多数属于发明专利,约占 97.65%,剩余约 2.35% 的专利是使用新型和外观设计专利。这两个数据充分说明通用电气公司在科研方面取得了十分重大的收获,发明专利的价值及其在科学研究方面所蕴含的意义是非常之大的(朱华,2013)。

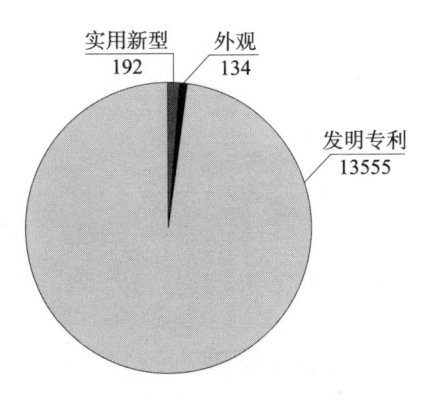

图 9-1 通用电气专利申请类型分布图

9.3.2 决策机制

在本土化项目制定时,研发中心团队会首先对市场需求情况进行了解,包括需求的紧迫性、需求量的大小以及项目预计的花费,同时对竞争对手的能力进行评估,即在进行项目计划决策前会对项目进行全面评估。每一个项目的决策都需要全面收集信息,以能更清晰准确地计算出投资回报率,这样也会提高公司在全球的发言权,提高项目执行的成功性,公司也制定有非常详细的技巧和流程。在本土化研发战略的执行过程中，项目经理一职十分重要，需要在各个部门之间进行协调。

GE 项目建立的目的不是为了成功，甚至说"项目上马就是为了停的"因为项目实际上是一步一步验证假设的过程，是为了验证和弄清楚某一问题，因此在项目出现问题时，研发团队绝不隐瞒，会马上停掉问题项目。这就是研发，这种项目决策和研发理念实际上完全服务于花最少的钱创造最大利益的最终目的。

9.4 文化和人才

GE 文化在于帮助每一位员工在推崇诚信、富有责任以及鼓励创新的环境中工作，收获个人和公司的共同成长。

9.4.1 本土化人力资源管理

（1）克劳顿管理学院。

GE 克劳顿管理学院被《财富》杂志誉为"美国企业界的哈佛"，GE 已将这一成熟的培训体系移植并致力于扎根到中国。通用电气在中国的发展培训中心是除了美国本土之外规模最大的，为全球化与本土化的无缝对接、实现高效培训下中国员工的快速成长奠定了坚实的基础。GE 的员工培训主要遵循以下两个原则。

第一，适当的培训。

通用电气的培训中心不仅仅为企业发展发挥着支持性的重

要作用,与此同时还作为独立的成本中心存在。培训的确定需要各个业务集团参与,无论是员工培训课程的申请,还是专职培训师前往集团授课的邀请,都由集团提供一定的支出或酬劳。这种模式既保障了培训课程不至于脱离实际,也避免了无谓的培训泛滥成灾。员工通常在年度绩效评估时与其直属管理者探讨个人未来的职业发展计划,进而对接下来这一阶段有必要参与的培训进行初步确定。该培训模式充分考虑了员工当前处于什么阶段、应进一步达到什么阶段、两者之间存在什么差距等问题,从而切实解决员工的发展需要(宋莹和姚剑锋,2015)。

按照规定,任何一位新员工在入职之初都需要接受任职培训,而且所有的员工都能够在内容丰富的在线培训平台 E-learning 上查看大部分的培训课程。除此之外,员工不可以随意进行课程挑选,必须获得直属管理者的同意或支持。正如通用电气高层管理者所言:"在适当的时机,为适当的人员,提供适当的培训。"(郑大奇,2007)

根据员工的属性,通用电气(中国)将员工的培训过程划分为以下三类:第一类主要面向入职不足 5 年的新员工。培训目的主要是使这些新员工尽快适应角色转变并快速胜任工作岗位,课程包括财务管理、技术领导、六西格玛质量标准等。第二类主要针对为公司工作达 5~15 年的员工,基本上是中层管理人员。参加培训的人员通常是获得推荐的、具有领导潜力的管理者,培训课程主要侧重于新领导力发展课程、中级领导力课程等。为了使员工成长为真正意义上的管理者,通常会邀请高级管理人员授课,主要为学员传授一些管理策略和技巧。第三类主要针对潜力较高的企业内部高管人才,旨在为公司未来的高管人才储备奠定基础,这也是通用电气最高级别的培训(王春敏和张孟军,2013)。

第二,全球化的方法与本土化的教材。

通用电气(中国)所开展的培训是基于公司总部层面考虑的,因此绝大多数课程可以在各子公司内部共享,尤其是与领导力发展相关的各类重要课程上,对保持全球范围内的一致性提出了更高的要求。目前,通用电气正致力于整合为同一个标准的培训版本,以实现程序、术语及训练方法的统一。从而使身处各个国家和地区的人员都能获得一致的训练,避免发生无意义的沟通误解。

通用电气十分看重在中国的培训课程中增加本土化领域的相关素材。在一些重点关注领域,通用电气需要更具有代表性的本土化案例,从中挖掘归纳出可以在培训课程中共享的内容。在如何实现培训课程的本土化上,几个实力较强的大业务集团在充分考虑了内部需要的基础上,对课程进行了自主设计和规划(宋莹和姚剑锋,2015)。

(2)员工职业生涯管理。

通用电气有20多名人员专职服务于企业的组织发展和人才战略体系,这些人员每两周通过电话会议进行沟通,交换彼此掌握的职业发展信息,推动员工职业规划的落实。他们的主要工作职责是负责员工的职业生涯管理,了解员工目前的职业信息,包括业绩、综合评估情况、特长发挥、下一步的职业发展等,并根据分析结果引导员工落实下一阶段的职业规划。

第一,职业生涯规划平台。

通用电气(中国)为员工创造了一个提供相应的体系、工具和引导方式来协助其开展和落实职业生涯规划的平台。在平台中,处于不同培训阶段的员工都能够获得至关重要的职业辅导。通用电气的职业辅导也针对员工、职业经理人和人力资源经理提供了三个不同的版本。内部的"My Development at GE"网站,会帮助提供实用性的内容和程序来引导员工正确认识自己目前的能力状态,定位今后的发展目标,让员工清楚地认识自己目前的不足,为了实现目标还需要创造哪些条件,为了弥补缺陷或更好地提升技能,应当接受什么样的培训或者从事什么岗位的工作等。这是通用电气为所有员工提供的最基本的一种职业辅导。同时,通用电气还将培养人才的多少纳入对管理者的考核体系中——即管理者每年将多少下属提升到关键岗位。通用电气竭力避免管理者给员工职业发展造成"玻璃天花板效应",引导管理者自觉自愿、开放积极地去培养下属,让管理者充分意识到个人成功是建立在团队成功基础上的(宋莹和姚剑锋,2015)。

第二,PIE 模型。

对于员工来说,培训只是提升自身技能的一种有效工具,若真正实现个人能力提升的目标,还需要其他方面的充分准备。因此,通用电气提出了 PIE 模型,其中,P 代表 Performance(业绩),I 代表 Image(品牌),E 代表 Exposure(曝光)。该模型是指在员工进行职业规划时,首要任务是做好本职工作的业绩，其次要修炼提升自身品牌形象，最后还需在恰当的场合恰当地展现自己的魅力，促进个人品牌知名度的提高。中国员工在很多时候只做到了业绩这一块，后两块通常表现得不够充分，而实际上，后两个方面在帮助员工发展上发挥了很大作用。在通用电气中，员工只要自己主动，就能捕捉到很多宣传的机会。此外，通用电气还会安排一些拥有成功职业发展经历的典范人物与员工共享职业经验，他们不一定都是总经理以上级别的人员，也可能是员工周围的同事，但他们的职业生涯都经历过非常成功的转型之路（郑大奇，2007）。

9.4.2 GE 中国公司科技节

员工是公司通向成功的关键，研发人员是企业的宝贵财富。在 GE 中国公司举办的科技节中展示的本土研发成果，再次体现了通用电气中国研发中心的科研实力以及"在中国，为中国，也为世界"的战略理念。

据了解，作为全球知名多元化企业，通用电气目前在全球有四家研发中心，分别坐落于美国、德国、中国和印度。公司计划在巴西建立第五家研发中心，也表明了其关注新兴市场的战略倾向越发明显。通用电气科技节是公司全球几大研发中心每年共同举行的科技嘉年华。中国研发中心在每年都举行的科技节期间，通过产品演示、组织论坛及各类互动，展示通用电气包括"在中国，为中国"在内的众多研发领域的最新产品与技术，目前此活动已成为通用电气与中国本地企业沟通交流的一个十分重要的创新平台（陈颐，2011）。

9.5 考核与激励

9.5.1 通用电气（中国）的员工绩效评估与激励体系

（1）员工绩效与价值观评估。

通用电气前总裁兼 CEO 杰克·韦尔奇所提倡的管理思想之一是绝对不能搞"平均主义"。因此，通用电气每年都会针对员工的业绩加以评估，按照比例将员工归入 A、B、C 三种级别。A 等是指表现最优的前 20% 员工，B 等是指表现较优或表现一般的 70% 员工，C 等是指表现欠佳的 10% 员工（郑大奇，2007）。首先，通用电气为 A 等员工制订详细的培训计划，同时为他们提供非常有前途的发展空间。B 等员工也能够获得一些培训与升迁机会，通用电气同时积极鼓励和引导他们向成为 A 等员工冲刺。对于前两类员工，通用电气会提供成熟的激励奖励机制进行支持，例如加薪、奖励股票期权、工作升迁等。在这一评价体系中，每年必定有 10% 的员工被归入 C 等，一旦进入最低级别，他们就必须迅速调整自己的状态，查明原因并摆脱现状，并努力跻身 B 等和 A 等，如果在 3~6 个月的期限内仍无法跟上通用电气发展的步伐，就会不得不面临被解雇的风险（宋莹和姚剑锋，2015）。

除了业绩方面外，通用电气（中国）对员工的评估，还包括对其价值观方面的评估。当然，对价值观的评估并不容易，主要侧重针对员工在通用电气整个职业生涯中的表现进行评估。

在对员工进行评估时，通用电气会在同时考虑其价值观与业绩情况的基础上再加以评判，这很大程度上反映了通用电气对价值观与业绩两方面的看重。那些实现了优秀业绩、又认同通用电气价值观的员工被认定为明星员工，他们将获得培训与提升的发展机会。正是这种优胜劣汰、奖惩分明的机制，使得通用电气得以在残酷的市场竞争中保持无限生机与强大的生命力（陈珙，2007）。

（2）物质激励与精神激励。

通用电气（中国）为员工提供了富有竞争力的薪酬。员工工资的增长根据员工归属的业绩级别来确定，其增长周期和涨幅直接取决于上一年度业绩的好坏。对于表现优异的员工，通用电气会为其提供股票与期权奖励。

此外，通用电气经常对员工表示感谢并给予一些温暖的小奖励。家人支持企业的发展并体谅员工的工作，能够增强企业与员工及其家人之间的感情联系。所有部门管理者都可以灵活地随时对员工颁发奖励，这些员工还可以因此获得升迁，当然也需要承担起更大的责任。对于潜力巨大的员工，通用电气还会为他们提供提升历练的机会，例如派遣到美国总部或海外其他子公司工作一段时间，这种外派工作对于员工来说也是一种非常有效的激励方式。通用电气从来不会吝啬于赋予员工荣誉，精神层面的认可有时能够产生更大的影响作用。例如，通用电气会授予有杰出贡献的领导人"杰出领导奖"，为表现出色的团队颁发"团队奖"；为通用电气的优秀科学家和研究人员颁发"爱迪生奖"，表彰他们为通用电气科技创新与发展作出的重要贡献（宋莹和姚剑锋，2015）。

9.5.2 通用电气（中国）坚持与员工沟通

（1）进行民意调查。

对于通用电气的 CEO 来说，给全球员工发电子邮件早已成为一种习惯，CEO 经常会通过这种方式将公司业务的变化以及自身的体验等与员工分享。通用电气的每个员工都有机会与 CEO 毫无障碍地直接交流。管理者在克劳顿管理学院培训的过程中，也可能会直接与 CEO 进行面对面的沟通。通用电气还推行了"群策群力"计划，这一计划通常会邀请数十位员工和社会上的专业人士共同参与。例如邀请大学教授来帮助引导员工并进行讨论，进一步激发员工的创新思想，在这一过程中，管理者并不在场，员工可以完全放开地把自己认为值得探讨的问题归纳在一张清单上，并认真地对这些问题进行深入研究，在管理者回来之后再进行共同商讨（郑大奇，2007）。

（2）组织员工大会。

通用电气还会定期借助卫星直播、网上直播等方式来召开员工大会。根据问题及其涉及范围的不同，在不同的地区或全球范围内开展。此外，通用电气的内部沟通并非是单方面的，而是彼此互动的（肖俊灵和王建华，2001）。在公司内部，各种媒体与网络共同搭建了一个平台，这一平台能够促进沟通和交流，有助于实现公司内外部最新信息与管理层最新动态在第一时间公布。最终目的是希望使通用电气遍布全球的数十万员工能够在第一时间了解领导层的新思想，获取与公司发展战略目标和政策调整相关的信息。

此外，通用电气还会为员工提供机会与公司高管面对面交流。例如，在通用电气全球的 CEO 及其他高管领导来到中国之时，公司还会特地安排管理者和员工与他们展开面对面的沟通，在这样的交流中，员工可以直接在高层管理者面前发表自己的想法（宋莹和姚剑锋，2015）。

9.6 通用电气与其他业务部门的合作

9.6.1 与企业的合作

（1）与海尔的合作。

2016 年 1 月，海尔与通用电气签署了全球战略合作框架协议，在工业互联网、医疗、智能制造、品牌合作和其他能提升双方企业竞争力和品牌影响力的领域，按照互惠互利、优势互补的原则，建立长期战略合作。作为战略合作的第一步，海尔集团旗下的青岛海尔股份有限公司通过估值为 54 亿美元的交易整合通用电气旗下的家电业务 GEAppliances（通用电气家电）。这是海尔共创共赢生态圈在跨国企业合作中的生动实践。

（2）与中国 EPC 企业的合作。

EPC 是"工程、采购、建设"的英文缩写。通用电气和他的中国合作伙伴正在项目合作中不断探索新的模式。2015 年 10 月，通用电气同哈电国际工程有限公司宣布共同在巴基斯坦必凯（Bhikki）合作实施当地最大的发电站项目，将为 400 万户家庭提供稳定电力。之前，该公司与中国机械工业集团（国机集团）联手肯尼亚凯佩托（Kipeto）102兆瓦风电项目，对非洲的清洁能源项目进行联合开发、投资和融资。这项工程是中国政府"一带一路"倡议和美国政府"电力非洲"计划在中国、美国与肯尼亚三国国家战略的交汇。同时，该项目具有经济利益与国家战略的双重意义，因此被列为习近平主席访美之前中美经贸务实合作具有实质性成果的三个项目之一。也意味着中美两国的企业在第三国投资合作上将有更大想象空间。随着中国企业海外EPC业务进入新的发展时期，通用电气与中国EPC行业的合作模式正变得更为复杂和深入（沈建缘，2015）。

（3）与中国电信的合作。

2015年7月，通用电气公司与中国电信集团依据已经签署的战略合作协议启动合作，宣布通用电气工业互联网大数据软件平台与中国电信的电信基础设施和增值服务对接，形成工业互联网整体解决方案，推动工业互联网在航空、医疗、能源、工业制造和其他相关行业的应用，以创新成就非凡，为通过"互联网+"推动产业升级提供切实可行的发展路径。

9.6.2 产学研合作

通用电气上海技术中心扎根中国，和清华大学、上海交通大学、中国科学院上海分院等科研机构密切合作，紧盯中国急需解决的难题，急客户所需，为中国的经济发展出力。同时，通用电气上海技术中心还承担着中国培训中心和采购中心的角色。上海交通大学与通用电气中国研发中心合作成立先进制造联合实验室，成立全日制工程硕士培养基地；携手同济大学入选中国第一批国家级工程实践教育建设单位名单；和南京大学共同开发的电子电镀行业废水处理技术，使得废水回用率可高达近 90% 并大幅降低成本；通用电气中国研发中心还与国际教育协会合作举办 GE 基金会科技创新大赛，以鼓励在校大学生的科技创新。此外，通用电气还与其他多所大学达成合作，例如中国传媒大学、上海海事大学（黄尚发，2009）。

第 10 章　EMC（易安信）中国研发中心

10.1　EMC 中国研发布局

EMC（易安信）是全球领先的信息存储和管理系统、软件、服务和解决方案领域的公司，2015 年 10 月，EMC 被 DELL 收购。EMC 于 1996 年进入中国市场，至今已经在北京、上海、广州、成都、南京、西安、武汉、沈阳、福州、乌鲁木齐、济南、杭州、昆明、重庆、青岛和郑州设立了 16 个分公司，并在北京、上海、广州、成都、深圳、香港和台湾七地建立了解决方案中心，EMC 中国在全国各地设立了 35 家服务中心，解决方案中心网络已覆盖中国大部分区域，通过向客户和合作伙伴提供技术支持，展示 EMC 的技术。进入中国以来，EMC 在中国的业务一直保持稳定增长。

2006 年，EMC 公司董事长、总裁兼首席执行官乔·图斯在北京宣布，2006~2010 年，EMC 将在中国投资 5 亿美元，在上海设立研发中心。2006 年 11 月 EMC 中国研发中心在上海揭幕，从而实现 EMC 十年前进入中国市场时制定的"销售在中国""制造在中国""设计在中国"的战略目标。

2007 年 5 月，EMC 创新网络成立，同时宣布在北京建立 EMC 中国实验室，这是 EMC 创新网络的第一个海外实验室。2007 年 11 月，EMC 中国研发中心（北京）在清华科技园正式成立。北京研发中心专注于 EMC 核心技术的研发，研究项目涉及信息存储、虚拟化、安全、资源管理、内容管理及归档，还将包括 EMC 中国实验室，该实验室和享誉世界的 RSA 实验室同为 EMC 创新网络的两大初始实验室。北京研发中心的成立加强了 EMC 在中国的研发力量，是对上海研发中心的良好补充。同时，乔·图斯承诺在五年之内，将投资规模加倍，增至 10 亿美元。新增投资主要用于 EMC 中国研发中心研发业务扩展、销售团队扩展、渠道扩展和开发、EMC 学院联盟计划等。

2009 年 7 月，EMC 中国研发中心正式升级为 EMC 中国卓越研发集团，形成由存储技术研发基地、云计算研发基地、信息管理研发基地、中国实验室、全球解决方案中心和全球客户技术支持中心六大职能部门组成的全新架构，存储的核心地位依旧，同时融入 EMC 在俄罗斯、爱尔兰、以色列、印度和美国的研发中心网络并成为 EMC 创新网络的一部分。EMC 在全球的几个卓越研发集团主要设在"金砖四国"，这些各具特色又相互协作的研发机构成为 EMC 创新网络的主要支柱。通过创新网络，EMC 可以调动约 5000 名技术研发人员，在全球范围内配置研究资源，这成为 EMC 成功的根本。2009 年 8 月，EMC 高级技术支持中心落户中国上海，为全球客户提供 7×24 小时技术支持。

全面覆盖 EMC 主要产品的全球化远程技术支持，成为 EMC 中国研发中心担当的又一项全球业务功能。

2011 年 4 月，EMC 全球卓越研发中心落户成都高新区，这是 EMC 中国卓越研发集团继上海、北京之后在中国设立的第三个研发中心，也是 10 亿美元中国投资计划在收官之年的一笔重要投资。成都研发中心的成立使 EMC 中国卓越研发集团在私有云战略上起到枢纽的作用，通过本土的管理、本土的业务连接、本土的创新，更好地满足中国本地客户的需求。

2011 年 8 月，EMC 公司宣布在原 EMC 中国实验室和 EMC 首席技术官办公室技术创投组的基础上组建 EMC 中国研究院。该研究院隶属于 EMC 中国卓越研发集团，主要从事新技术的基础性研究、产品原型开发与孵化，并积极开展高校合作及标准化组织工作。EMC 中国研究院下设三个实验室：大数据实验室、云基础构建实验室和云平台与应用实验室。这三个实验室的划分就像 IT 系统的分层，上面是平台应用层，中间是数据层，下面是构架层。这三个层次的研究方向也各有不同，在构架层面上虚拟化与安全是发展重点，在数据层则要解决大数据如何存储、如何管理的问题，所以无论是传统数据库还是新的数据库，都是大数据实验室的研究方向。在平台应用层面上，将凭借 EMC 成熟的云技术发展城市云、公益云。此外，一些应用化的研究，比如分析与服务，也是这一层面上的研究方向。中国研究院现有科研人员近五十人，多数拥有博士及以上学历。

EMC 中国卓越研发集团是 EMC 在全球发展最快、最有激情和活力的人才团队之一，正在成为全球的创新源泉。EMC 成立中国研究院，一是因为可以更好地聆听这一市场的需求，为以中国为代表的新兴市场服务；二是因为看好中国的智力资源，EMC CTO 技术办公室里 40%~50% 的员工是中国员工，在员工总数中占非常高的比例。EMC 中国团队自成立以来不断为 EMC 全球研发项目作出非常有价值的贡献，不仅在规模上稳健成长，而且越来越多地参与主导核心产品技术的创新，在中美专利申请、创立新产品、开拓新兴市场及与业界联盟密切合作等方面成果显著，这才使得 EMC 不断加大对中国的研发投资。中国政府的政策优惠也是因素之一，但这主要体现在小公司，对大公司的决策影响较小。过去还考虑成本，但现在在中国的公司结构里，二级以上的有经验、英文好、专业好的研发管理经理很稀缺，因此成本已经不是考虑的重要因素。再者，IT 行业现在的两个方向，云计算和大数据的一个重要特点就是规模大，这也是中国的独特之处。

10.2 战略定位和创新体系

作为 EMC 在全球的首个 COE，EMC 中国卓越研发集团在更多关注应用型研究，只有 1% 的资源用于超前的、预言性的基础研究，因为 EMC 本身并不是纯研究型公司。在产品开发方面，由于中国的市场份额还不是很大，且 EMC 的产品主要针对企业，没有太多中国企业特定需要的产品，因此 EMC 中国研究院有 99% 的产品是针对全球市场，只有很少一部分专门针对中国市场，产品范围主要涉及具有战略关键性的研究领域，比如云

第 10 章　EMC（易安信）中国研发中心

计算、大数据分析以及如何将云计算、大数据分析两者结合起来等。基础研究则主要针对具体的科学问题而不是某个市场。如今，EMC 中国研究院已越来越意识到本地化研发的重要性。因此，未来在研发方面会有一些偏向针对中国国情的研究，包括会投入更多精力来进行与中国市场相关的专门技术的开发。EMC 在国内要做到的变革是：从创新在中国到为中国创新。EMC 认为，中国研发集团处于快速成长期，预计三年之内会翻倍，而 EMC 中国研究院的增长速度应该比中国研发集团本身还要快。

EMC 总部在美国，在全球十个国家有研发中心，分别为巴西、中国、法国、印度、爱尔兰、以色列、荷兰、俄罗斯、新加坡和美国，各研发中心在地位上是平等的，按照产品系列而不是地域来划分各研发中心的职能，如中国研发中心主要针对某些类别的产品。EMC 认为所有跨国公司的研究院都要经历这样一个过程，开始都没有自己的研究方向和领域，而是给美国或其他国家的团队打工，慢慢熟悉了体系，开始做一个大项目中的相对容易的小项目，进而承担大的核心项目。这一方面是基础知识和技能积累的过程，另一方面也是走一步看一步的过程，看你是不是有能力做这件事。现在 EMC 在中国的研发中心大概有 2000 人的规模，有的团队承担整个产品的研发，有些团队则刚刚开始某些产品的研发，每个团队的状态都不一样。

最近几年，EMC 不仅在硬件方面做到数一数二，在软件、服务、方案等方面也是捷报频传。例如，EMC 中国卓越研发集团参与了从高端 Symmetrix 存储系列到 Celerra、CLARiiON 中端存储的研发，如 EMC CLARiiON CX4 中端存储系统的许多重要功能就是由 EMC 中国卓越研发集团开发出来的，包括虚拟资源调配功能、对 IPv6 的支持等；在存储产品的研发方面，EMC 中国卓越研发集团创造了多个第一：EMC 首款消费类存储产品——EMC 存储宝箱就诞生在中国，EMC 中国的研发人员都亲切地称它为"亲生儿子"；2008 年年底，EMC 首个云存储产品 EMC Atmos 的推出与 EMC 中国研发团队的工作也密不可分。外界普遍认为，EMC 在近两年来发布的这些新产品，将会逐步替代旧有产品，承载起未来 EMC 的营收重任。另外，中国卓越集团还肩负着云计算、道里可信基础架构以及语义搜索等方面的基础研究工作。可以说中国卓越研发集团在 EMC 云计算战略中扮演着举足轻重的角色，是 EMC 在美国总部以外的第一个云计算研发基地，EMC 云产品研发部门的工程师也有一半以上在中国。

  EMC 在中国已经形成一套完整的创新架构体系。这种创新一方面体现在组织结构上，EMC 中国研究院将原 EMC 中国实验室和 EMC 首席技术官办公室技术创投组等组织整合，形成更大的规模。另一方面，从工作职责范围来讲，EMC 中国研究院也比以前扩展了更多。除了组织研究和高级技术开发之外，EMC 中国研究院还做了一个比较重要的工作——加入标准化组织。作为跨国公司，EMC 逐渐意识到，需要在国内加入中国的因素，比如云计算方面的内容。因此，加入了标准化组织。EMC 中国研究院另外一个新的职责范围，就是在本地市场上寻找适合 EMC 的新技术、新产品，包括跟销售团队合作，将 EMC 的新技术同中国市场和国内的特定需求更好地结合起来。例如在中国国内的云计算建设方面，企业需要同各级政府部门进行很多合作，无论是省一级，还是市一级。因此 EMC 会通过中国研究院，进一步加强 EMC 技术和中国市场的结合。除此之外，EMC 中国研究院还有一些其他的职责范围，比如知识产权管理，考虑怎么能够在中国更好地为 EMC 创造更多的知识产权等。

10.3 决策机制

EMC 建立的卓越研发中心（Centers of Excellence，COE）模式就是让全球十个 COE 都有设计自由，鼓励 COE 从全球拉创业性资源完成他们的工作。EMC 院士和杰出工程师全年满世界跑，给各个 COE 提供资源。

EMC 目前主要做针对全球的产品，所有中国员工有了想法跟美国员工有了想法走的都是同样的流程。对产品开发来讲一般都有产品路线图，今后的两年这些产品线会做哪些产品，在定义这个产品的时候基本就看三件事：一是市场，通过现在的市场状况预测未来的市场状况；二是技术的预测；三是竞争。你不是一个人在做这件事，根据这三个大方向 EMC 会对未来一到两年的产品做一个规划，这个规划是自上而下的，因为每个员工个体看到的情况都存在片面性，公司有产品部门和产品经理在做这件事。预言性基础研究多数是自下而上的，少数是自上而下的，因为这是方向性的东西，比如大数据，这是个方向，但可研究的东西很多，所有的想法都要筛选，第一个标准是符合公司战略，第二个标准就是技术的可行性，第三个标准就是未来的实用性。

可以说，EMC 在中国的研发活动正在经历一个变革。过去，全球所有 COE 的关注点都是在产品开发上面，现在中国北京研发团队的使命就是将产品、技术等方面的开发与各个不同产品线进行整合，从而打破单个产品的界限，让产品之间相互补充。这是一个特殊的"中国模式"。EMC 正在将中国 COE 的开发模式复制到 EMC 在全球的所有 COE 中去。2005～2014 年，EMC 用于研发的投入累计达到 207 亿美元，EMC 同期投资了 160 亿美元进行收购，集成了超过 75 家技术公司。2012 年，EMC 财年综合收入达到创纪录的 217 亿美元，其中 13%～14% 来自亚洲地区，并且有 12% 用于研发，这一比例数据甚至比业内的平均水平还要高出一倍，而中国市场是全亚太市场增长最快的。目前，EMC 在全球有 3 万名研发人员，其中中国有 2000 多名，有 10～11 个产品线，这些产品线大多是由中国与其他国家合作完成。可以说，中国已成为 EMC 全球战略中至关重要的一部分。

10.4 人力资源管理与企业文化

EMC 选择最具创新精神的人才。企业文化是创新机制中非常重要的一点，EMC 通过企业文化的构建使员工对企业形成了良好的认同感，员工养成主动思考的习惯，愿意牺牲额外的时间和精力想出跟原来不一样且与企业目标相一致的点子，从而

第 10 章 EMC（易安信）中国研发中心

成为真正的创新者。EMC 中国卓越研发集团从成立的第一天开始，就把文化放在了最重要的位置。其文化叫作 Pt = I2R，这些元素即热情（Passion）、团队（Team）、正直（Integrity）、创新（Innovation）、结果（Result）。这是 EMC 中国卓越研发集团第一批 50 名员工一起讨论出来的。这 50 名精英，当时花了整整一天时间，把大家集中起来分小组讨论，请大家列举过去工作过的单位有哪些内容最吸引人，最后综合大家的投票，选出了这 5 个特质，应该说这是 EMC 中国研发中心的成长基石。后来在招聘员工、培养员工和各种培训以及奖励和激励机制中，公司都是根据这 5 个方面来做进一步衡量和评价。比如 EMC 在招聘时，除了专门的知识技能考量外，每个面试官在面试后都要针对面试状况给出符合公司文化的具体事例，在最后的筛选讨论中，这是一项很重要的标准。

EMC 中国卓越研发集团的很多人才来自中国的高校。EMC 很早就开始与中国的高校合作，推广 EMC 学院计划，并在高校中开设《信息基础架构技术》选修课程。EMC 中国研发中心每年都会在中国高校举行大规模的校园招聘活动，即使在全球金融危机爆发的时候，校园招聘活动也没有中断。在面试过程中，EMC 会准备很多开放性问题，以体现候选者的创造性思维能力和沟通表达能力。EMC 认为创新的重点并不仅仅是技术上的突破有多大，而是要能够改变做事的方式，并通过这样的方式给团队带来更多的竞争力。比如在 2007 年校园招聘工作会议上，一位人力资源部的员工提出可以借鉴社区的操作模式，引入相互推荐的机制，同时这种推荐和现在的内部推荐不相冲突，经过逐步完善，一个"校园三人行"的计划很快出台了。"校园三人行"计划是指毕业生在向 EMC 投递简历的同时，需要推荐两到三名他认为优秀的人才，甚至要比候选者自己更优秀。EMC 的招聘主要集中在清华、复旦等一流院校，所以在这种院校相对集中的情况下，很容易衡量大家的推荐人选，如果有十几位同学都在推荐一个人，就说明这个人一定比较优秀，公司就会对这位同学予以更多关注。更多关注意味着要花费更多精力，开辟另外的招聘渠道，让他能够更快速地进入到自己的招聘名单中。对于推荐的同学，公司也会根据推荐人的状况予以不同奖励。这就在很大程度上提高了招聘的效率和精准度。

除公司文化外，公司还建立了良好的交流氛围，当一个想法出来的时候，总要去面对甚至挑战现在的做事方法，很多人在这种时候容易本能地进行回避。原来的做法很好，为什么要改用新的？所以不论哪个层级的员工，给大家一个交流的平台非常关键，平等交流才能给点子生存的空间。另外要有浓厚的学术和技术交流氛围，只有为现有的学科带来一些新鲜空气，产生不同的想法和思路，才更容易生成创新点子。在公司中，即使非常资深的专家也会在很多场合仔细聆听毕业生的想法，和他们分享交流，这些为各自的创新打下了很好的基础。EMC 将文化比喻成温度，自由平等的交流平台是土壤，学术交流是雨水，这三项相加就为创新的种子提供了最佳的生存环境。

EMC 研发中心团队的平均年龄非常年轻，只有 30 岁，年轻意味着激情，也意味着创新，所以管理这些年轻人要满足 EMC 创新机制中非常重要的一点即平等。这种平等自由的交流对于那些跟着计算机长大的一代是非常重要的工作氛围。另外因为他们的国际化视野，使他们有机会站在技术前沿，因此要给员工合适的项目让其快速成长，而不能按照传统的奖励机制和人才考评机制。在美国，从一个工程师升任为资深工程师可能需要四五年时间，但是在中国团队这只需要一两年。在公司云存储项目的团队中，一些2007年毕业的学生很快就已经做到了项目领导人的位置，所以年龄不能成为对团队贡献度大小的指标。

另外，在人员结构上，多元化一直是一个非常重要的特点。公司里有纯粹的海归，也有在美国长大或非洲工作过的，甚至很多人自己都不知道自己属于哪种类型，而且这种情况不仅仅出现在领导团队，在各级研发团队中都有这样的特点，这种多元文化会非常有利于创新点子的提出。还有一个多元化是男女的比例，实际上，EMC有很多优秀的女工程师，公司还成立了女子俱乐部，她们可以在一起探讨自己的职业发展。

10.5　与本地业务部门的合作

EMC长期投身社会公益事业，EMC及其员工在教育领域与中国当地社区开展了密切的合作。EMC致力于继续培养未来人才，并与中国22所大学签署了EMC学院联盟合作计划，合作内容包括课程建设、研究和项目投资等。EMC中国研究院已与清华大学、复旦大学、中国人民大学等相关科研机构深入合作，以推动大数据、云基础架构、云平台与应用三方面的研究工作，还聘请了合作高校的教授和专家组成教授专家团，对EMC中国研究院的前沿研究工作提供指导和帮助。

EMC中国研究院还积极参与行业标准化组织，推动相关行业标准化的进程，积极参与存储、云计算相关行业标准的制定和推广。

在与企业的合作方面，2008年3月，EMC宣布与神州数码成立合资公司；2010年7月，又与富通科技建立战略合作伙伴关系，向富通科技的子公司北京易通东方计算机系统服务有限公司注资，加强其在虚拟化和私有云方面的能力。

未来，EMC中国研究院将进一步扩大合作的范围，与更多的大学、研究机构和本地业务部门开展协作。

第 11 章 惠普（HP）在中国的升级与创新[①]

11.1 背景

IT是最近几十年发展变化最快的产业。20世纪60年代开始发展起来的大型主机年代，它的诞生开创了一个IT的新时代；20世纪90年代开启了客户端/服务器时代，客户端/服务器架构模式通过不同的路径应用于很多不同类型的APP应用程序，其最常见访问比如数据库访问、比如在因特网上用的网页；21世纪第一个10年进入了互联网时代，互联网时代是指在计算机和网路通信技术相互结合基础上构建的宽带、高速、综合、广域型数字化电信网络的时代。

2010年以来则进入了一个"互联网＋"、大数据和云计算时代。"互联网＋"是创新2.0下的互联网发展的新业态，是知识社会创新2.0推动下的互联网形态演进及其催生的经济社会

---

① 本章基于中国科学院大学经济管理学院孙福生MBA硕士论文（2016）改写而成。

发展新形态。"互联网+"是互联网思维的进一步实践成果，推动经济形态不断地发生演变，从而带动社会经济实体的生命力，为改革、创新、发展提供广阔的网络平台。它代表一种新的社会形态，即充分发挥互联网在社会资源配置中的优化和集成作用，将互联网的创新成果深度融合于经济与社会各域之中，提升全社会的创新力和生产力，形成更广泛的以互联网为基础设施和实现工具的经济发展新形态。

在这样的背景下，有学者将 IT 企业分为两大类：一类是传统的 IT 企业，是"互联网+"诞生之前就存在的企业，即 20 世纪 90 年代以前就存在的企业。另一类进入 21 世纪后才发扬光大的企业。是以"互联网+大数据+智能"等技术为核心的企业。传统 IT 企业能否拥抱"互联网+"是他们能否升级，实现可持续发展的一个挑战。另一个挑战是，传统的跨国公司 IT 企业在中国正在面临越来越多的中国企业的挑战，这些企业需要解决能否在中国企业挑战面前实现转型升级。HP 公司是很早进入中国市场的公司，也曾经是世界 IT 界的巨无霸。但近几年，遇到了内部和外部的多重挑战。如今，HP 在中国已经实现了升级与重生。

11.2 国际 IT 公司在中国的战略转型

11.2.1 跨国 IT 公司在华的发展阶段与战略转型

在过去的近三十年间，IT 外企在华可以分为三个阶段。

第 11 章　惠普（HP）在中国的升级与创新

（1）第一个阶段：进入期，成立合资公司。

IT 外资企业早期进入中国市场的时候，既受到市场经验的制约，又受到政策的限制，所建立的企业组织以合资形式为主。正如惠普公司初始进入国内成立合资公司一样，大多的外资 IT 企业都是通过成立公司进入中国，例如 IBM，在 20 世纪 90 年代初期进入中国成立合资生产厂。1992 年，IBM 正式进入中国，并启动了"发展中国"的大战略，协助中国全面开放。与此同时，在中国改革开放的春风下，思科（思科系统公司，Cisco）等高新 IT 外资企业也如雨后春笋般的在华设立办事处及分支机构。在这一阶段，外资 IT 企业协助中国发展、发展中国经济、共同助力中国建设与开放。

（2）第二阶段：高速发展成长期，增强在华投资企业的控制力。

随着中国经济进入高速增长时期，伴随着各行各业的高速发展，信息化建设变得尤为重要，而此时国内的 IT 企业还处于萌芽阶段，这就造就了 IT 外资企业在华的一个高速发展成长期。在 IT 外资企业在华的一个高速发展成长期之外，IT 外企也普遍通过企业组织独资化、企业控股、购买国有股等开始增强在华投资企业的控制力。据官方统计资料显示，1997 年中国新批外商独资企业项目 9602 个，超过合资项目 501 个。随着中国外资政策的不断开放，尤其是 2001 年中国加入 WTO，非常多的外企陆续把各自的总部，如大中华区总部、亚太总部、甚至全球总部搬迁到了中国，IT 外资企业对华投资方式开始出现独资化趋势，伴随着国家成长，也开始了长达十几年的 IT 外资企业在华的高速发展成长期。

（3）第三阶段：业绩下滑期，阵痛战略转型。

2010年以来，随着云计算、分布式等创新技术的冲击，无论是IBM、惠普还是其他传统IT厂商，都面临着不小的挑战。传统IT厂商开始战略转型云计算或服务提供商，而且战略转型的阵痛持久存在。其中最具典型意义的转型就是IBM将笔记本、X86服务器业务卖给中国企业联想。IBM在服务器市场低迷的前夕，成功地以高价将利润每况愈下的笔记本、X86服务器业务卖出完成战略转型。

近几年随着政府信息化安全、"互联网+"、自主可控等概念的提出，国内信息化市场发生了翻天覆地的变化，从"银监发〔2014〕39号文件"中可以看到中国企业清醒地意识到实现自主可控的愿景。在非常多的信息化采购项目中，"国产品牌"已经成为必要条件。IT外企在华的业绩受到挑战，业绩每况愈下。品牌优势不再与业绩下滑，导致IT外企要么撤离中国，要么寻求在华的创新战略转型。思科和浪潮成立合资公司思浪，惠普和紫光合作成立合资公司"新华三集团"。通过成立合资公司以便获得"国产品牌"资格成为外企在华的一种战略转型趋势。

11.2.2 战略选择

随着近年国内市场进入新的发展阶段，传统IT企业在华的策略和规则正在变得更加特殊和复杂。在IT企业中，无论是IBM、思科还是惠普，所有这些希望继续获得中国生意的跨国IT

第 11 章 惠普（HP）在中国的升级与创新

企业，都在为"重建与中国市场相互信任的伙伴关系"而高速进行战略转型。转型的方式主要有以下几种。

（1）OEM（Original Equipment Manufacturing）授权贴牌战略。

什么是 OEM？OEM 是原厂规范化代工策略。例如 2013 年 EMC 和联想达成全球存储 OEM 战略，并推出联合品牌 Lenovo | EMC，EMC 的主流产品通过 OEM 方式来做，实现"国产化"。随着 IT 外企纷纷将生产线搬到中国，OEM 授权贴牌生产方式大步迈进国门，比比皆是。OEM 授权贴牌可以帮助国产 IT 厂商迅速突破国外技术壁垒，同时国外 IT 企业也可以获得"国产品牌"的支持，是一个快速解决"国产化"采购需求的最简便的解决方案。但是目前多数 IT 外企代工并不符合原始 OEM 概念，缺乏强制力和规范使得代工厂的质量和成本存在相当大的问题。

（2）知识产权授权技术的联盟。

以 IBM 为代表的 IT 外企，希望通过相对简单的知识产权授权技术联盟的方式研发符合本地需求的产品和品牌。根据 IBM 和国内华胜天成公司的公开合作协议，华胜天成将联合相关合作方成立一家专门负责消化和吸收 IBM 相关知识产权授权技术的公司，并以此公司为核心，研发符合本地需求的高端服务器产品，实现国产化研发，并达成国产高端计算系统的自主、安全、可控的目标，最终以此为基础实现"国产化"战略。

（3）投资模式。

Intel 向紫光旗下持有展讯通信和锐迪科微电子的控股公司投资 90 亿元，并获得 20% 的股权。合作后，紫光可以得到 Intel

相关技术的授权,在未来构架选择、通信产品、芯片技术、工艺开发等多领域能够得到 Intel 强有力的资源支持;而 Intel 则可以借助展讯和锐迪科,推广其 Atom 处理器内核,推动其基于 Intel 构架移动设备的产品开发和应用,进而实现在移动产品领域与 ARM 的竞争。

(4) 新合资企业。

表 11-1 从传统 IT 外企适应"国产化"品牌、生产、研发、知识产权、持续创新、本土企业文化、企业业绩、企业生命周期等几个方面对传统 IT 外企在华转型的几种方式进行了一个简单的比较。

表 11-1 传统 IT 外企在华转型方式比较

	OEM 授权贴牌	知识产权授权技术的联盟	投资模式	新合资企业
国产品牌	Y		Y	Y
国内生产			Y	Y
国内研发		Y	Y	Y
自主知识产权		Y	Y	Y
自主持续创新		Y	Y	Y
本土企业文化				Y
业绩保障	Y			Y
企业生命周期				Y

表 11-1 中,"Y"表示可以解决的"国产化",空着为不能解决"国产化"的问题。不难看出,对于传统 IT 外企在华发展来说,以惠普、思科为代表的新合资企业的战略转型是目前有可能解决"国产化"和适应国内"国产化"要求的最佳解决方案。

因此，本章将以惠普公司在华的新合资企业为案例，来探索传统 IT 外企在华适应"国产化"战略转型有哪些重要因素。

11.2.3　传统 IT 外企在华适应"国产化"战略转型的模式

企业在经营和发展的过程中，需要伴随企业外部环境的变化而动态地做出相应的战略变革。企业必须依据企业的组织愿景、企业文化、内部资源及外部市场环境等条件，适时地实施战略转型，以保证企业的持续成长。随着全球化经济趋势的快速发展，传统 IT 企业作为影响全球经济发展的重要力量，产生了巨大的政治经济效应。采用怎样的战略进入国内市场并赚取高额的利润，这已成为传统 IT 外企必须面临的一个重要决策。

通过对企业战略转型的本质和目的的分析、影响企业战略转型因素的探讨和对传统 IT 外企在华战略转型的 PEST 模型对宏观环境的分析，结合"互联网＋"等互联网时代的特点，我们认为对传统 IT 外企在华适应"国产化"战略转型应该主要从以下几个方面考虑。

（1）政策环境。

中国是一个很有自己特色的国家。人口众多、幅员辽阔，是一个潜在的巨大消费市场。中国有着几千年的文明史，文化上有几千年历史的积淀，在经济、法律、金融等方面和西方国家存在着较大的差异性和不完善性。因此对于任何在华发展的外企来说，虚心了解中国、更新思想，是非常重要的。

(2) 品牌策略。

企业的品牌战略是指企业的一切品牌经营行为需要以满足市场的需求为出发点,既可以满足用户对品牌品质的需求又可以满足政府对国产品牌的要求,从而实现企业利润的最大化。商品元素是随着市场波动而不断变化的,因此商品本身就具有很大的差异性。品牌源于消费者的核心诉求,要定位核心消费者群。

在互联网浪潮下,基于互联网思维的创新模式将以互联网的移动化、碎片化和个性化的特点为基础,在技术、品牌和市场等方面实现创新,其中品牌创新是指开辟新品类、精准细分人群、植入新的认识等。企业可以利用单一商品相对于其他产品的差异性或多个商品组合相对于单一商品所造成的差异性来吸引消费者并满足消费者的客观需求,这是企业对于消费者能够提供的价值所在。同时在进行产品和品牌建设时必须要建立适应互联网思维的快速反应链条机制,将前端的消费者反馈及时有效地传递到后端管理层。

政治会对企业生产、销售等其他与企业有关的行为产生非常重大的影响力。一个国家的政策导向、方针政策、法律法规等因素常常制约、影响着企业的经营。在我国现有的国家政策导向上,在国内信息安全市场,国外品牌和本土品牌的市场份额比仅为6:4,其中从里到外"根正苗红"的纯本土品牌则更少。这标示着我国的本土信息安全产业还有很长的路要走。因此在现阶段从品牌管理方面来看,传统IT外企在华采用多品牌策略更有利于其在国内取得更好的业绩,同时其又可以通过合资、OEM 等方式实现本土品牌战略，进一步占领市场先机。

（3）企业组织结构。

进入 20 世纪 70 年代，企业的内外部环境发生了一系列日新月异的变化。大规模生产模式的优势日益受到相对市场饱和的挑战，需求日趋多样化和个性化，规模型生产转向订制式生产。同时，随着信息化技术的高速发展，随之而来的企业组织结构也受到了巨大的影响并发生着巨大的转变。直线式的、职能式的组织结构慢慢地基本消失了，直线职能式组织结构也不能适应信息化技术的需要，事业部式、矩阵式和多维立体式组织结构慢慢成为主流的组织结构。当然事业部式、矩阵式和多维立体式组织结构并不是组织结构变革的最终方向。

在新的互联网时代条件下，在传统企业中较为流行的组织结构受到了严峻挑战，传统企业组织结构变革呈现出非层级制趋势：一是由纵向科层结构向横向扁平结构转变；二是组织状态由刚性向柔性转变；三是组织边界由清晰向模糊化转变；四是组织由非人格化向人性化转变。

（4）细分客户服务。

客户服务是指提供产品和服务以满足客户需要，通过在企业和客户之间建立、维系并提升良好的关系，培养忠实客户群体，达到客户价值和企业利润的最大化。通过客户服务的差异性可以增强企业竞争优势，有效地增加企业向新老客户实现成功销售的概率。客户服务肩负着了解客户、让客户满意、为决策者提供依据的多元化使命，是企业营销团队中不可替代的核心组织角色。

工业时代以大规模生产、销售、传播为标志，企业和商家向消费者倾销产品和服务，并根据市场的反馈进行调整，调整周期相对缓慢。传统型企业都设有客户服务部门，传统客户服务会通过培训教会员工一套复杂的标准答案，因此传统型企业只能做场景化的客户服务。由于传统型企业提供的服务太少或相对单一，同时对于服务质量没有良好的监控和反馈机制，因此无法满足消费者日益增长的实际需求，也无法将消费者的消费意向反馈到生产端或决策层，导致很多传统型企业陷入企业经营与客户需求脱节的恶性循环中。工业时代价值链和互联网时代的"价值环"有明显区别，一个最直观的印象就是，在互联网时代战略是紧紧围绕着客户或用户的，如图 11-1 所示。

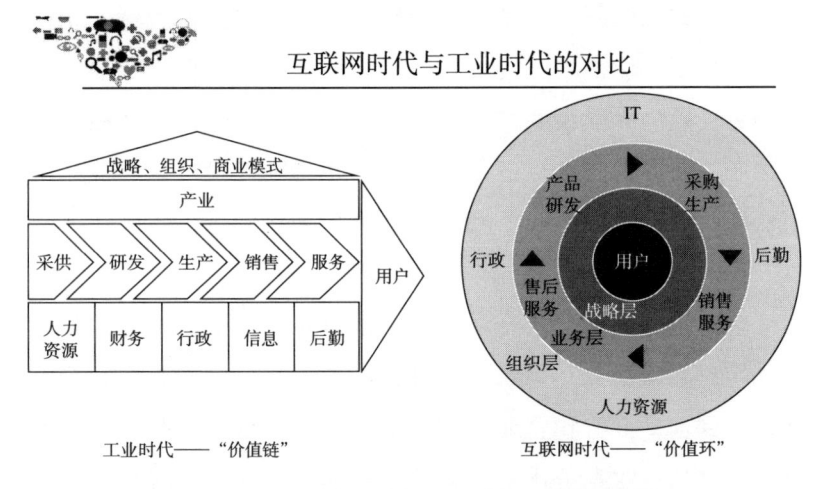

图 11-1 互联网时代与工业时代用户服务对比

传统型企业应该认识到可以通过增加和消费者的互动交流来进行品牌的扩展，从而提升企业的服务价值，有效降低成本，增加产品或服务的销售量。在新的商务模式中，客户服务除了传统意义上的内容，会更加注重客户的消费体验。消费体验是指消费者在使用从产品或销售服务时体验到的感觉和认识，消费体验侧重于因为体验才形成消费，帮助消费者可以真实了解到产品的信息和问题，确认可以在购买后满足自身的需要。在客户进行体验式的消费时，企业要以消费者利益作为出发点，不仅强调传统型企业所擅长的售后客户体验，还要在售前增加消费体验的环节，将客户体验贯穿消费者的整个购买过程，给消费者带来精神上的满足感。消费体验往往已成为消费者做出购买决策的重要依据，因此消费体验是所有商务成功的基础，是客户回头率的单一决定因素，也是能否战胜对手的决定因素。消费体验造就了传统型企业转型时的差异化优势。

（5）营销模式变革。

传统型企业在应用市场营销细分理论时将客户按照社会属性进行分类，但无法通过传统的市场调查和分析方法定位每个消费者的需求和感知。传统销售方式属于弱用户关系，当消费行为发生后，企业和消费者之间的关系被弱化，部分企业认为售后工作主要是处理消费者投诉、解决纠纷和危机公关等工作。同时传统型企业虽然根据市场的需求构建了 CRM 系统（客户关系管理），但主要的目的是让企业收集用户信息，便于继续进行管理，并没有对数据进行有效的分析。

在互联网和大数据时代，企业战略从业务驱动转向数据驱动，企业可以收集每个消费者在全渠道的数据碎片，将多种社会化营销活动进行连接，通过汇总形成每个消费者完整的全渠道信息图。通过对用户进行持续的数据跟踪和深入的数据挖掘，企业可以接近并了解真正的目标受众，发现潜在用户，为精准营销创造数据基础。菲利普·科特勒和凯文·莱恩·凯勒（2012）在《营销管理》一书中指出，互联网互动营销可以很好地吸引消费者，准确地反映消费者的独特兴趣和消费行为，使营销效果具有很好的可测量性。

（6）技术产品创新。

人类在过去几百年间创造的财富与积累的知识，超过了此前几千年的总量。究其原因，是自由市场的市场经济制度孕育了创新的环境。

创新对于企业的生存发展如此重要，以至于每一家公司都不得不投入大量的财务资源和人力资源，系统性地进行创新，但由于创新的实质是个人的自由发挥，所以，用系统的方式来推进创新就等于窒息了创新，这就是创新的"熊彼特悖论"：大公司是创新的坟墓。如果由公司的战略规划部定出次年的创新计划，给出次年的研发预算，再给出相应的 KPI，就不会有创新了。创新既要有抽象的想象力，又要有现实场景的想象力。前者用逻辑、推理支撑，后者能拟画出不同于现有事实的生动场景。抽象的逻辑思维似乎和想象力是相互矛盾的，其实不然。因为只有搭建起逻辑的框架，才可能推演从而超越经验和现状。

大公司之所以还能够保持创新的活力，是因为在创新的方法上进行了创新。力图既能避免大公司臃肿、行动不便，又能集中使用大公司雄厚的人力、财力来保持创新。

11.3 惠普公司的战略转型

11.3.1 惠普公司介绍

1939年，在美国加州帕洛阿尔托（Palo Alto）市爱迪生大街367号的一间狭窄车库里，两位年轻的发明家比尔·休利特（Bill Hewlett）和戴维·帕卡德（David Packard），怀着对未来技术发展的美好憧憬和发明创造的激情，开始了硅谷的创新之路。

惠普是硅谷的发源地。音频振荡器（HP 200B）是惠普公司第一项产品，虽然首年收入为5369美元，利润仅1563美元，但企业已稳定起步，从此以后，惠普每年都在盈利，从未亏损，可谓企业界的奇迹。在2006财年，惠普净营业收入为917亿美元，超过了IBM成为全球最大的科技企业，同年惠普从戴尔手中夺回全球PC市场销售第一的位置。2007财年，惠普净营业收入首次突破1000亿美元大关，达到1043亿美元。至今，惠普产品线横亘数字产品领域、云计算领域、打印及成像领域和IT服务领域等，并在UNIX服务器、Linux服务器、Windows服务器、磁盘存储系统、存储局域网系统（SAN）、外部RAID存储系统、工作站、台式机、笔记本电脑、手持设备、喷墨打印机、激光打印机等多个子市场领域占据领先地位。

惠普硅谷车库的共同创业模式，以及独具一格的"惠普之道"管理模式，成为后来成就硅谷高科技产业辉煌的精神核心。1987年，这间车库被官方正式评定为加利福尼亚州发展史上里程碑式的建筑物,成了知名的"硅谷诞生地"。

几十年来,惠普从未停止过创新和变革的步伐。这种精神使惠普从一家年收入仅 4000 美元的公司,发展成为今天在全球拥有 30.6 万名员工、14.5 万家销售伙伴、7 万家服务伙伴、8.8 万个零售点、分支机构遍及 170 多个国家和地区的信息产业巨擎。惠普的创新精神激发了千千万万硅谷人的创业激情。截至 2015 年 10 月 31 日的 2015 财年,惠普的营业额达 1033 亿美元。在 2015 年财富 500 强排名中,惠普名列全球财富 500 强第 48 位。

如今的惠普,作为全球最大的 IT 公司之一,其产品涵盖了打印成像、个人计算、软件、服务和 IT 基础设施等领域,并始终致力于为个人用户、中小企业、大型企业和研究机构等各类客户提供便捷易用的科技体验。目前全世界有超过十亿人正在使用惠普技术,客户遍及电信、金融、政府、交通、运输、能源、航天、电子、制造和教育等各个行业。

作为美国硅谷的旗帜性 IT 企业——惠普公司,其传奇的历史发展轨迹,始终在 IT 行业中占据非常重要地位。而在近十年来其命运多舛的近况,一直是战略理论研究者和行业内研究的经典案例。

从企业发展历史我们可以看出,现在的惠普跟创业初相比,无论在产品、组织、人员方面都发生了极大的转变。随着 IT 行业的巨大发展变化,惠普战略转型的速度在业内可谓是领先的,其对于其他业内企业具有相当的参考价值。

11.3.2 惠普历次战略转型历史及重要因素分析

作为硅谷的常青树，惠普公司已有接近80年的历史，在这80年的历程中，惠普公司经历了多次的成功战略转型，可以说惠普在战略转型方面是非常擅长的。惠普公司历史上多次成功战略转型，包括从最早的科学工具到创新科学计算器，再到业界第一台个人电脑和打印机，还有企业数据中心设备。惠普公司在技术产品研发领域中掌控了足够的支出平衡能力，在推出新产品的同时又能利用老产品赚取大量收入。在这些战略转型的节点上，惠普一次次成功转型，而多次成功战略转型的重要支撑就是闻名于世的"惠普之道"。惠普公司创始人戴维·帕卡得（David Packard）所著的《惠普之道（The HP Way）》一书中介绍到，惠普之道包含的五条核心价值观是：第一，战略不冒进，依靠利润进行发展；第二，致力于创新；第三，市场需求导向，倾听顾客的意见；第四，对人的信任，而非个人力量；第五，为适应市场变化的需要进行组织的扩展与管理。可以说惠普公司能够完成一次次成功的战略转型，战略、财务、创新、市场化、人力资源这五个层面的因素是重点。

惠普公司的战略转型主要有以下几个时期。

（1）第一时期，技术创新引导战略转型。

惠普公司最早在一间车库创建，这也是现在流传于世的"车库文化"。在20世纪，惠普公司进行了多次成功战略转型，这几次战略转型伴随着的都是技术的创新，从开发科学工具到科学计算器，再到业界第一台个人电脑和打印机，还有企业数据中心设备。两位创始人威廉·休利特与戴维·帕卡德都是对技术狂热的人，在技术层面信奉的是开拓创新，创新、创新、再创新是"车库文化"的宗旨。同时，在"以员工为本"的"惠普之道"企业文化感召下，惠普公司在这个时期的 60 多年中一直呈现出勃勃生机、强劲的战略规划能力与企业生命力。

在这一时期还有值得称道的是，惠普公司仅有三任 CEO （1939~1977 年，戴维·帕卡德·威廉·休利特；1977~1992 年约翰·扬；1992~1999 年路·普莱特），始终稳定的公司管理层且与董事会的战略导向始终一致，这对惠普公司快速、持续的高速发展起到了至关重要的作用。

（2）第二时期，科技走向大众，引导转型。

在这一时期，惠普计划从竞争白热化的 IT 市场中走出一条创新之路，让科技真正走进中小企业市场、走向大众市场。惠普公司这一时期的战略转型的宗旨是：以"高科技、低价格、最佳的客户体验"为战略目标，以客户导向为企业中心的经营生产理念。

这一时期的战略转型可以说是成功和失败并存的一个时期。成功是指，作为一家 IT 公司，惠普公司在 2007 年超越 IBM 成为全球最大的 IT 公司，并将这一成绩持续了相当长的一段时间。失败是指，恰恰是这一时期惠普公司的成功，导致惠普公司丧失了引以为傲的"惠普之道"。

在这一时期的战略转型有以下几个非常重要的事件。

① 惠普公司剥离了明星业务——电子测试测量业务。当时这个业务在电子测试测量行业内处于绝对领先的地位，也就是

现在的安捷伦公司。剥离电子测试测量业务使得惠普公司业务统一为IT产品，这代表了惠普公司战略转型的决心。

② 营销出身的CEO菲奥莉娜完成惠普公司并购全球第三大IT公司康柏。全球第二大和第三大的IT公司合并，这在IT行业的历史上是一个史诗级的事件。通过并购，这一时期惠普公司的战略定位是数码影像、打印机、服务器、存储产品、笔记本电脑、台式机电脑、IT服务、咨询等技术解决方案提供商。在并购完成之后不久，惠普公司成功地成为全球最大的IT公司。但这一时期也为后一时期战略转型留下了重要隐患。这主要体现为：管理层的理念和董事会不再统一；"惠普之道"的企业文化在并购后被冲淡，变成追求规模追求高速扩张；人员及组织高度臃肿，全球快速扩张30万人，人力支持庞大；更为重要的是由于并购后的销售渠道、客户群高度重合，导致渠道整合缓慢，大量的销售渠道和客户流失。

(3) 第三时期，战略犹疑时期。

这一时期惠普公司的战略转型在今天看来是彻底失败的。21世纪进入互联时代，传统型IT企业的战略转型，主要有两种成功模式：一是在消费市场的苹果模式，二是在企业市场的IBM模式。惠普公司在第三个战略转型期中，时而考虑消费市场，时而考虑企业市场。战略犹疑不定，伴随着的仍然是一成不变的"收购"。

在企业市场，2008年惠普公司以创纪录的137亿美元收购IT服务与咨询商EDS，继而成为技术服务领域新生的领导力量，如图11-2。完成了向IT服务的战略转型。惠普公司时任执行副总裁表示:"业务合并后,客户将受益于我们服务宽度和力度的增强,改变他们的技术环境,这是我们为实现'通过实践创新交付有价值的业务成效,从而帮助客户应对挑战'所迈出的重要一步。"三年后,惠普又斥资110亿美元,收购了软件公司Autonomy。试图进入软件领域市场,事实证明这笔交易最终演变为惠普公司和前Autonomy高管之间就欺诈问题展开的诉讼与反诉大战,沦为笑柄。时任惠普公司CEO李艾科,在任不到一年,即被公司辞退。

在移动互联市场,惠普公司用14亿美元收购老牌网络通信厂商3COM,用14亿美元收购智能手机品牌PALM,事实证明这是一次非常失败的收购。同时在云计算市场,用27亿美元收购老牌网络通信厂商3COM,惠普公司实现向云计算、移动互联市场战略转型。

图11-2 HP公司"IT新形态"解决方案

在这一时期,随着个人PC产品技术与制作工艺的升级,虽然利润越来越低,但总体市场呈现快速成长趋势,帮助惠普凭借在数码和打印新产品之前多年积累的创新技术优势,在 2007 年一举超越 IBM,成为历史上第一家营收超过千亿美元的传统 IT 企业。但恰恰是在红海市场上的成功,导致了惠普公司之后的战略犹疑。

在这种战略犹疑下,在个人市场,个人系统集团、成像和打印集团销售量分别同时下滑。发展的重点产品,企业级云计算服务未形成明显优势,而软件服务业务利润虽高,但市场占有率及总体营收未有大的增长。在 2012 年 11 月的《华尔街日报》专栏作家普莱蒂(Poletti)的文章中提出,目前惠普已经濒临绝境。

11.3.3 惠普公司 2015 年通过拆分进行战略转型的意义

2014 年惠普现任 CEO 梅格·惠特曼宣布了拆分计划,并于 2015 年 7 月提交了正式文件。2015 年 10 月 31 日,美国著名高新技术企业惠普公司正式拆分为两家企业,为这个曾经的全球最大个人电脑制造商翻开新篇章。根据拆分方案,原公司将划分为独立上市的"惠普公司"(HP Inc)经营个人电脑和打印机业务,"惠普企业"(Hewlett-Packard Enterprise)专注于数据中心的数据存储、软件和企业服务等。拆分后的两家公司均可以进入财富 500 强企业。用惠普公司 CEO 惠特曼的话说,实现拆分后,两家企业将独立运营,各自将更多精力集中于细分业务,"有更多的灵活性应对不断变化的市场"。美国高德纳咨询公司分析师汤姆·比特曼评价这次分拆说,惠普公司寻求拆分符合眼下做精做细的技术发展趋势,正如多年前市场氛围偏好规模一样。

很久以来,惠普公司一直被视作美国高新技术领域的先锋和硅谷的标志企业,引领 IT 行业市场潮流。但是,近年来惠普公司风光不再,早已被谷歌、苹果等新兴高新技术巨头超越。美国福里斯特研究公司分析师彼得·伯里斯认为,惠普公司先后错失了互联网时代和移动互联网时代的发展机遇,没有根据市场适时调整发展战略,逐渐丧失竞争力。惠普公司明显在走下坡路,这也反映出 IT 行业快速变革的脚步给传统 IT 企业带来的严峻挑战。

惠普实施分拆的主要意义,概括起来主要包括以下几个方面。

(1) 更加专注。

就当前惠普公司的状态而言,只有更加专注才有可能在重要领域胜出。在惠普公司领先的传统打印市场,近年来 3D 打印已经渐渐成为市场的趋势,惠普公司已明显在技术上落后于竞争对手;在 PC 市场,惠普在国内市场已经跌出前三名,联想集团在几年前将第一名的宝座收入囊中。与打印和 PC 业务相比,惠普企业业务成了仅有的遮羞布。惠普公司的软件定义服务器 Moonshot、软件定义存储以及大数据整体解决方案产品在市场上屡获殊荣,获得大量客户的青睐。但仅仅企业业务远不够掩盖惠普公司面临的巨大问题:惠普公司不能专注于任何一个领域,因此不能真正占据行业领导者地位。

(2) 创新研发的投入。

大概从 2003 年开始,惠普公司创新研发的投资下滑严重,整个公司的导向更侧重在收购。仅有的研发投入,被惠普公司多个部门内部之间争抢,有限的研发资金,导致新产品、新技术滞后严重。2015 年惠普的研发资金仅占营收的 3% 左右。这对惠普公司来讲，对产品生命周期管理是非常致命的。

（3）无论"买"还是卖更加容易。

2016 年惠普公司爆出，惠普企业正与私募股权投资公司 Thoma Bravo 就出售惠普公司软件业务部门进行谈判，报价在 80 亿～100 亿美元。此次谈判是惠普企业自惠普公司分离出来后，惠普公司 CEO 惠特曼将战略重点放在网络、服务器、存储、数据中心以及相关技术服务的原因所在。

（4）惠普企业战略重点是网络、服务器、存储、数据中心和私有云。

2016 年 1 月惠普公司正式停止 HPE Helion 公有云服务。惠普公司公有云业务关闭，剩下的也许是更专注于网络、服务器、存储、数据中心和私有云。

本章战略转型案例研究主要集中在惠普公司企业业务上，即惠普企业公司，如图 11-3 所示。

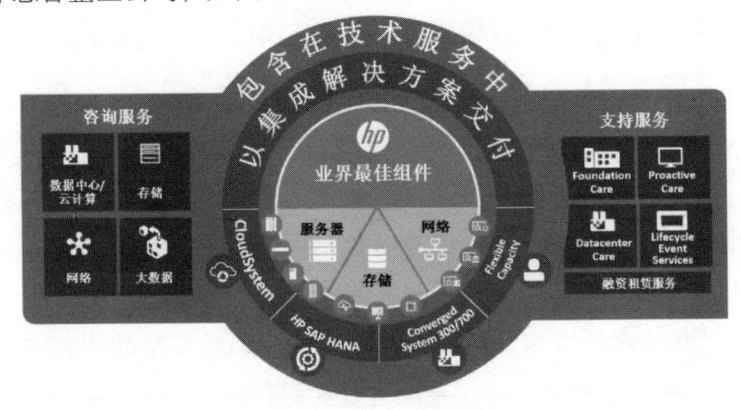

图 11-3 HP 企业集团战略

11.4 惠普在华创新适应性战略转型

11.4.1 惠普在中国

20世纪80年代初期,在高新科技领域,由美国著名政治家、时任美国国务卿基辛格和伟大的邓小平同志共同牵线搭桥奠定合作基础,创建了第一家IT合资企业,这是我国第一家中美合资的高科技企业,它就是中国惠普公司。1982年惠普公司在中国建立第一个技术服务办事处,成为全球第一个在中国提供专业IT服务的厂商,同时它也非常荣幸地创造了高新科技领域企业的荣耀,它是唯一一家以"中国"为公司名称开头的公司,全称"中国惠普有限公司"。由此,惠普公司开创了高新科技领域外资企业在华成立代表处的先河。

中国惠普有限公司成立于1985年,是中国第一家中美合资的高科技企业。在三十几年的发展历程中,中国惠普始终保持业务的高速增长,是惠普全球增长最快的子公司之一。惠普在中国拥有九大区域总部、37个支持服务中心、超过200个金牌服务网点、两家工厂、一个全球软件开发中心、一个信息产品开发中心、一个全球运营中心以及惠普商学院、惠普IT管理学院、惠普软件工程学院和惠普中国实验室。

"热忱对待客户、信任和尊重个人、追求卓越的成就与贡献、注重速度和灵活性、专注有意义的创新、靠团队精神达到共同目标、在经营活动中坚持诚实与正直",著名的"惠普之道"成就了惠普卓越的企业文化，也使惠普赢得了业界的普遍尊敬。从2001年开始，中国惠普已连续数年获得北大管理案例研究中心和权威媒体《经济观察报》评选的"中国最受尊敬企业"殊荣。

中国惠普有限公司致力于以具有竞争力的价格，为中国用户提供科技领先的产品与服务，并带来最佳客户体验，最终与中国社会实现共同进步。

惠普公司引领了IT基础设施的产业变革，从服务器、存储设备、网络服务，一直到云。

惠普在服务器方面，已经推出许多新的服务器类别，如Gen9 ISS服务器、基于Poulson的UNIX服务器和基于刀片技术的Nonstop服务器等。未来惠普将会发布第一款软件定义服务器产品——射月计划，并会推出基于X86处理器的关键业务服务器。

惠普在存储方面，为存储产业带来了多态简易性和融合的解决方案，涵盖从中端到企业级高端的产品，使企业能够最有效地使其信息价值最大化。惠普从低到高的融合存储产品组合，足以满足今天的数据中心，其包含了业界领先的存储技术。

惠普在网络方面，宣布推出业界第一个基于开放标准的软件定义网络（SDN）技术的基础设施。这使企业和云服务提供商可以简化和最大限度地提高整个数据中心、园区和分支网络的灵活性。

惠普在技术服务，宣布推出业界第一个面向多供应商、融合基础设施和云计算的IT服务架构，帮助企业确定并解决发生的问题。惠普的融合基础设施采用了通用模块化架构（基础架构），将服务器、存储和网络通过全方面（基础设施环境的所有方面）的设计过程融合在一起，为客户提供了面向融合设计的基础设施平台，可加速客户向新一代数据中心和云的转型。

用户在 IT 变革中，如何选择关键业务合作伙伴是一个非常重要的问题。关键业务合作伙伴需要能帮助用户进行 IT 变革的战略规划和企业架构的设计，需要具备基础设施快速可靠迁移和部署的能力，需要掌握系统优化的能力，需要具备给最终用户进行全方位培训的能力，需要具备多年关键业务基础设施的支持服务能力。传统服务支持采用面向个体设备的故障后维修模式。而在今天，随着 IT 技术的变革，这个设备很可能是客户虚拟化、多厂商或云计算环境的一部分，与 IT 基础设施相互依赖，这就增加了运营的复杂性，要迅速确定和解决出现的硬件和软件问题越来越困难。惠普技术服务提供了主动式服务关键业务支持，不仅对传统 IT 环境，更是对未来以融合云为主的混合交付平台，力求在系统出现故障之前提前解决问题。当然，并不是所有问题都可以预见和预防，这就需要客户所选择的关键业务合作伙伴需要具备丰富的行业运维经验和强大的技术支持能力。

中国惠普在中国，重点为中国客户，同时也兼顾全球客户，全面提供业界最先进的技术、产品和专业服务。

11.4.2 惠普企业在华战略转型的内外部因素

惠普企业在华战略转型的主要因素集中在业绩下滑。惠普公司 2015 财年第三季度财务报表显示,惠普公司第三季度营业收入为 253 亿美元,同比下滑 8%;净利润为 8.54 亿美元,同比下滑 13%;这是在过去 4 个财年、16 个季度中,惠普营业收入第 15 次、净利润第 13 次同比下滑。

下滑的主要原因来自于拆分前惠普公司经营的个人电脑和打印机业务受到互联网、移动终端业务的冲击,业绩急剧下降。受到惠普公司第四财季营收大幅下滑且 2016 财年营收预期低于市场平均预期的影响,拆分后的"惠普公司"股价,在财报公布后第二天盘中一度暴跌 15% 以上。与此同时,由企业技术基础架构业务、软件业务和服务业务组成的"惠普企业"股价盘中涨幅则一度超过 6%。这也是对"惠普企业"这几年作为业绩主要贡献者的一个认可。

惠普在华战略转型的外在因素来自于两个方面。

① 新技术移动互联的高速发展。近年来,全球 IT 市场在移动互联网、云计算等新兴技术趋势的冲击下正在面临巨大变革。惠普公司 CEO 惠特曼在此次分拆计划公布时表示:"IT 大公司如今都面临着企业在购买和使用技术方面发生的巨大改变,我们必须适应这种趋势。"

② 来自国内 IT 公司的挑战日益强烈。以华为、联想为代表的中国 IT 企业已经在全球范围内取得了相当大的成绩。华为、联想作为传统的 IT 企业,相对应的产品恰恰就是惠普公司的主营业务。可以说以华为、联想为代表的中国企业全球化战略已经强势地冲击到全球 IT 业市场,其中惠普就是受到冲击、业绩下滑的企业。

11.4.3 成立合资企业：新华三

2015年5月，清华控股旗下紫光集团与惠普企业达成协议，收购惠普公司旗下在华的EG企业集团和惠普华三业务。根据协议，清华控股旗下紫光集团下属子公司紫光股份收购惠普旗下新华三公司51%的股权，成为该公司的实际控股股东。新华三将包括惠普公司的全资子公司华三通信与惠普中国的服务器、存储和技术服务业务，总估值约45亿美元，收购涉及员工8500人。惠普公司将拥有新华三董事会主席席位，紫光股份将派出管理层出任新华三CEO。新华三将在华为客户提供新IT解决方案和服务。新华三将拥有国产品牌H3C品牌全系列网络、服务器、存储、安全、超融合系统和IT管理系统等产品，能够提供包括"三大一云"，既大互联、大安全、大数据、云计算和IT咨询服务在内的IT解决方案。同时，新华三还是惠普企业品牌服务器、存储产品和技术服务在中国的唯一提供商。新华三双总部分别位于北京和杭州，在全国39个城市设有办事处分支机构，累计申请专利超过6500件。2015年，新华三销售收入超过200亿人民币。

惠普在华创新的适应性战略转型新华三，以一个全新国有控股的身份出现在市场、用户面前，同时新华三作为惠普公司投资但是不控股的中国公司，拥有惠普的全球产品研发和技术的经验，同时在国内研发生产，加上政府部门倡导国有企业自主可控，新华三会将正式以国产厂商身份参与国内数据中心服务器、网络、存储，甚至云计算、大数据的市场的竞争，这必将会对华为、联想等国产企业形成冲击。

2016年5月6日，新华三集团正式成立。新华三集团由杭州华三通信技术有限公司和紫光华山科技有限公司（HPE在中国的服务器、存储和技术服务业务）组成，从中不难看出新华三集团是目前少有的能提供端到端IT解决方案的厂商，拥有国内乃至全球最完善的IT产品和解决方案能力。

（1）以技术创新为核心引擎。

新华三40%的员工为研发人员，专利申请总量超过6500件，其中85%以上是发明专利。2015年新华三申请专利841件，平均每个工作日超过3件。

（2）以客户需求为发展方向。

新华三聚焦新IT技术领域，打造高度融合的新IT生态圈，帮助各行各业实现传统IT向新IT的融合与演进，推动全产业的转型、升级与变革。

（3）根植中国。

作为新IT的引领者和新经济的推动者，新华三长期服务于运营商、政府、金融、电力、能源、医疗、教育、交通、互联网、制造业等各行各业，将卓越的IT创新与全社会共同分享，加速社会向信息化和智慧化的迈进步伐，助推新经济快速发展。

（4）服务全球。

新华三产品已广泛应用于近百个国家和地区，尤其是欧洲和北美市场，客户包括沃达丰、西班牙电信、瑞士电信、可口可乐、梦工厂、法国国铁、俄罗斯联邦储蓄银行、三星电子、巴西世界杯等。

新华三以新 IT 力量引领时代变革，成就"创新共享，智慧互联"的精彩世界。惠普企业在华战略转型开启了国内新合资模式的里程碑。其合资公司新华三在集团成立之初，公布了新华三公司的未来战略：聚焦新 IT 领域、加强新技术领域的投入并增强领先优势、保持在中国企业级 IT 市场第一。"立足于中国，服务于中国"的惠普企业新华三在战略转型的过程中主要做了如下几方面工作。

（1）确立公司的愿景、使命和价值观。

① 愿景：创新共享 智慧互联。

创新，推动着人类社会发展，互联，驱动跨界，积聚创新；通过每一次探索、发现、创造与改变，持续为互联注入智慧的力量，共享创新带来的美好与进步。让互联无处不在，让智慧自由流动。新华三集团，将卓越的 IT 创新与客户、行业及全社会共同分享，带动全产业的升级与颠覆革新，加速社会向信息化和智慧化迈进，构建万物互联的智慧世界，造福全人类。

② 使命。

作为新 IT 解决方案的领导者，新华三致力成为帮助客户业务创新、产业升级的最可信赖合作伙伴。

③ 价值观。

成就客户：以客户为中心，以服务客户为宗旨，成就客户为目标。专注于成为客户长期的合作伙伴和成长伙伴，以新一代 IT 解决方案、创新技术和更灵活的服务模式，帮助客户实现战略领先和业务转型。

诚信为本：人以信立身，企业亦以信为本。新华三集团将诚信作为最高的价值准则和最根本的行为标准，并通过信任和监督机制，将诚信应用于员工、企业、客户、社会之间的全部关系中。诚信、正直和高标准的商业行为准则指导公司的商业实践，规范公司的行为，为公司保驾护航。

不懈创新：根植于对产业和行业的前瞻视野和深刻洞察，突破常规，挑战固有，不断实现创新的系统化和制度化。深刻的创新，势必体现于业务模式、运营流程、服务体系、产品研发和解决方案的实践；战略性的创新，最终将实现客户商业模式和业务变革的领先。

追求卓越：志存高远，以全球视野和自主创新，实现产业和业务的突破；矢志不渝，以坚定信念和最佳实践致力于客户的成功。长期和短期目标相结合，以必成之势，践必得之志。

团队协作：高度凝聚的团队，以信任和尊重为基石，以共同目标为使命。同时实现了团队和个体的充分互动：既协同合作、勇于承担、发挥整合的效能，又分工明确、职责清晰，在更大平台上激发个体潜力。求同存异，众志成城，坚不可摧。

（2）确立企业的社会责任。

2016年，李克强总理在政府工作报告中提到的"新经济"，其实质是信息化与全球化，其核心是高科技创新及由此带动的一系列其他领域的创新。新华三的"新IT"战略是助推新经济发展的强劲动能，即通过新IT推动生产、管理和营销模式变革，重塑产业链、供应链、价值链，改造提升传统动能，使之焕发新的生机与活力，最终加速新经济的发展。

作为"新IT"的引领者与和"新经济"的推动者，新华三将持续保持在高科技领域的研发投入,聚焦移动互联、大安全、云计算、大数据四大新IT技术领域,打造高度融合的新IT生态圈,帮助各行各业实现传统IT向新IT的演进与融合,推动全产业的转型、升级与变革。无论是在推进现代化、工业化和智能化发展的过程中,还是在全新商业模式的创造中,新IT都将作为核心技术,成为助推新经济发展的强大引擎。

(3) 确立高管团队。

确立了由于英涛博士任CEO的高管团队,高管团队中既有来自国企的实干家,也有在外企摸爬滚打十几年的全球化视角的管理者,同时在高管团队中有很多来自原华为、H3C体系的干部,对华为体系非常理解,更有利于新华三赶超华为。高管团队确立新华三未来的走向:保持先进的企业文化、保持具有竞争力的员工待遇、保持永远的激情和梦想、保持高效的企业合作、保持简单的人际关系、保持业绩说话的企业考评原则、保持持续的创新精神。

(4) 新的企业文化的思考。

如何建立一个学习型组织、创新型组织。用心工作、用心学习、用心思考、用心沟通,结合惠普之道的企业文化,学习华为企业文化,从而保持先进的企业文化。

(5) 确立了道德与反腐败合规规范和法务规范。

道德与反腐败合规规范。根据公司的战略计划、法律法规及股东对新华三的道德合规的要求,通过建立领导一个世界级的道德与合规团队,推进政策、培训、审计与稽查的实施与推行,携手新华三各业务和职能部门,共同精诚努力,最大程度规避风险，以坚守公司一贯秉持的廉政和诚信的核心价值观。通过审计评估风险、通过合规确保符合法律法规要求、通过道德与反腐败建立良好的公司道德环境、通过社会环境责任设计和推动产品的供应链社会与环境责任、通过培训和交流提高全体员工对合规的认识，有效防范违法违纪的事件发生。

法务规范。以聚焦公司战略重点为基准，以满足业务实际需要为目标，为公司业务、研发、运营、治理提供专业、高效、务实、增值的法律服务，合理控制公司风险，协助公司有序运营，保护公司合法权益，为公司健康可持续的发展保驾护航。

（6）确立品牌营销的方向。

新华三将通过实行双品牌战略，为遍及全球的客户提供新IT解决方案和服务。新华三拥有H3C品牌全系列网络、服务器、存储、安全、超融合系统和IT管理系统等产品，能够提供大互联、大安全、云计算、大数据和IT咨询服务在内的一站式、全方位IT解决方案。同时，新华三也是HPE品牌服务器、存储产品和技术服务在中国的独家提供商，让中国客户可以与全球客户一样，同步享受到世界级的领先IT产品与解决方案。

而依托新华三自主创新能力、国内的服务经验以及在云计算、网络领域的技术优势，加上新华三在高端存储、服务器等领域技术、市场、渠道等方面的资源和经验积累，同时结合紫光集团在人才、教育、资金、社会资源等方面的优势和打造全产业链的能力，新华三将在全球开展广泛且高端的技术合作，从产业链的层面实现更广阔的市场布局，为未来发展赢得更为有利的商机。为了持续保持在国内行业领头羊的地位，在目标市场上，除了传统的企业级市场，新华三还希望在运营商市场有所进步。新华三将在保证研发投入的情况下进一步优化产品，拓展新业务。于英涛表示新华三将在路由、交换、安全、无线等硬件产品之外，推出更多的超融合架构产品；而在软件产品上，将继续加强在虚拟化、云计算、云操作系统、SDN/NFV 等方面的竞争力。

惠普企业在华实现战略转型目的主要有以下几点。

① 细分国内客户市场。

多品牌战略，细分客户提供全方位 IT 解决方案。未来新华三将采取高度聚焦战略，将 IT 整体解决方案做到极致。

② 实现国产化。

本土研发，自主知识产权，更好地保障信息安全。有专门的研发团队，关注一些新兴领域，提高生产力。

③ 提高在国内的竞争力。

基于公司战略确定品牌的战略目标，制定有效的品牌策略及推广计划，整合公司在技术创新、市场地位、竞争优势等方面的资源，通过持续的公关广播、广告、市场活动等营销工作，协助市场销售目标达成；提升公司品牌竞争力及品牌价值。

通过针对宏观环境、产业政策、技术趋势、行业/区域、竞争对手等领域的研究，为公司管理层提供决策依据。通过建设全流程的品牌营销系统，实现中长期品牌建设与短期销售支撑有机结合，均衡发展，实现投资与销售机会的闭环管理，支撑销售达成及产品的改进，提升客户体验及品牌美誉度。

管理规范公司所有部门对外宣传口径，包括但不限于公司刊物、微信微博等新媒体的合作宣传与外部采访等。

（7）确立销售管理模式。

确立了类似垂直与阿米巴相结合的销售管理模式。将整个公司分割成许多个省为单位的办事处销售组织，每个办事处销售组织都作为一个独立的利润中心进行独立经营。同时在总部建立行业系统部、产品部和独立的技术服务部、咨询部等部门。独立的技术服务部、咨询部同样是独立的利润中心，进行独立经营。每个办事处和技术服务部、咨询部直接汇报给总部高管团队。一线销售人员实线汇报给办事处，虚线汇报给行业系统部、产品部。

公司通过这种销售管理模式和经营模式明确企业发展方向，并把它传递给每位员工和每一位与销售相关的人员。实现全员参与经营，以核算作为衡量员工贡献的重要指标。培养员工的目标意识，实行高度透明的经营，自上而下和自下而上的整合，更好的实线人才激励，为公司培养合格的领导人才。

成立合资企业后，新华三作为全球领先的新IT解决方案领导者与中国科技创新的领军企业，致力于成为全球IT产业先行者和领导者，正成为当前中国信息技术发展整体实力与国际领先水平"看齐"的典型代表。新华三将进一步改变当前IT产业格局，在中国乃至全球新经济发展过程中发挥重要力量。

根据2014年IDC发布的中国企业硬件市场份额调查报告（图11-4）中可以看出，战略整合后的新华三集团在服务器、存储和网络设备的综合占比为16.5%，仅仅落后于综合排名第一的国内厂商华为，远远领先国内另一个IT巨头联想集团。

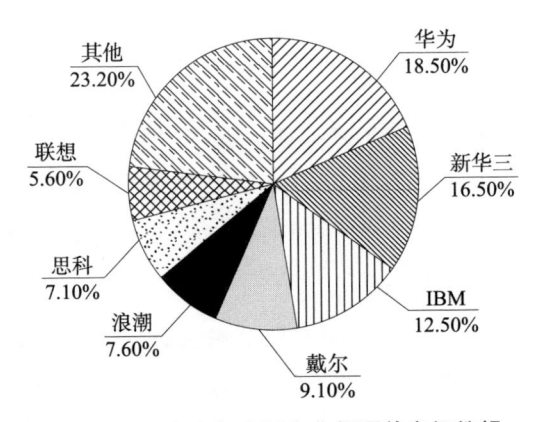

图 11-4 2014 年中国企业级硬件市场份额

资料来源：综合 IDC 2014 年第 4 季度，分省服务器、存储、局域网设备市场跟踪报告而成。

11.5 结论与启示

从上文的分析可以看到，惠普公司近年在国内的经营和发展的过程中，随着国内外部环境的变化而动态地做出相应的战略调整，依据组织愿景、企业文化、内部资源及外部市场等条件，适时恰当地实施战略转型，以保证惠普公司在华的业务能够持续增长，企业能够持续成长。那么，惠普公司在华的战略转型的关键因素是什么呢？

（1）确立企业转型的方向。

企业战略管理的最基本原则是：管理者应根据企业运营的环境进行战略调整和部署。随着全球化的深入，新技术和突破性技术的出现，市场的不确定性和复杂性日益增强，这进一步制约了企业以既定战略对环境做出有效反应的绩效，从而要求企业不断增加应变能力，通过实施战略转型来应对动态环境变化和市场需求。

惠普公司在华成立合资公司之初，首先确立了企业的发展方向，"作为新IT解决方案的领导者，新华三致力成为帮助客户业务创新、产业升级最可信赖的合作伙伴"。这解决了企业未来究竟要变成为什么样。同时企业愿景、使命、价值观的改变也会影响惠普公司的调整，帮助惠普公司向着战略转型所需要的方向发展。

（2）建立转型企业文化。

企业文化是最好的员工凝聚剂。一个企业要成功，需要有一个好的企业家带领，而一个企业要把成功长久地持续下去，必须要有适应企业发展阶段的核心文化将员工的思想凝聚在一起。惠普在成立合资公司以后，就立刻确定了其核心领导管理团队及公司的若干发展方向，制定了结合惠普之道的本地化的企业文化。迅速调整企业文化是惠普在华能够持续成功的源泉，也是这么多年惠普在华能够不断超越自我的根本原因。

惠普在华成立合资公司之初，首先对核心文化进行了调整，从而配合战略转型。新的企业战略和一系列的战略主题被制定和推出，就必须要有一个清晰的核心思想进行指导，那就是未来究竟要变成什么样的企业。同时企业愿景、使命、价值观的改变也会指引员工进行自我转变，向战略转型所需要的方向发展。

（3）构建企业核心竞争力。

核心竞争力是能给企业带来竞争优势的独特或出众的资源

和能力。核心竞争力能给企业带来持久的价值回报，维持企业的竞争优势。企业可依靠现有的核心能力来产生和扩展新的商业机会、降低企业成本、提高企业的运营效率，从而提高企业的市场竞争力和占有率。因此，构筑企业核心竞争力，是企业扩展市场、高效持续发展的有效捷径。

惠普在华成立合资公司之初，即确认坚持自主创新是构建核心竞争力的有效途径，要围绕提高自主知识产权来创建国产品牌，强化企业的创新主体地位，开展产学研联合攻关，推进重大科技成果的转化，以创新优势赢得竞争优势。集团企业要积极融入新兴产业发展战略，充分利用现有优势。

（4）持续创新。

创新力是现代企业保持竞争优势和成长活力所必需的，也是现代企业长远发展的根本条件。现代企业要想获得竞争优势，不能只是被动地适应环境，而应立足于其所拥有或控制的战略资源和能力，利用各种市场机会进行持续创新，促进企业成长。

惠普公司在自我的价值观里树立了持续创新的理念，不懈创新。根植于对产业和行业的前瞻视野和深刻洞察，突破常规、挑战固有，并不断实现创新的系统化和制度化。深刻的创新，势必体现于业务模式、运营流程、服务体系、产品研发和解决方案的实践；战略性的创新，最终将实现客户商业模式和的业务变革的领先。

（5）战略管控的实施。

当企业确定战略转型愿景和目标之后，必须构建一套有效的内部管理控制系统,包括对制度机制、管理流程、组织结构等进行重新设计或优化,从而保证企业成功实施战略转型,并有效提高企业绩效。

惠普在华成立合资公司之初,快速确立了一系列的规范和流程,在社会责任、道德规范、业务发展方向等发面严格管控,不偏离企业转型的方向。可以说惠普此次在华的战略转型在一定意义上就是围绕着如何解决国内"国产化"政策而进行的一次艰难的战略调整。这次战略转型解决了惠普公司在华经营甚至生存的危机,甚至是在基于现状基础上寻求的更好的可持续发展之道,可以说惠普通过成功的战略转型引领了行业的发展方向。

第 12 章　杜邦中国研发中心的创新体系

12.1　杜邦公司基本情况

杜邦公司成立于 1802 年，是历史最悠久的世界 500 强企业之一，至今已有 200 多年的历史，其中上市历史有 100 多年。杜邦公司是一家全球性的科学公司，凭借创新的产品、材料和服务，为全球市场提供世界级的科学和工程能力，协助应对各种全球性挑战，包括为全球各地的人们提供充足健康的食物、减少对化石燃料的依赖以及保护生命与环境，让全球各地的人们生活得更美好、更安全和更健康。

起初公司仅有 40 名员工、1 家工厂、1 种产品。目前，杜邦拥有 5 万名员工、190 家生产厂，业务遍及全球 90 多个国家和地区、杜邦在全球有 100 多个实验室、8 个研发中心（表 12 - 1），拥有 1 万多名科学家和技术人员，每年的研发投资超过 20 亿美元。2015 年，杜邦公司销售收入为 251 亿美元。

第12章　杜邦中国研发中心的创新体系

表12-1　杜邦全球研发中心

序号	名称	地点	建立时间	领域	定位
1	杜邦实验创新中心	美国特拉华州威明顿市	1903年	许多杜邦开发的创新材料和产品的摇篮、杜邦新材料	基础研发中心
2	生物技术研发中心	美国加利福尼亚州帕洛阿尔托	—	前沿科学、工业生物科学	基础研发中心
3	先锋研究部	美国爱荷华州约翰斯顿	—	农业、高级作物遗传学、全球种子业务	基础研发中心
4	杜邦知识中心（DKC）	印度海得拉巴	2008年	主要负责将杜邦科学同印度市场和南亚国家联盟（ASEAN）连接起来，主要从事农业和工业生物技术方面的基础研发	地区研发中心
5	杜邦拉丁美洲技术中心	巴西保利尼亚	—	为拉丁美洲的客户开发新解决方案，专注于汽车、筛选和开发新材料、安全和防护以及化学工业等领域的应用开发	地区研发中心

· 255 ·

续表

序号	名称	地点	建立时间	领域	定位
6	中国研发中心（CTC）	中国上海	2005年	在中国主要的研究、产品开发、客户支持和材料测试中心，主要从事应用于光伏、汽车、生物基应用、包装、化学品和安全与保护市场领域的材料研究	地区研发中心
7	欧洲技术中心（ETC）	瑞士梅林	1989年（近200人）	面向欧洲、中东和非洲的主要研究、产品和应用开发以及客户支持中心。专注于光伏、汽车、航空航天、运输、食品和饮料、化妆品、石油和天然气以及安全和防护等领域	地区研发中心
8	南非研发中心	南非城镇Delmas	2014年	农业	地区研发中心
9	新加坡研发中心	—	2016年	农业、生物和材料	地区研发中心

资料来源：杜邦公司官方网站。

杜邦公司与中国的生意往来可追溯到清朝（1863年），如表12-2。跟随中国改革开放的步伐，杜邦公司于1984年在北京设立办事处，并于1988年在深圳注册成立"杜邦中国集团有限公司"，成为最早开展对华投资的跨国企业之一。如表12-2所示，经过30多年的努力，杜邦已在中国建立了40余家独资及合资企业，拥有员工约6000人，并将众多地区业务总部移至中国。其中，杜邦中国拥有独资企业28家，分布在北京、辽宁、河南、江苏、上海、广东、四川、香港等地，合资企业13家，分布在北京、甘肃、山东、河南、江苏、浙江、上海、广东等地。

表12-2 杜邦公司在华发展历程

时间	事件
1984年	设立北京办事处
1986年	设立上海办事处
1988年	成立"杜邦中国集团有限公司"
1989年	建立深圳独资工厂
1992年	成立第一家合资公司：杜邦上海农化
2005年	杜邦中国研发中心投入使用
2007年	上海分公司迁址张江高科技园区
2012年	成都分公司开业
2012年	广州分公司扩建
2013年	杜邦中国研发中心二期开业
2014年	杜邦上海创新中心启用

资料来源：杜邦公司官方网站。

12.2 在华研发定位

杜邦公司采用以市场为导向的研发，从创新构想到产品商业化实行端到端的管理。研发主要分为中央研发和业务部门研发。其中中央研发占到总研发投入的 5%~10%，主要负责公司战略投资，扩展经营战略的跨板块、长周期和高风险的研发工作，负责引领性技术平台和新市场。部门模块研发主要是根据具体的市场业务进行研发，其中全球部门主要负责新技术和当前市场；地区部门研发主要负责当前的技术和邻近市场，部门研发需要自筹资金，以公司战略为导向，选择最佳时机切入市场，并建立起亲密的客户关系。

位于上海的杜邦中国研发中心于 2005 年正式投入使用，并于 2013 年完成二期扩建。该中心致力于为中国本地、亚太地区和全球市场提供技术创新支持与合作平台，着重于光伏解决方案、生物基材料、汽车材料等领域的新材料应用开发及检测能力。

杜邦在中国总共设有 11 个全资生产设施、6 个研发机构、5 个地区管理中心、14 家合资企业/生产设施，分布在北京、上海、广州等多个城市。杜邦在亚太地区积极布局，设立了杜邦印度研发中心、杜邦新加坡研发中心、杜邦中国研发中心；此外还设立了多家创新中心，包括杜邦韩国创新中心、杜邦日本创新中心、杜邦上海创新中心、杜邦台北创新中心、杜邦印度创新中心。

聚焦于农业及食品、3C、汽车和能源四大领域的杜邦上海创新中心在 2014 年 9 月落成，以进一步连接中国本地市场的研发需求与杜邦全球创新资源，更高效地推动地区协作，提升响应本地创新伙伴的速度。据杜邦中国官方网站资料显示，上海的创新中心是杜邦最年轻的创新中心，目前各项指标位列第一。

12.3 杜邦公司创新体系

杜邦创新专注于可持续增长，凭借包容性创新，杜邦研究为制订应对这些挑战的解决方案起到了推动作用。杜邦作为一家科学公司，拥有明确的战略方向和成熟的全球研发网络，推动有效的研发创新管理机制，践行本土化开放式创新。

杜邦给自己确立了一个独特的定位，即在科学和市场的汇合处进行创新。杜邦每年推出超过 1000 件新产品，并申请数千项专利。目前在全球有 150 多家机构，如表 12-3 所示，技术人员超过 9500 人。他们将市场分析与各种各样的技术联系起来，通过创新帮助满足全球的粮食、防护和能源需求。

杜邦公司基于科学的创新推动增长和形成持续的竞争优势，所有业务均遵循统一的全系统平台，如图 12-1。通过创新平台，实现公司收入和收益的增长，实现市场份额的扩大，发掘出更多潜在的研发机会。

杜邦公司创新管理架构中，将杜邦创新流程分为以下 9 个元素。

① 业务/创新战略：洞察外部趋势与变化、统一公司与职能部门的策略、哪里是关键竞争利于及如何胜出、资源保障能力、考核执行指标的体制。

② 市场洞察与前瞻：掌握大趋势、时机、开发周期；确定差异化的价值主张；价值链的参与和影响；竞争对手的了解；市场行销的影响。

表12-3 杜邦公司全球创新中心

序号	名称	地点	区域	建立时间/人员规模	领域
1	杜邦约翰斯顿创新中心	美国约翰斯顿	北美	3000人	食品、农业和生物技术领域
2	韩国创新中心	韩国首尔	亚太	2011年	汽车、消费电子、建筑、食品和电线电缆领域的合作和开发
3	中国台湾创新中心	中国台湾新竹	亚太	2011年	关注行业相关的构思过程、可再生资源材料、计算机、通信、消费（3C）电子和手持设备的发展计划
4	印度创新中心	印度普纳（Pune）	亚太	2011年	在交通、保护、能源、基础设施、食品包装和零售等多个领域开发创新解决方案
5	泰国创新中心	泰国曼谷	亚太	2011年	石油和天然气、建筑材料可再生资源、粮食和农业
6	杜邦特洛伊创新中心	美国密歇根州特洛伊	北美	2012年	汽车、利用世界一流的应用开发知识、计算机辅助工程（CAE）能力以及其最广泛的高性能材料产品来加速创新

续表

序号	名称	地点	区域	建立时间/人员规模	领域
7	日本创新中心	日本名古屋	亚太	2012年	汽车工业和其他关键行业的技术和材料
8	巴西创新中心	巴西保利尼亚	南美	2012年	满足当地需求
9	墨西哥创新中心	墨西哥城	南美	2012年	
10	俄罗斯创新中心	俄罗斯莫斯科	欧洲	2012年	通过开发和开放式创新，共同解决当地问题和行业需求
11	日内瓦创新中心	瑞士梅林	欧洲	2013年	创新空间的"touch and feel"，展示材料和不同行业之间广泛的解决方案和连接
12	土耳其创新中心	土耳其伊斯坦布尔	欧洲	2013年	专注于汽车、建筑、食品和能源行业
13	上海创新中心	中国上海	亚太	2014年	汽车、能源、3C（消费电子、通信、计算机）、食品和食品包装市场
14	新加坡创新中心	新加坡	亚太	建设中（2016年）	

资料来源：杜邦公司官方网站。

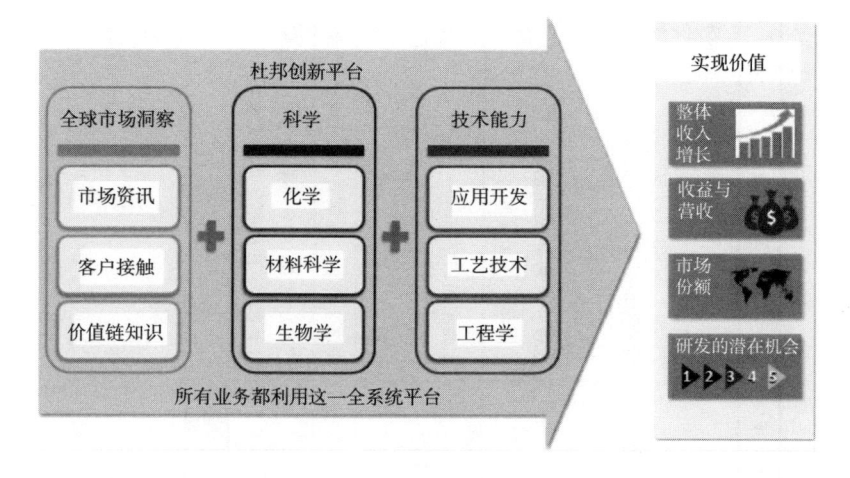

图 12-1　杜邦公司创新平台

③ 核心能力与技术：应用开发、新平台、资产能力和相关度、市场联系。

④ 项目组合与梯队：战略方向与平衡、分类管理与成功关键、项目选择与优先。

⑤ 创意和筛选：创意产生、创意收集、创意孵化、项目筛选。

⑥ 项目管理：商业化门径系统、通过门径的标准、决策领导小组的水平、项目经理的能力和责任，项目开展与实施的全过程要经历构思定义、理念评估、方案开发、原型测试、客户验证、商业化以及验证等几个步骤。

⑦ 后商业化管理：衡量商业化绩效、实现价值定价、放大与推广、支持和紧跟客户创新。

⑧ 开放式创新：认清形势局面、理解和尊重双方的利益诉

求、战略伙伴的选择、目标导向与灵活实施。

⑨ 有能力和活力的组织创新与合作的文化：愿景的统一，领导以身作则，人才管理、获得、考核、激励，外部取向，信任、激励、交流。

以市场为导向的科学是杜邦合作文化的核心。杜邦的科学家和工程师与世界各地的客户、政府、大学、非营利性机构以及消费者密切合作。科学家能够对当地客户的需求进行深入分析，并预测即将出现的挑战。然后，采用杜邦内部的各种技术平台，对收集到的市场资料进行分析和处理。依靠全球合作和以市场为导向的科学，对客户需求做出响应，并提供商业规模的解决方案。用解决世界的现实问题和产生的实际业务成果来衡量所取得的成功。

12.4 企业文化[①]

（1）推动环保行动。

杜邦公司在中国开展业务 30 多年来，始终遵循与总部同样的企业核心价值观管理，一直致力于推动中国的环保和可持续发展事业。进入中国开展经营活动伊始，杜邦就与社会各界合作，支持环保理念的推广和普及。1996 年，杜邦公司协助中国国家环境保护总局和中华全国新闻工作者协会创立了"'杜邦杯'环境好新闻奖"评选活动。从 2003 年起，杜邦公司连续支

---

① 本部分内容主要来自网络信息收集和整理。

持"国家环境保护科学技术奖",表彰在环境科技领域取得突出成就的科技工作者和科研项目等。

（2）倡导安全生产。

杜邦从创始至今,已经累积了200多年的安全生产经验,并发展了一套完整的工作场所安全管理系统。在上海,杜邦农化工厂自成立以来已经安全生产超过17个年头,而且零安全事故的纪录还在延续;在深圳,杜邦工厂是市中心绿色企业和"安全生产模范单位"。公司在为员工创造一个安全的工作环境的同时,也常年进行安全培训,提高员工的安全意识。杜邦中国集团有限公司曾获得美国总部颁发的"杜邦董事会安全奖",因其下属6个工作场所没有发生任何一起可记录的伤害事故,其中,杜邦香港和杜邦上海分公司则分别是连续近20次获得这一表彰。此外,深圳市政府在2006年授予杜邦深圳厂"工伤预防先进单位"称号,认可该厂在安全生产上的优良成绩。

（3）重视人才平等。

杜邦一直十分重视人才,不仅重视人才培养,而且给予不同性别、文化背景、宗教信仰、肤色、种族、地域的员工平等的就业和发展机会,也因此在全球赢得了极其良好的社会声誉。杜邦公司在美国、加拿大、西班牙、比利时、新加坡、巴西等许多国家和地区被评为最佳工作场所（雇主）,并在"《财富》500强中最受敬仰公司"排名中,连续多年在"人力资源"项目下名列全球第一。作为一家主要供应材料的企业,杜邦公司同样关注终端消费者权益,大力支持保护消费者权益的活动。在中国发展期间,也得到中国政府和社会的高度认可,并获得一系列荣誉,例如,2007年4月,杜邦中国获颁"中国人力资源管理大奖(赛拉奖)"中"十佳企业"的荣誉称号,所提交的《将健康理念引入企业人力资源管理》的案例报告获得"成果金奖"。

(4)回报社会。

杜邦总部设立了"杜邦社区基金",用以资助公司在各地的分支机构为其所在社区建设作贡献。在中国,这些活动包括向弱势群体提供杜邦的高科技生活产品、向社区服务中心赠送电脑、支持再就业培训工作、在社区内安装交通安全设施以降低当地交通事故率、在中小学生中进行安全知识的普及和宣传等。作为一家负责任的企业,杜邦不断地为中国的可持续发展作贡献,同时也很好地履行企业社会责任。自2006年以来,公司已持续支持商务部跨国公司研究院举办以强化公司责任为主题的"跨国公司中国论坛"。2008年,杜邦与"2008地球第三极珠峰大行动"确立战略合作伙伴关系。"珠峰大行动"是全球第一个由政府主导的针对珠穆朗玛峰地区设立的,集环境保护、教育、运动等为一体的长期综合性社会公益项目。杜邦深信经济和科学发展的基础在于教育,因此公司热心资助发展教育事业。从1987年开始,杜邦在国内10多所大学设立"杜邦奖学金",鼓励学生进行科研探索及相互交流。

第三部分

其他国家跨国公司研究院

第13章 飞利浦亚洲研究院

13.1 飞利浦在华基本情况

1891年创立的荷兰皇家飞利浦电子公司在全球60多个国家拥有大约113000名员工，其2015年销售额达到242亿欧元，在医疗保健、优质生活和照明等领域居于世界领先地位。飞利浦早在1914年即已成立研究院，是全球最大的企业研究机构之一，拥有来自50个国家（地区）的1800多名专业研究人员，已创造130000项专利。每个科研人员平均每年申请超过1项专利，每年用于研发的预算仅低于飞利浦年销售额的1%。

飞利浦与中国的关系颇有历史渊源，其产品早在1920年就进入了中国市场，从1985年设立第一家合资企业起，已建立了23家合资及独资企业，共有14000多名员工。目前，飞利浦在华累计投资总额已超过40亿美元。飞利浦亚洲研究院于2000年成立于上海，已拥有1000多位研究人员，包括110位科学家。通过与学校、研究所以及标准制定单位共同合作，已成为东亚地区首屈一指的实验室，是飞利浦全球第二大研发实验室，其主要研究领域为医疗与照明、无线通信等方面。

截至 2007 年，飞利浦在中国的研发中心已有 12 个，2004—2007 年投入中国市场的研发费用在 4000 万欧元以上，在中国申请的专利已超过 1.1 万项。

13.2 在全球研发网络中的定位

飞利浦的全球研发战略，曾经是技术驱动的，现在越来越强调消费驱动和市场驱动。中国是一个巨大的新兴市场，所以飞利浦极其看重在中国的发展。事实上，在飞利浦的全球研发版图中，中国上海已成为与欧洲总部埃因霍温、美国纽约并重的三大创新研发中心之一。亚洲研究院在飞利浦全球研发网络中之所以有如此重要地位，主要是由于：①中国巨大的市场容量和特殊的市场需求；②中国研发团队的强大能力；③中国低廉的研发人员成本。

飞利浦整个公司的技术部门主要包括三个部分：着眼于长期技术的基础研究部门、介于研究和发展之间的应用研究部门和负责整个公司的知识产权管理部门。飞利浦在欧洲、美洲和中国分别设立研发中心，其中欧洲和中国研发中心是全球性的，美洲研发中心主要是医疗保健，清洁技术也在不断上升。各中心工作各有侧重，大项目在欧洲。在中国需要的技术与欧洲有很多是相通的，相通的内容中国中心不再做。在中国主要是做中国环境下与欧洲不一样的地方，确认区别和差距在哪里，相应去协调和沟通。比如，太阳能目前有很大的产业链，中国的市场很大，于是就拿到中国来做，主要是包括中国特色和生态系统两方面的研发。

飞利浦非常强调开放式创新，如果在公司的研发链条里面中国研发团队能力很强，做的很多，更多更大的项目也就有可能拿到中国来做，中国研发团队的地位也就越高。在2010年4月召开的第63届中国国际医疗器械博览会（CMEF2010）之前，飞利浦公司推出了最新的心电图机TC50/30。该系列心电产品具有多种全新功能，直观的界面和彩色的心电图信号使它操作简便，报告预览和自动心电图传输功能简化了工作流程，飞利浦的心电图算法更是实现了优异的临床表现。这一系列产品是由飞利浦在中国的本地研发人员开发出来的，并由飞利浦2008年4月收购的深圳金科威生产。

中国研发人员相对低廉的成本，也是飞利浦将越来越多的研发转移到中国进行的重要原因。在飞利浦看来，20年前，一个公司投入的研发费用最终只能通过销售产品的方式获取回报。也就是说，过去一个公司很大程度上是依靠大规模的制造确立竞争优势。但是现在，大规模的制造在欧美已经逐步变为"负资产"，大量的制造已经向中国等低工资的国家转移，而企业的竞争优势也从基于生产的产业转向基于知识的产业。这种基于成本的研发活动转移，也是飞利浦保持其竞争优势和支撑其全球专利战略的良好选择。

13.3 研发管理：TOP 计划

飞利浦的研发部门属于复杂的"矩阵式"结构。从研发类型的纵线条看，一块属于带有长期性质的基础研究，一块属于业务单元性质的研究，还有一块属于直接的产品开发。而基础研究部分又有"1/3"和"2/3"之说，即自主选题占1/3，另2/3属于集团应用层面。从分布地区的横线条看，基础研究全球又分三块，欧洲、北美和中国，其中中国主要负责光存储、通信和数字电视。三地基础研究构成一个虚拟的技术团体，除此之外，每个地区的基础研究又与当地的企业有一系列的合作开发。而产品开发层面，除部分由于历史原因放在荷兰研究的项目外，多数电子数码类生命周期短的产品随着市场走。市场在哪里，研发、采购和生产就搬到哪里，以避免生命周期缩短导致的利润率下降。

2003年8月，飞利浦实施"TOP计划"，对其研究体系的组织结构进行了一系列的调整。基础研究层面，2000年在上海成立的东亚实验室，以光存储、无线通信和数字电视研究为主，自此与欧洲、北美呈"三足鼎立"局面。而在各事业部层面，飞利浦整合了散乱分布于中国各地的照明、彩电、音响、半导体、医疗和移动通信显示系统等13个研发中心，部分研究收归东亚研究室，同时另成立了包括吉林飞利浦半导体有限公司、东软飞利浦医疗设备系统有限责任公司、飞利浦上海消费半导体创新中心和国际微电子研究中心等一系列合资或独资的公司和研究机构。

以中国为"聚点"，飞利浦亚洲区的研发分工也有了相应的调整。上海的研发是横跨各个产品部门，属于集团（全球）层面，聚焦于照明、制造技术、消费电子、半导体和医疗系统领域的基础研究和产品开发，同时包括合作建立中国标准等；班加罗尔聚焦于软件；新加坡侧重于互联星空项目。

飞利浦的"TOP 计划"是以"极简主义"为主线的，内容上以"轻资产战略"为重心，确立业务重点，非重心部分实行外包或服务共享；业务单位上合并相关业务，确立三项重点；形象宣传上以白色为主，口号是"精于心，简于形"。

"TOP 计划"崇尚"简单"，对于研发而言最重要的是实用，这一方面意味着技术转化的速度要加快，同时要加大中低端市场产品的开发，不过分强调技术的先进性，而以实用为主；另一方面则意味着操作界面的简单化，把一些复杂的技术给隐藏起来，对此形成推动力的是飞利浦专门组建的"简化顾问组"，包含服装设计师、IT 架构师、建筑设计师、放射专家和汽车设计师。研发部门开发出"产品"，这支团队则负责从外观和操作界面上给出设计和建议方案。简单来说，飞利浦的研发战略可以概括为以市场和利润为核心的研发、与集团形象一致的研发、更低成本的研发三个层次。

飞利浦全球 CEO 总结这种转型，归因于三个推动力：电子行业的变迁，全球社会经济、生活的趋势性变化，建立一个统一的营销方式和品牌定位。

13.4 研究开发项目决策机制

飞利浦的研发项目在决策的时候，充分考虑到了三个重要的因素：与市场的联系、与客户的沟通、研发风险的控制。

（1）与市场的联系。

作为一家制造公司，研发活动主要是和生产活动密切相关。研发在历史上一般都是在欧洲或者西方国家进行，但是市场的需求对研发工作提出了进一步要求，它必须和生产制造联系起来，否则在物流方面会有一定的损失。对当地市场的了解也非常重要，比如在中国做业务不可能在美国进行开发研究。如果在日本进行研发也不太可能在中国市场上取得巨大成功。事实上，飞利浦的技术研发策略，已经越来越离不开中国市场，"到目前为止，飞利浦在中国获得的专利已超过 11000 件，其中产生于中国的专利超过了 1500 件。"

飞利浦越来越强调面向市场。原来研发就是研发，只要做好算法，演示出来就好，接受方可能需要花很大的力气才能将研究出来的东西进行应用。现在飞利浦的研发部门会向前多走几步，使得技术更加接近产品，做好样机，更好地交流，加强对事业部门的影响，事业部看到创新技术离具体业务已经很近，就会更加愿意接受和使用这些创新技术。

所以，飞利浦的研发部门现在会更密切地与市场部门合作。传统的是你需要什么，我就帮你做什么，以合同为基础；现在新的创新体系是，研发部门跟市场部门一起思考，更加有组织地交流，每个人都有自己的考虑及具体的职责，思考现在需要什么、将来需要什么。

在项目类型方面，分为两个部分：一是基于合同的研发，由事业部门决定，中国中心此类项目占六成；二是基于公司发展的研发，与市场部门、战略部门共同商讨后决定，大概占四成。项目经理同时也是事业部创新委员会的成员,这样一种制度就从根本上将研发与市场对接起来了。

为此,亚洲研究院并不强调在绝对数量上增加专利,而是更加注重质量,研究论文也比以前少。研究院里也有工程人员,支持研发工作并制作样机。除了传统的研究人员外,也强调有商业背景的人,擅长制作商业发展计划。

(2) 与客户的沟通。

飞利浦强调研发人员大量阅读科学杂志和科学文献,但也非常注重和客户进行非常直接的沟通。比如,在医疗领域,飞利浦就鼓励研发人员多和医生交流,这些医生对研究也非常感兴趣;飞利浦许多研究项目直接和医院进行合作,将医生们在实践中遇到的问题转变为课题,并且通过不断测试来探索解决方案的可行性。事实上,飞利浦的研发不仅仅是在实验室里,还会把研发人员派到医院里全职工作,这样的项目被称为"临床研发项目"。最早的项目从美国开始,现在在全球已经有14个。在中国,飞利浦和清华大学、北京医院、成都华西医院都有这样的合作。

(3) 研发风险的控制。

飞利浦通过一个专门的流程来控制研发风险。首先,会对所有研发项目进行技术风险评估,包括对整个战略和具体项目进行评估。如果发现研发过程中可能面临技术瓶颈,就可能停止这个项目。其次,进行商业风险评估,如果整个市场还没有准备好,或者是资金供应不上,即使有一个很好的理念,也不可投入研发,也会停掉这个项目。所以,控制风险的关键是不断地进行评估,并且可能随时停下。最后,设立孵化器,孵化一些从"零"开始的项目,比如在保健领域就有一个医疗保健项目孵化器。

13.5 知识产权管理政策

作为世界上知识产权的领跑者,飞利浦认为其长期在全球范围内的成功必须大量依靠中国的成长及其自身在中国的成功,所以飞利浦充分表现出了为推动中国知识产权体系建立和完善而提供合作的态度。

飞利浦 2001 年开始设立在中国的知识产权和标准部门,到现在为止,已在上海、北京、深圳、香港和沈阳设立办公室,雇员达到 50 人。飞利浦不仅积极地为其在中国取得的研究成果申请专利保护,还积极与中国政府部门开展专利与标准化的教育培训活动。

为了给中国学生提供与国家知识产权专家接触的机会、提升中国对知识产权的认识和了解,2004 年飞利浦与中国人民大学、清华大学和上海复旦大学合作,组织了三个知识产权学术项目。每一个项目的内容都包括由飞利浦、欧盟和美国专家提供的课程、学者交流项目、知识产权研究项目和中欧教授交换项目。大约有 650 名法学和科学专业的学生参与了飞利浦的这些知识产权课程。

同时,飞利浦还组织了一些相关学术讨论会,以进一步提升中国企业对知识产权的认知程度。2005年6月和12月、2006年10月，飞利浦分别与中国人民大学、复旦大学、上海市知识产权局就"知识产权与中国的现代化""知识产权与经济增长"和"企业知识产权管理"等主题合作组织了学术讨论会，吸引了大量的学者、企业管理人员和政府官员参加。

为活跃中小学创新氛围，增强学生专利意识，2006年9月飞利浦还和上海市知识产权局共同设立了"青少年专利申请奖"（Philips Teenage Patent Award），这个项目被视为上海发展战略的一个重要步骤。

13.6　与本地业务部门的联系与合作机制

飞利浦与中国本地的研究合作非常深入，包括与高等院校以及相关研究机构的合作。

（1）与高校的合作。

飞利浦与中国很多高等院校都有研究合作，如中国人民大学、清华大学、上海复旦大学、浙江大学、东北大学等。合作形式非常多样，包括共同开发科研项目、共同开发教学课程、共同培养专业人才等。其中最为出色的是飞利浦与浙江大学和东北大学的合作。

① 飞利浦与浙江大学："智慧之桥"项目。

"智慧之桥"项目（"Brain–Bridge Program"）是浙江大学与飞利浦公司、荷兰埃因霍温科技大学于2005年11月签署科技合作与交流协议框架下的合作计划项目。该计划包括三方在科技合作、研究生培养、教授互访、客座教授、全额资助浙江大学赴荷研究生等方面建立全面合作关系。由飞利浦公司提供1000万元人民币予以资助。截至2009年9月,"智慧之桥"计划已启动了五个分别涉及光学、生物传感技术、可视生物成像、工作流等领域的项目;连续四年选送了近100名受飞利浦公司全额资助的本科生赴埃因霍温科技大学攻读学位;组织教授、研究生及高层间互访30余次;已召开8次项目委员会会议、4次项目董事会会议;博士后研究人员交流3人;成功申请到2008年欧盟第七框架计划启动的"玛丽·居里"计划项目。

② 飞利浦与东北大学:中荷生物医学与信息学院。

中荷生物医学与信息学院由飞利浦和其在中国的重要合作者——东软公司作为产业支撑,与东北大学和荷兰埃因霍温科技大学于2005年9月15日联合创建而成。学院充分发挥东北大学领先的信息学科优势和埃因霍温科技大学在生物医学工程领域的强大优势,依托东软和飞利浦所提供的世界一流的产业信息与平台,整合全球丰富的教育资源,培养不仅能够适应国际前沿科学领域发展需要、熟悉国际规则和惯例、精通生物医学与信息工程的基础理论与专业知识,又具有创新精神、创造能力、较好的外语水平和较强的国际沟通能力的应用型与国际化的高端专业人才。东软集团有限公司和飞利浦(中国)投资有限公司为学院提供医疗系统实践基地和系统集成实践基地,并为学生实习实践提供一线工程技术人员作为指导工程师。目前,这个学院规模已达到本科生、硕士生和博士生共计1000名。

(2) 与其他机构的合作。

飞利浦与中国科学院上海生命科学院健康科学研究所合作,共同出资成立了联合实验室,致力于在分子医学的尖端领域展开合作,重点研究早期疾病诊断和后续医疗监控的新方法。早期诊断技术和个性化医疗手段的发展将给患者带来更为舒适的就诊体验和更加满意的医疗效果。联合实验室的研究将主要集中在两个方向:一是探索新的生物标记物(biomarker),二是开发新一代的体外(in-vitro)诊断技术。生物标记物是一种特殊的分子化合物或者分子不平衡状态,它通常是某种疾病产生的征兆。体外诊断技术则是从患者的体液样本(如血液、尿液或唾液)中检测疾病相关生物标记物的临床试验。新一代体外诊断技术的潜在应用将体现在临床诊疗各阶段,在患者身边进行及时的健康监测,包括对患者的常规疾病筛查、诊断、治疗以及疾病管理等各环节。飞利浦研究院与东软建立了合资企业,主要是针对传统行业进行产品开发。

第 14 章　诺维信中国研发中心的创新管理

14.1　公司背景

诺维信（Novozymes）是世界酶制剂和微生物领域的先导，总部位于欧洲丹麦，其 700 多种产品主要销往全世界 140 多个国家中的 40 多个不同的产业。2015 年，全球工业酶市场上，诺维信公司占据了 48% 的份额，其全球销售额的 30% 来自工业技术用酶、23% 为食物生化酶、30% 为洗涤用酶、10% 为饲养用酶、3% 为生物制药成分、4% 为微型有机体。在 2015 年诺维信公司全球销售区域份额中，北美市场占 36%、拉美占 10%、欧洲占 35%、亚太市场占 19%（诺维信公司 2015 年年报）。

纵观诺维信公司的酶制剂生产历史发现，在 20 世纪 90 年代之后，诺维信公司几乎每年都会有重头产品推出，并且多与第一或率先有关，这些都与诺维信公司非常重视研发有关。表 14－1 显示了诺维信公司 2011～2015 年的销售收入和研发投入情况。我们看到，诺维信公司在 2011～2015 年，其研发投入的年均增长率分别为 4.6%、0、20.8%、2.5%，而研发强度也均在 13%～15%，是全行业中最高的。2015 年，诺维信公司在全球总共拥有 1566 名研发人员，占全部员工的 24%，其中 58% 在海外工作（诺维信公司 2015 年年报）。

表 14-1　诺维信公司销售收入及研发成本（2011～2015 年）

单位：百万丹麦克朗

年度	销售收入	研发投入	研发强度
2011 年	10510	1461	13.9%
2012 年	11234	1528	13.6%
2013 年	11746	1527	13.0%
2014 年	12459	1844	14.8%
2015 年	14002	1890	13.5%

资料来源：诺维信公司年报。

诺维信公司在中国的分支机构是其国家在华的最大投资企业之一，截至 2012 年，已累计投资超过 5 亿美元，在华分支机构包括 4 家工厂、2 家分公司、1 家创新与发展中心，员工总数超过 1000 名。例如，诺维信在天津建立了全球酶制剂生产基地、在沈阳设立了微生物生产基地、在北京设立了生物技术研发中心、在济南建立了创新中心、在江苏太仓建立了苏州有限公司等，销售网络遍及全国。中国在诺维信公司全球化战略中占有举足轻重的地位，已逐渐成为诺维信公司最重要的业务增长引擎和研发、生产及运营中心①。

诺维信公司中国研发中心位于北京，于 1997 年竣工并投入

---

① 资料来自诺维信公司网站。

使用，是诺维信公司在中国独家投资控股的从事研发活动的企业。诺维信公司非常重视在中国的研发，装备了世界一流的生物技术实验设备，来自中外著名学府的众多科学家、学者和研究人员，在这里开展各项核心领域内的尖端研究，并被无缝整合到全球研发体系中。下面我们将从跨国创新体系的角度，以研发的内外部组织特性与独占机制选择的关系作为切入点，对诺维信公司中国研发中心做进一步分析。

14.2 研发的内外部组织特性

14.2.1 内部研发的结构与功能

诺维信公司在中国设立研发中心的目的，按照其第二任研发总监的解释，首先，从生物多样性的角度看，中国是一个大国，地域广阔、气候复杂，具有丰富的微生物资源。诺维信公司是一个以微生物技术为基础的公司，微生物是诺维信公司技术研究工作的源头，中国在微生物资源方面显然是一座富矿，极具开发价值。其次，微生物发酵是公司的重点业务，而中国在这方面历史悠久，可供挖掘和利用。最后，中国在酶制剂的使用上，有其传统的与西方不同的应用，这就意味着，对于诺维信公司已经开发的酶制剂可能蕴藏着潜在的市场。比如，中药是中国最具传统特色的产品之一，但它可能需要酶制剂的帮助才能更好地发挥作用。此外，中国的人工成本比较低，中国有着大量受过很好教育的优秀人才，这也是将研发中心建在中国的理由。

正是基于以上几方面的考虑,诺维信公司研发中心开展的研发活动覆盖了上述各个方面,主要包括以下四个领域:真菌多样性、亚洲酶制剂应用、洗涤剂工业应用、纺织工业应用。其中真菌多样性部门的主要任务是从分离后的真菌中筛选新酶,并对酶的性质进行研究,而另一项任务是制备用于应用研究的酶的样品,以探索某种特定的酶在哪些工业领域能够发挥最大的作用,如洗涤剂、纺织、食品、饲料、燃料乙醇等;亚洲酶制剂应用技术部从事与亚洲市场相关的应用开发研究;洗涤剂应用实验室负责为诺维信公司全球洗涤剂工业进行将新酶放大到洗衣机规模的洗涤实验;纺织应用实验室专注开发酶在纺织加工中的应用,特别是酶在纺织印染工艺中的应用。[1]

14.2.2 研发成果的市场取向

对于诺维信公司研发中心研发成果的市场取向,从其所从事的研发活动来看,真菌多样性部门主要从事的是基础性的微生物提取,并在中国建立了全球第二家真菌库;而洗涤剂工业应用部门则从事全球性的洗涤试验,这两个部门的研发都主要面向全球市场进行。对于亚洲酶制剂应用技术部,由于酶制剂应用在中国的特殊性在食品和饮料领域(如面条、茶和中草药等工业应用中)表现得尤为突出,因此特别关注中国市场;而纺织应用实验室则是在 2006 年将美国的纺织工业性实验室迁入

---

[1] 资料来自诺维信公司网站。

北京的，主要是基于中国逐渐成为世界纺织工业中心以及贴近本地市场，从为中国纺织工业和用户提供更好的产品和服务等角度考虑的。在诺维信公司中国研发中心所承担的任务中，只有20%是直接针对中国市场的开发；另外80%则是国际市场的项目①。

因此，无论从最为基础的真菌筛选，到微生物在产业中的应用，特别是在中国的特殊应用，再到与洗涤剂、纺织印染等产业需求的密切结合，诺维信公司研发中心支持在中国乃至全球生产的产品和技术开发活动，已经不仅仅是面向中国市场的需求从事母公司优势技术的本地化开发活动，而是更多地参与到全球市场的产品研发，将在中国创造的知识应用到更广的范围中去，并逐渐融入全球的创新活动。

14.2.3 研发的内部地域组织

从全球研发知识流动的角度看，诺维信公司在全球的研发机构主要分布于欧洲、美国、日本和中国，其中美国研发中心位于加利福尼亚，于1992年成立，其研发的职能主要是对新酶的商业化以适应于工业工艺用途，同时替代原有的化学合成的方法而采用高效、便捷和具有成本优势的解决方案，并在医药、农业和生物化学方面进行生物工艺学的研究，美国研究中心强调筛选和工程制造新的工业用酶以及对现有生产酶工艺的改进，并与欧洲、日本和中国的研发中心保持密切的合作。日本研发

---

① 资料来自诺维信公司网站。

第 14 章 诺维信中国研发中心的创新管理

中心位于千叶县幕张技术园,建立于 1982 年。日本研发中心密切关注日本消费者的消费习惯,从而确认其真实需求,为世界市场提供多种来自日本原产地的产品以及为日本市场进行应用型的改进。日本研发中心的核心技术包括酶应用开发、微生物和分子筛选、通过传统的突变和分子表达技术进行改进、蛋白质工程、酶净化和制造、最优发酵。而位于欧洲总部的研发部门,则主要是制定全球的研发战略,组织协调各海外研发机构间的研发活动,并分配不同机构间的研发内容和任务。

作为全球研发体系的重要组成部分,诺维信公司中国研发中心为诺维信公司整体研发战略实施贡献巨大,为诺维信公司的发展提供了可靠的技术保障。虽然诺维信公司在中国研发中心的总人数只占全球研发人员的 8%,但已成为最重要的分支机构之一,承担了相当多的基础研究工作。

诺维信公司中国研发中心的研发活动与诺维信公司全球研发活动保持同步,研究水平与其他国家的差距不大,并与总部或公司其他机构保持密切的研发合作关系。在研发项目的选择上,研发活动的安排是全球统一的,研发项目的经费也由总部直接支付,总部在确认研发项目的时候,会征询中国研发中心的意见。此外,总部对研发中心在中国的研发内容根据产业有一些限制,有一部分的研发活动是开发应用,进行相关的测试、评价,开发针对中国特点的酶,比如中药的应用和臭豆腐使用的酶;有一部分的研发活动则是面向全球的基础性研究,具有一定的超前性。并不是所有的研究都能在中国进行,总部会详细规定实验室中的研究方向,如真菌实验室中就不能进行有关抗生素方面的研究。而在面向全球市场的研发项目组织上，中国研发中心只是参与全球研发项目的一部分，其研发成果根据需要还要转移至海外其他研发机构进行集成和后续研究。如研发中心的洗涤剂工业应用实验室就广泛地参与全球项目的研发，但只是从事洗涤剂新酶的应用开发和检测环节，其他研发流程则在总部或者海外其他机构完成；而在真菌实验室中，研发中心也只是从事一些研发最前端的酶筛选和制备酶样品的工作，后续的研发环节则要移交到海外进行，如研发中心经过纯化的小型酶的样品就要求被送到诺维信公司总部或者美国研发中心做进一步测试。

诺维信公司中国研发中心与总部或公司其他机构的研发合作的表现形式多样，既有人员的相互流动，如中国研发中心科学家到总部进行短期培训或参与研发项目，也有海外其他部门的人员到中国研发中心工作或任职，也有不同研发机构研发人员相互之间的会议交流、研发项目讨论、电话联系等，这些合作形式促进了知识的创造，并通过知识的交流促进了知识在企业内部的有序流动和扩散，而这正是跨国创新体系所强调的一个主要部分。

14.2.4　与当地外部组织的研发合作

诺维信公司中国研发中心还积极从事与当地大学、科研机构以及企业的研发技术合作，一方面可以充分利用大学、科研院所的技术平台，获得有价值的技术成果；另一方面，参与企业委托的技术项目合作，可以实现公司新的利润增长点。

第 14 章　诺维信中国研发中心的创新管理

在与大学、科研机构合作研发方面，诺维信公司中国研发中心进行了多方面的技术交流，充分实现与大学、科研院所的优势互补，如与沈阳药科大学进行的从植物中筛选抗糖尿病的有效化合物的研发合作，诺维信公司研发中心提供具有世界先进水平的抗糖尿病药物的筛选模型和先进的筛选工具，而沈阳药科大学则提供对糖尿病有效的中药配方的提取物样品，最终诺维信公司从中筛选到一个活性成分；与上海医药工业研究院合作进行的对菌种代谢产物的抗菌性研究，由诺维信公司研发中心提供代谢产物，委托上海医药工业研究院对其筛选，并判断筛选物质的属性，最后上海医药工业研究院筛选到一种抗皮肤感染的抗菌素；诺维信公司还与中国环境科学院合作，出资用中国桑塔纳汽车台架做实验，证实美国在酒精燃料研究方面的数据资料。

在与企业的合作研发方面，有一些是企业委托的研发业务，这些业务目前比原来要多一些；研发合作项目大部分也都是合作方公司特殊的产品，不是公司内部目前现有的产品。对于与中国企业的合作，总部是有限定的，一个基本原则是，与国内企业的研发合作，如果成功的话，公司将会增加一个业务范围和利润增长点；而对于合作研发的限制，主要是会对委托合作研发的项目进行评估，如果没有任何的利益，市场的应用范围较小，那么总部就会否定这个合作项目。而如果研发项目的经济效益较好，市场范围较大，则就同意实施该项目。公司对每个研发合作项目都要进行一定的评估，每年 1~2 次，如果在研发过程中突然出现市场缩小或萎缩，总部也会终止正在进行的研发合作项目，一切都要根据市场的需求进行评价。而其他的与企业的研发合作项目则是进行相关技术的联合研究，如诺维信公司与中粮集团在黑龙江投资设厂，共同开发利用玉米秸秆等农产品废弃物转化生产燃料乙醇的工艺，用纤维素生物质转化生产燃料乙醇，其大规模工业化应用将带来燃料乙醇生产原料和转化技术的根本性变革。该合作项目是诺维信公司目前最大的研发项目，研发中心就设在中国，此外，全球实验室还有100多名研发人员在为此项目服务，之所以与中国企业开展合作，主要是由于中国有丰富的农业剩余物资源和劳动力资源。

综上，通过对诺维信公司中国研发中心研发内外部组织特性的分析，我们看到，诺维信公司在全球范围内已经初步构建了跨国创新体系，在该体系中诺维信公司中国研发中心处于相对比较重要的地位，其在中国的研发活动已经不仅仅限于服务中国市场，也超出了传统的母国技术的本地化，而是不断面向全球市场，成为全球知识创造的一部分，并逐渐融入全球的创新体系中。一方面，诺维信公司中国研发中心积极与母国或者公司其他研发机构合作研发，在研发项目选择、研发内容上配合总部的全球部署，并通过多种形式的知识交流，形成创新体系内部的知识流动和循环；另一方面，其还与当地的大学、科研机构以及企业从事紧密的研发合作，利用当地的科技资源，获取当地有价值的技术信息，并将获得的知识纳入到全球创新体系中，从而在全球进行知识的循环流动、扩散和应用。在这样的跨国创新体系中，必然要求形成相应的全球研发独占体系，完成对知识应用的保护和创新收益的实现。

14.3 知识产权管理

整体来看，在知识资产管理方面，诺维信公司实施的是中央集权式管理，由总部负责全球的知识资产管理，包括知识产权申请流程、知识产权战略的制定等。2006年，诺维信公司中国研发中心在中国成立了知识产权合作部，负责诺维信公司在中国的专利申请，并为诺维信公司全球的知识产权工作提供全方位的支持。我们将在跨国创新体系的基础上，从专利保护、秘密保护、非法律保护手段、有关研发独占性的其他方面四个角度对诺维信公司在中国的研发独占机制选择和知识产权管理实践进行详细的考察。

14.3.1 专利

诺维信公司中国研发中心的知识产权合作部门初建时只有4人，其中1人专门负责专利许可。从这几年公司的发展经历来看，公司的知识产权管理模式在发展中国家和发达国家之间基本上没有什么大的差异，有也只是细节上的调整。这主要是由于各个国家的知识产权审查程序不太一样，并且对于法律诉讼发达国家和发展中国家也存在一些不一样的地方。

在专利管理方面，首先，公司制定了较为详细的专利申请流程和制度规定，其申请专利的程序一般情况是，先在欧洲国家进行专利申请，以获得专利优先权，对发明进一步测试之后，通常在一年以后，再进行欧洲的国际专利合作协定（PCT）申请，完成其国际申请阶段，最后看世界各个国家的市场情况，进行各个国家的专利申请，以进入各国市场。

对于研发成果，公司首先会在内部会议上递交给相关的专业人员进行价值评价，如果对其价值有质疑的话，就选择不申请，如果没有质疑的话，就申请专利。在专利进入各个国家进行申请的时候，公司也会选择对研发成果的价值进行评估，这主要是从市场规模、市场发展潜力等角度进行评价，如果没有什么价值的话，就选择不交年费、自动放弃或者就不在该国进行申请，价值评估是在申请过程中很重要的一步。

其次，在专利申请的过程中，一般是在基本的实验测试显示初步的效果后进行，市场部门起初是不参与的，只是在申请的后期参与一些价值的评估，但如果有些专利申请在生产中试的时候效果就不明显的话，也会放弃专利申请。

再次，在专利申请方面，特别是 PCT 申请，并不是所有的研发成果都要在中国进行申请，要区分产业进行申请，有一些产业的研发成果是由中国公司申请，有一些是直接由总部申请，中国公司不申请，总部与分部是有一定原则分工的。而具体的分工原则由总部规定，一般根据研发成果应用市场范围以及内部不同国家研发机构间的研发组织合作情况而定，特别是对于中国研发中心所参与的全球研发项目，如果在与海外研发机构的合作过程中产生了可用于申请的技术成果，会通过联合申请的方式由总部负责申请专利保护。如在美国申请的包含有中国工程师技术贡献的专利，经过公司知识产权部门的确认，都是中国研发中心的工程师与海外研发机构的工程师合作研发产生的，并且都是联合申请的专利，这些在一定程度上反映了公司研发活动的全球研发地域组织情况。在这些专利中，中国工程师有些是研发领导者，无论从联合专利发明人数还是排名，中国都占据首位；而有些则是处于辅助地位，海外工程师的贡献较多，这需要根据不同的技术领域进行具体分析。这些与总部或海外研发机构的研发合作是中国研发中心研发活动的重要组成部分，它充分发挥了世界各地的技术优势，是公司全球研发成果的主要来源，也有效地促进了公司知识产权管理活动的开展。但无论由谁申请专利，所有的专利申请都由公司自己进行，不会将专利申请业务外包。专利在国外的申请，大部分是由外国人自己写申请书。诺维信目前还没有遇到专利技术的进出口问题。

最后，公司在与大学、科研院所进行的新产品开发过程中，注重对知识产权的保护和权益归属，值得注意的是，随着国家逐渐强调知识产权保护，全民知识产权意识不断增强，在合作过程中，原先大学、科研院所不太在乎知识产权的归属问题，现在对知识产权的划分非常在意，经常进行多轮谈判，以实现知识产权的权益分配。而诺维信在与国内企业的合作中，一般也会在项目启动之前与对方有很好的知识产权方面的合同约定，合同之中有对相关知识产权进行保护的详细条款，目前公司还没有遇到过在合同签订过程中技术秘密流失的情况。尽管公司有时在对外研发合作过程中，双方对于知识产权的归属会有一些争执，合作方会先申请专利，屏蔽诺维信的专利申请，但在发现这种情况之后，公司会跟合作方进行谈判，最终也都取得了满意的结果。

总之,诺维信公司中国研发中心具有非常积极的专利战略,他们认为专利对于阻止模仿以及保护市场利益、获得相关研发投资回报具有重要作用。在专利申请上,诺维信公司的一个策略就是尽可能多的申请专利,这是由于秘密保护很难实施,也很难找到证据,而专利可以用来作为起诉证据。对于专利申请还没有批准下来,是否会影响产品上市的问题,诺维信公司表示最理想的情况是专利在上市之前就批准下来,但是也存在产品上市之前专利还没有批转下来的问题,在这种情况下,公司更多的选择是尽快先申请专利,并且尽快使产品上市。此外,公司衡量员工绩效最为主要的还是要看其研发出来的产品的市场表现,从全球研发的角度来看,员工的专利申请数量,只是作为评定其成为公司年度拥有最多专利个人的评价指标,但这也只是作为其名誉上的奖励而已,并不会对其进行物质上的激励,也不作为评定研发人员绩效的指标。

14.3.2 秘密保护

公司在秘密保护实施方面,首先对于新员工要签署一项大的雇佣协议,该协议中包括了保密责任的规定;而对于竞业限制和保密协议,公司只有一部分员工要签订,主要针对研发核心人员以及参与全球较大研发项目的员工。事实上,公司还会与员工签订一些离职协议,在时间上限制离职员工从事特定类型的活动,而公司也会录用竞争对手的员工,只是不让其继续从事离职前开展的活动,而是从事一个新的业务领域,以解决竞业限制的问题。

在对外交流中，公司对于涉及核心技术的人员，一般不要求其参加技术交流会议，以屏蔽一些核心技术信息，公司对外发表的论文和外出开会演讲的内容都要经过严格审查，这在全球所有地方都没有什么差异。而在与外部大学、科研院所以及企业等组织的研发合作中，公司对于技术交流的范围、方式等都是有严格的规范步骤的，保密协议在合作之前一定要签订。在一些合作中，公司也会出现没有签订相关技术保密协议的情况，但最终会通过谈判的方式确认双方的职责和权益。尽管在研发合作中，会有一些大学将合作开发的技术转让给其他组织，但是公司还没有遇到过此类情况。

一般来讲，知识产权的泄漏和流失，是很难获得证据的。公司目前也没有实施严格对员工进行搜身之类的检查，十几年来，公司还没有出现严重的技术秘密流失情况。

14.3.3 非法律保护手段

除了正式的专利、秘密保护之外，公司还采取其他的一些非法律保护手段对技术研发成果进行保护。这主要包括研发流程的控制、产品的复杂性以及知识产权教育培训等方法。

在研发流程控制方面，主要是由于研发产品的上市过程很漫长，诺维信公司内部的研发活动存在一定的任务分解和分工，研发人员也只是掌握研发流程中的某一部分或者某一些步骤，不可能完全掌握全部的技术流程。此外，公司研发产品涉及的所有研发流程也并不都是在中国进行，有些研发流程需要在总部或者海外研发机构进行，公司需要转移某些研发中间产品到其他国家中，比如酶制剂样品的有些测试工作就不在中国进行，要将其转至总部；有些研发流程，中国也只是部分参与，比如洗涤剂用酶的试验测试就在中国进行，而之前的酶制剂的研究筛选却是在第三国完成的；有些跨国界的全球性研发项目，在中国的工程师需要与海外工程师联合完成，彼此之间存在一定的分工协作，如在抗菌素的研究中，中国只是提供前期的样品和代谢产物，真正的筛选要在海外进行。这些研发地域组织上的安排在某种程度上增加了模仿的难度，降低了单个技术组成部分的价值和单个研发人员的重要性，将技术流失的风险分散在不同的地域中，有效地防止了技术的流失。

在产品复杂性方面，由于研发产品中涉及筛选、合成、试验等多个阶段，并且需要微生物学、分子生物学、生物工艺学、物理化学、生物工程等多学科背景的交叉，而在酶制品的研制过程中往往又需要结合多种不同的工艺流程、研发中间品进行集成，上述内容都增加了产品的复杂性，使得模仿者很难在短时间内进行模仿，并且需要长期的知识积累和学习，才能降低整个模仿成本，而这些障碍因素的存在间接地保护了技术研发成果。

在知识产权教育培训方面，诺维信公司对员工都要进行一定的知识产权保护培训，特别是新员工。培训内容涉及研发中的专利检索、许可、上市以及侵权方式分析等内容，并主要由内部的知识产权部门负责进行。此外，诺维信公司中国研发中心每年也会进行一到两次的知识产权教育和培训，涉及员工权利与义务关系,但也会增加其他方面的内容,比如知识产权政策、专利地图描绘、专利信息分析等。这些培训教育措施,增强了员工的知识产权保护意识,更加明确了自身的权益,2007年诺维信公司中国研发中心的人员流动率在10%以下,而公司全球人员流动率也只不过为11.3%。此外,诺维信公司对研发技术知识保护的另外一个措施就是教育重点人员。因为同一个行业内的人,往往很清楚技术秘密是谁偷走的,如果有效控制了处于关键阶段的人员流动,就可以不必太担忧技术秘密信息的流失了。

综上,诺维信公司具有较为完善的知识资产管理制度,积极实施了专利、秘密保护以及其他非法律保护手段来提高研发的独占性。从跨国创新体系的角度看,在与外部大学、科研院所、企业的研发合作中,诺维信公司中国研发中心综合使用了专利和秘密保护的措施;而在内部的研发地域组织方面,诺维信公司与海外的研发机构始终保持较为密切的联系,在知识跨国界的流动过程中,强调了联合专利的申请和不同的申请地域选择,还通过对国际研发项目进行地域组织分工合作的方式,保护自身的知识资产,控制知识扩散和利用的范围,更加具体地凸显了跨国公司在跨国创新体系中的核心地位以及其内外部知识交流对于研发独占性的影响和要求。

14.4 进一步的讨论

通过对诺维信公司中国研发中心对各主要独占机制使用的

考察，我们可以看到，在跨国公司所构建的跨国创新体系中，无论是在企业内部之间还是企业与东道国外部组织间的知识创造、流动、应用和扩散，都体现着对知识资产的保护和独占。一方面，诺维信公司中国研发中心在与东道国大学、科研院所以及企业的研发合作中，非常强调对知识资产的保护，这不仅是出于双方权益和利益分配的考虑，也是其保护对外技术交流安全的重要方式；另一方面，诺维信公司的全球研发组织活动对其独占机制选择也产生重要影响，这表现在中国研发中心专利的申请范围、申请流程、联合专利的申请、不同研发机构间的研发人员的保密责任等方面，而这种在全球范围内的地域研发组织对于研发流程控制的实施也产生积极作用，通过与不同海外机构间的研发合作、研发成果的转移、只从事部分研发流程以及研发人员的轮换，使得诺维信公司研发成果的价值实现还需要分布在全球其他地域内部组织的研发支持，形成了不同地域间研发知识的互补，增加了模仿的难度，降低了模仿的收益，加强了跨国公司在海外机构的研发独占性。此外，研发成果的不同市场取向对于专利申请的影响是明显的，这反映出知识应用范围的作用。总之，跨国公司正是通过在全球研发的内外部组织，在知识循环流动的基础上，建立了相应的全球独占体系，加强对研发的独占，从而获得更高的研发投资回报。

第 15 章 富士通中国研发中心

15.1 富士通在华研发基本情况

富士通（Fujitsu）是世界领先的日本信息通信技术（ICT）企业，提供着全方位的技术产品、解决方案和服务。目前已成为全球第三大、日本第一大 IT 服务供应商，全球前五大服务器供应商；在全球拥有近 16 万名员工，超过 34000 项的创新专利，将近半数的财富 500 强企业是富士通的客户，遍布世界 100 多个国家。富士通公司于 20 世纪 70 年代进入中国，在计算机平台产品、软件与解决方案、通信、半导体以及高新技术的研究开发等领域与中国进行合作并取得了丰硕的成果。几十年来，富士通在华投资总额累计已达到 80 亿元人民币，资本金总额 71 亿元人民币，共设 46 家公司，员工 2 万余人，其中在北京设立研发中心，在上海、香港设立 ICT 解决方案中心，在南京、天津、南通建立制造中心，在佛山建立数据中心。[①]

---

① 据富士通官方网站。

富士通进入中国初期只是在华设立贸易机构，随后引进欧美日的产品。1997年，集团的最高领导层访华并与中国领导人会晤，富士通认为不能仅将中国作为加工厂，而应该把技术引入中国，加强富士通在中国的研发力量，通过将国外产品本地化及全方位的本地研发更快速直接地服务于中国市场。

1998年2月，日本富士通株式会社投资440万美元成立富士通研究开发中心有限公司，这是在中国境内设立的第一家独资法人研发机构，是株式会社富士通研究所的下属机构之一，其内部结构如图15－1所示。目前公司的研究领域覆盖了富士

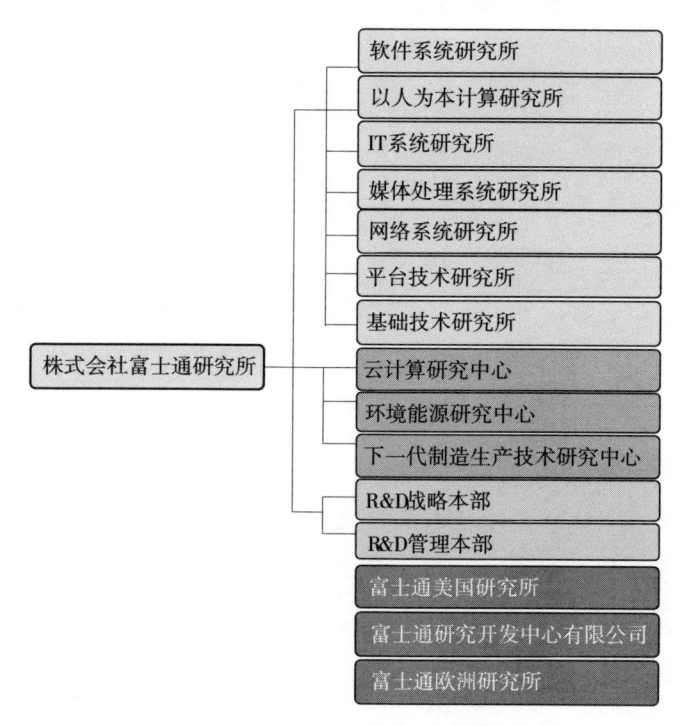

```
                    ┌─ 软件系统研究所
                    ├─ 以人为本计算研究所
                    ├─ IT系统研究所
                    ├─ 媒体处理系统研究所
                    ├─ 网络系统研究所
                    ├─ 平台技术研究所
                    ├─ 基础技术研究所
株式会社富士通研究所 ─┼─ 云计算研究中心
                    ├─ 环境能源研究中心
                    ├─ 下一代制造生产技术研究中心
                    ├─ R&D战略本部
                    ├─ R&D管理本部
                    ├─ 富士通美国研究所
                    ├─ 富士通研究开发中心有限公司
                    └─ 富士通欧洲研究所
```

图15－1　富士通研究所下属机构

通株式会社的所有业务范围，即信息处理、通信、半导体和软件服务四大领域。其宗旨是通过与富士通集团及中国的大学和研发机构开展广泛合作，从技术上支持研发成果在中国的商品化及以中国为基础的国际化业务的开展，使研究成果既有助于富士通集团的商务活动，又可为中国的技术进步和商务发展作出贡献。

富士通研究开发中心有限公司总部位于北京，为增强与各地方合作单位的交流，分别于2005年和2010年在上海和苏州设立了分公司。其中上海分公司的研究方向主要为微电子和半导体，而苏州分公司的研究领域集中于云计算。

15.2 富士通在华研发中心在全球研发网络中的定位

株式会社富士通研究所在海外有美国、欧洲和中国三大研发中心，与国内各研究所等级相同，均要向株式会社富士通研究所总部直接汇报。日本总部研究人员约为1500人，海外约180人。各中心之间的跨国合作方式很简单，不同中心负责产品的一部分，主要根据各自的技术能力来分工，也考虑各研究所面向的区域。例如日本总部要开发某一商品，中国负责加入中文语言的模块。

欧洲和美国研究所的规模较小，主要面向欧美市场。富士通中国研发中心成立之初发展缓慢，犹如装饰品，无实质性作用；五六年后，由于研究成果能够很好地满足日本总部的需求，许多部门表现出较高的研究水平，从而逐渐被日本总部认可，开始承担很多核心项目。目前中国研发中心已成为海外研究所中最大的也是最重要的一个分支，研究人员约有110人。

富士通中国研发中心的研发目标是服务中国市场，但目前仍与日本研发总部有密切联系，服务于日本市场，支持日本研发工作，自主性较小，对于总部的贡献越来越大。由于技术本身具有通用性，许多研究成果已成为面向全球市场的技术，只需根据不同需求进行调整和改变。例如人口普查识别软件技术也被应用到扫描仪和手机以提高识别度。但中国研发中心对中国市场的贡献很小。随着日本市场趋于饱和，中国市场成为富士通海外扩展的重中之重。2011年，中国市场营业额仅占富士通全球市场营业额的9%（如图15-2所示）。因此，富士通在增强自身实力、扩大中国市场份额的同时，也迫切需要中国研发中心提高研发能力，开发满足中国市场需求的技术，成为更多重要课题的主导者，构建世界一流的研究所。

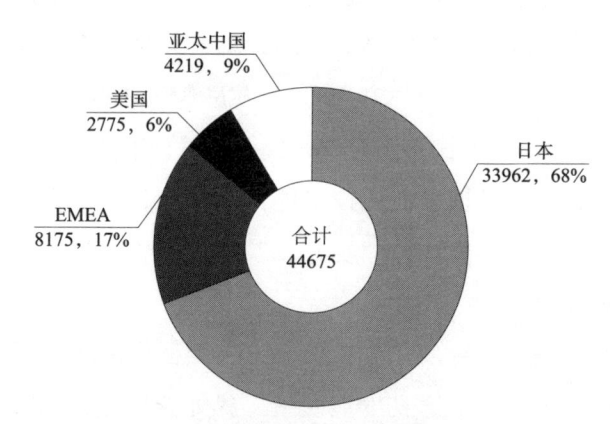

图15-2　2011财政年度各地区营业额（百万美元）

注：EMEA地区是欧洲（Europe）、中东地区（Middle East）、非洲（Africa）的合称。EMEA地区总销售额不含富士通西门子电脑公司的销售额。2011财政年度是指2011年4月1日到2012年3月31日的财政年度。

15.3 研究性质与项目决策机制

信息、通信和微电子是富士通中国研发中心的重点（如表 15－1 所示）。从研究的性质来看，既有五年、十年以后比较超前的、比较长期的新领域，也有三五年以后应用的中期研究以及马上要转化成产品的事业化研究，各领域按照一定的比例平衡发展，例如富士通研究所每年将 16％ 的预算用于尖端研发。其中信息技术领域与中国市场结合较紧密，应用性强，而通信技术领域更前沿，基础性研究比例较大，但纯基础研究很少。

富士通中国研发中心的大部分经费都来自日本，其中 30％ 来自事业部，70％ 来自公司研发预算。相对于其他中心而言，事业部给中国研发中心的经费比例偏小，这主要因为中国的事业现在还不是很大，事业部不愿意投入更多资金。但富士通中国研发中心正在努力，希望 5 年后来自事业部和总公司的经费比例能达到 50∶50，而且其中 20％ 来自本土事业部，30％ 来自日本事业总部。本土的经费主要来自富士通在华的关联公司。研发中心将技术介绍给关联公司，由关联公司对技术进行推广并将客户需求反馈给研发中心，研发中心根据需求进一步研发。一般，研发经费中有 1/3 用于员工工资，1/3 用于设备采购，1/3 用于高校合作经费和材料费等。

富士通中国研发中心研发自主性较小，80％～90％ 的课题来自日本以及与日本的共同研究。每年年末，日本本土与海外研究所联合申请第二年研究课题，各研究所之间会做好内部分

表15-1 富士通中国研发中心研究领域及重要成果

研究课题	研究目标	研究领域	研究成果
下一代通信系统的关键技术	致力于研究开发超大容量、超高速度、高度灵活的下一代无线和光通信系统	IMT-advanced、宽带无线接入、短距离无线通信（PAN/BAN）和100Gb/s以上的超大容量新型光通信系统	2011年9月，开发出高性失真补偿电路，将超大容量光纤传输系统的电路规模和功耗缩小约85%
信息处理技术	致力于对不同格式的海量数据进行加工，并从中分析和抽取出有用信息和知识，构建与新型信息处理平台相关的SaaS、云计算等技术，并致力于面向中国市场的研发及技术推广	自然语言处理、WEB信息处理、云计算、多媒体信息处理、语音处理和OCR文字识别等	中国国家统计局从2010年11月开始实施的第6次全国人口普查，采用了富士通集团的高速扫描仪"fi系列"共1700台以及中文OCR识别软件
系统级大规模集成电路技术	致力于具有图像、视频、音频和图形处理能力的智能应用电路开发，通过大规模集成电路技术实现广泛的具有低功耗的智能化	音视频编解码器、图形处理器、图像应用处理器、传感器信号处理器	2010年开发出一款能够同时支持H.264/AVC、AVS、VC-1和MPEG-2四种标准的全高清解码器

工,并直接向总部汇报。中国研发中心自己也会提出课题,但要向总部提出申请,一般来说,如果课题可行性强、商业前景好,被采纳的可能性是很大的。若中国申报的课题与其他研究所重复,总部会提出来,经各研究所之间的讨论最后修改研究方向。与 NEC 和日立中国研发中心独立承担项目和经费的机制相比,富士通中国研发中心大部分课题和经费来自日本,随着研发中心规模逐年扩大,这种项目决策机制呈现出一定的优势。总部给予一定的指导有利于研发中心把握研究方向,同时由于高管多由了解中国市场的日本人承担,便于与日本研究所保持密切联系和顺畅沟通。

富士通中国研发中心与其他事业部、研究机构的关系如图 15-3 所示。

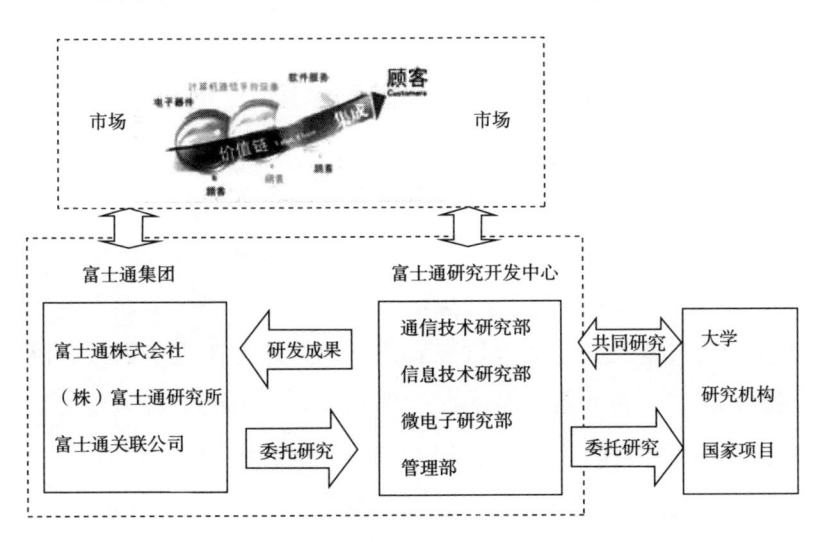

图 15-3　富士通研究开发中心研发形态示意图

富士通中国研发中心及其他海外研究所与日本合作研究的所有技术成果归日本所有，并由日本总部实施必要的知识产权保护措施。以专利申请为例，所有在中国取得的专利其发明人都是中国研发中心，但申请人为日本总部，由总部判断在哪个国家申请。各国专利法不同，按照中国新专利法的规定，所有在中国取得的专利都必须先在中国申请并持有一年的优先权，一年之后再判断是否在其他国家申请。不同研发中心之间也存在专利竞争，但中国一直在强调自身的价值和重要性以提高日本总部的认同度。另外，为防止人员流动所带来的技术泄密，公司与员工会签订保密协议，但就目前情况看，大部分员工多流动到盛大、搜狐、百度、腾讯等互联网开发公司，其从事的工作性质与富士通差异较大，由此造成的技术泄密情况较少。

15.4 人力资源管理与考核激励制度

富士通的管理者很清楚地看到了人才是软件开发中最重要的因素。因此，软件管理者的责任，就是要给员工构建最好的工作环境，让他们的大脑处于最佳的工作状态。富士通中国研发中心与日本及其他海外研究所相比，其优势在于中国具有巨大的人才库，而北京更是人才的聚集地。中国理工科毕业生数量多且相对年轻，这使中国研究中心具有显著的人才优势。

但富士通中国研发中心在人才方面仍面临诸多困境。一方面，中国人才库中真正特别优秀的人并不多，招聘的人才虽基本能胜任研发工作，但多数学生过于理论化，强调发论文，实战经验少,很难承担前沿性课题,其研究成果对企业应用价值较小。因此研究中心每年的人员招聘计划都完不成,仅在2008年和2009年招过一批特别优秀的毕业生。另一方面,尽管富士通位于世界五百强前列,但其在中国的知名度尚不高;且与欧美企业相比,日资企业薪资水平相对较低。在相同薪资水平下,每年有20%~30%的毕业生选择富士通而非IBM等欧美企业。2011年,富士通中国研发中心的员工流动率骤然增加,猎头公司在薪酬水平上给予50%~100%的提升,该中心人才流失严重。因此,富士通采取了强调用事业、用适当的待遇和用感情吸引优秀人才和留住骨干人才的人才战略。

例如,在人才晋升方面,富士通研发中心为员工提供了良好的职业发展机会和富有挑战性的工作机会。员工有技术和管理两条晋升路线。百分之七八十的研究人员走技术路线,从普通研究人员做起,每年评定等级,逐渐晋升为高级研究员和资深研究员,博士较硕士晋升的速度更快。管理职位的晋升从项目经理开始,上级为副主任研究员和主任研究员,进而晋升为部长,最高层的总经理一般由日本人担任。与日本研究所不同的是,中国研发中心的技术人员更向往管理职位,因此随着规模的不断扩大,公司也在创造更多的管理职位以留住优秀人才。但高层仍由日本人控制,以更好地把握中国市场的需求及日本总部的发展变化。

在企业文化方面,富士通中国研发中心的管理十分人性化,强调"来去自由""快乐工作,共享成长",力求为员工创造良好的开发环境。富士通的员工大多是技术出身,等级观念淡薄、人际关系简单。同时，富士通即使在金融危机时也不轻易裁员，尽管人力成本不断上涨，但这种稳定性极强的企业文化对提高员工的归属感发挥着重要作用。

在员工培训方面，富士通中国研发中心拥有完善的教育体系和丰富的国外进修机会。富士通在选拔学习能力较强的人才的同时，也通过培训等方式改进人才。除了老人带新人的传统培训方式，中心也积极组织员工到日本总部培训。富士通中国研发中心已成立十余年，成立前期因应届毕业生经验不足，员工多被派到日本研修 1～2 年甚至更长时间，到发展中期，中坚力量基本上培养起来，才开始承担重要课题。中心与欧美研究所的联系也比较密切，尤其在每两个月举办一次的全球性通信标准大会，全球研究所都会派人参加，另外通过视频会议、电子邮件和电话会议的交流也较多。但在与欧美研究所的员工交叉培训方面，由于实施起来较为困难，目前尚未开展。

在激励考核方面，研发中心实施目标管理制，每半年评定一次成绩，根据成绩决定奖金和职位晋升。考核标准既包括论文、专利，也包括项目的商业价值。

中心要求员工在顶级会议期刊上发论文，其作用在于扩大公司的宣传力度。同时，中心按年度制定目标，要求每个部门及部门员工每年都必须拥有一定的专利数量。对于没有达到专利目标的新员工，公司不设有惩罚机制，但要求部门领导为新员工创造更好的研究环境，部门成员互相交流经验，引导新员工思考。该中心的发明专利现每年已达到 180 多个，平均每人近两个。对研究人员来说，有专利保护的想法才是有价值的，这也是论文发表的前提。对于那些不能申请专利的项目，则应考核其应用到产品中带来的销售额。另外，研发中心还设置了"最佳论文奖""优秀发明奖""总经理奖"等多个奖项来激励员工，留住高端人才。

15.5　与本地业务部门的合作

富士通非常重视与中国本地业务部门的合作，富士通中国研发中心的宗旨就是力争通过与国内大学和研究机构进行多领域的、深入的合作，共同开发出面向中国的、并且具有世界先进水平的高新技术，与合作伙伴一起，为中国的经济发展和技术进步作出贡献。富士通每年的研发预算中大约有15%用来与高校和其他研究机构合作。

（1）与中国高校的合作。

富士通中国研发中心与高校的合作主要有以下几种形式。

第一，联合、委托研究。如北京大学与富士通研究开发中心有限公司在北京大学建立了北京大学—富士通信息科学技术联合研究中心，在信息处理、移动通信以及半导体等IT基础研究领域开展了持续的合作研究，其公开发表的研究成果——"人民日报标注语料库"，曾得到广泛的应用。同时，富士通还将一部分课题委托给清华大学，北京大学、北京邮电大学、中科院自动化所、计算所、微电子所、软件所等知名高校和研究所来做。中国的"863"项目计划等为高校和科研院所提供了良好的科研条件和充足的研究资源。研发中心会积极关注各院所的研究动态及其与自身课题的关联程度，并邀请经验丰富的老师共同商讨新课题，委托研究的老师大多年轻有为、责任心强，以保证其认真对待委托项目。与高校合作取得的研究成果都是权利共享、专利共享。

第二，学术、文化交流。富士通研发中心与国内多所知名高校都保持着良好的合作关系。2011年5月中旬，日本富士通研究所富田达夫社长先后拜会了上海交通大学、清华大学、北京邮电大学等高校，并与各高校领导人进行了亲切友好的会谈。为了能与合作单位进行更好地交流，并让合作方更多地了解到富士通的研发实力和状况，扩大富士通在中国学术研究机构领域的影响，富士通研究开发中心有限公司自1999年以来，每年都举行面向中国高校专家学者的学术网会议。2009年会议升级为中国科技论坛，邀请对象除国内知名高校学者外，还进一步扩大到政府部门、研究机构、科技企业以及富士通在日本、美国及欧洲研究所的众多专家，会议内容聚焦最尖端的技术主题以及全球最新研发与商业化动向的分享。研发中心与高校间还通过互派优秀教授和研究人员的方式展开深入的学术交流，如2007年株式会社富士通研究所桑原秀夫先生就受聘北京邮电大学电子工程学院客座教授。除此之外，富士通连续多年举办大学生围棋比赛，吸引了来自国内和日本几十所高校的一百多名学生参加，促进了与各高校的文化交流。

第三，人才培养。富士通分别与中国科技大学软件学院、南京大学软件学院、东南大学软件学院、苏州大学计算机学院签署了人才培养框架协议。

（2）与本地企业的合作。

富士通主要是和中国本土一些著名的 IT 行业龙头企业合作。如 2010 年 3 月 18 日，日本富士通研究开发中心有限公司苏州分公司与中国 SaaS 平台领军企业风云网络服务有限公司签订合作协议，将与风云网络旗下的 SaaS 平台风云在线进行 SaaS 领域的合作，将研发基于多个 SaaS 平台/云中心安全、灵活、高效地联合在一起的安全构架技术（云网关技术），以及面向知识挖掘、物联网、智能社会等核心技术的 SaaS 应用。

第16章 三星中国研发中心[①]

16.1 三星在华研发布局

三星电子是韩国最大的电子工业公司,于 1938 年 3 月在朝鲜大邱成立。目前,三星集团包括 44 家下属公司及若干其他法人机构,在近 70 个国家和地区建立了 400 多个法人及办事处,员工总数 23 万人,业务涉及电子、金融、机械、化学等众多领域,三星电子在动态存储器、静态存储器、CDMA 手机、电脑显示器、液晶电视、彩色电视机等近 20 种产品中保持着世界市场占有率第一的位置。2016 年,"世界财富 500 强企业"评选中,三星电子全球排名第 13 位。《商业周刊》中公布的 INTERBRAND 品牌价值排名中,三星以 518 亿美元的品牌价值名列第 7 位,连续五年进入品牌价值前 10 名。可以说,三星是韩国民族工业的象征。

三星在中国的发展可追溯到 20 世纪 70 年代,在中韩还没有

[①] 本章内容主要通过访谈、二手资料收集等完成,由于网络信息有限,部分内容未能同步更新。

建交的历史背景下，三星经香港从中国进口煤炭，这是韩国企业在新中国成立以后与中国进行的第一笔贸易。1992 年 4 月，三星康宁公司在天津成立三星第一家在华合资企业。1992 年 8 月，中韩两国建交以后，三星在中国的发展开始加速，1995 年 1 月，为加强三星在华业务，三星成立了三星集团中国总部。次年，三星（中国）投资有限公司成立。目前，三星旗下的公司中已有 23 家在中国投资，包括三星电子、三星 SDI、三星 SDS、三星电机、三星康宁、三星生命、三星火灾、三星证券、三星物产等。中国三星在华设立的机构数达 152 个，包括 35 个生产法人、31 个销售法人、9 个研发中心、77 个销售分公司和办事处，雇佣员工数量近 8.6 万人。中国三星电子的生产经营活动是目前中国三星在华最大的业务部分，如表 16-1 所示。三星电子的生产、销售和服务网络遍及北京、天津、山东、上海、江苏、浙江、广东、香港、台湾等地区，其业务涉及多个领域，主要包括半导体、移动电话、显示器、笔记本、电视机、电冰箱、空调、数码摄像机以及 IT 产品等。

三星电子未来 10 年的目标是"Inspire the World, Create the Future"。这个新的目标反映了三星电子的承诺，利用三星的三个主要优势："新技术""创新产品"和"创造性的解决方案"来激励其团队。有创新能力的杰出人才、全球性研发网络以及加强与合作伙伴的精诚合作，是三星实现可持续发展战略、不断研发出创新性技术的重要手段。三星拥有全球性的研发战略，除在韩国有 6 个研发中心之外，在美国、英国、俄罗斯、以色列、印度、波兰、日本和中国等 9 个国家还设立了多个研发中心（如表 16-2 所示）。

表 16-1　三星电子在华投资公司

投资公司		三星（中国）投资有限公司
生产企业	数码多媒体	天津三星电子有限公司
		三星电子（山东）数码打印机有限公司
		惠州三星电子有限公司
		苏州三星电子电脑有限公司
		天津三星光电子有限公司
		惠州三星电子有限公司中山分公司
	信息通信	天津三星通信技术有限公司
		三星（海南）光通信技术有限公司
		深圳三星科健移动通信技术有限公司
	家电	苏州三星电子有限公司
		苏州三星电子出口有限公司
	半导体	三星电子（苏州）半导体有限公司
		三星（中国）半导体有限公司
	LCD	苏州三星电子液晶显示器有限公司
		苏州三星显示器电子科技有限公司
		东莞三星视界有限公司
		天津三星电子显示器有限公司
	LED	天津三星 LED 有限公司
销售公司		三星（中国）投资有限公司北京支社
		三星（中国）投资有限公司沈阳支社
		三星（中国）投资有限公司上海支社
		三星（中国）投资有限公司广州支社
		三星（中国）投资有限公司成都支社
		上海三星半导体有限公司
		三星电子（香港）有限公司
		台湾三星电子股份有限公司
		三星电子（北京）技术服务有限公司
		三星电子通信（上海）有限公司

第 16 章　三星中国研发中心

续表

投资公司	三星（中国）投资有限公司
研究所	北京三星通信技术研究有限公司
	三星电子中国设计研究所（上海）
	三星半导体（中国）研究开发有限公司（苏州）
	三星电子（中国）研发中心（南京）
	广州三星通信技术研究有限公司
	天津三星通信技术研究有限公司
	中国三星技术院
	深圳三星网络研发中心
	三星研发中心（西安）
服务	三星电子（北京）技术服务有限公司
医用器材	三星麦迪逊（上海）医疗器械有限公司

资料来源：根据三星公司网站资料整理。

表 16-2　三星全球核心研发机构

中心名称	研发领域
三星信息系统美国有限公司（SISA, Samsung Information Systems America, Inc.）	战略性零部件及组件、核心技术
达拉斯电信实验室（DTL, Dallas Telecom Laboratory）	下一代无线通信系统技术和产品
三星电子研究院（SERI, Samsung Electronics Research Institute）	手机以及数字电视软件
莫斯科三星研究中心（SRC, Moscow Samsung Research Center）	光纤、软件算法以及其他新技术
三星电子印度软件中心（SISO, Samsung Electronics India Software Operations）	数字产品系统软件，用于有线/无线网络以及手持机的协议
三星通信以色列研究中心（STRI, Samsung Telecom Research Israel）	用于手机的 Hebrew 软件

· 313 ·

续表

中心名称	研发领域
北京三星通信技术研究有限公司（BST）	中国市场移动通信标准化和商业化
三星半导体（中国）研究开发有限公司（SSCR）	半导体封装与解决方案
三星电子（中国）研发中心（SCRC）	为中国市场开发软件、数字电视及MP3播放器
三星横滨研究院（Samsung Yokohama Research Institute）	下一代核心部件及组件、数字技术
三星波兰研发中心（SPRC）	机顶盒软件平台开发、欧洲机顶盒及数码电视商业化
三星印度软件中心（SISC）	软件平台及程序设计、平面设计

三星始终用"唯变主义"的健全危机意识来武装自己，为了超越现在而不断地进行变革。三星刚刚进入中国时看中的是中国的制造能力，当时所有的产品都在韩国进行研发，之后才拿到中国生产、再出口。但如今情况发生了根本变化，三星正在中国建立"第二个三星"，努力构建贯穿于产品策划、设计、研发到生产、销售全过程的"当地完结型经营"模式，以成为一个名副其实的中国企业。目前，三星已在中国设立了 24 个研究机构，包括 9 个独立研究所和 17 个法人内研究机构（如表 16-3 所示），研发人员达六千余名。

三星集团涉及的业务领域较多，研发机构数量也较多，因此十分注重管理各研究机构之间的布局以促进研究机构之间的高效合作，设立创新网络以更有效地分享创新成果。各主要研发机构的基本情况如下。

北京三星通信技术研究有限公司成立于 2000 年 10 月，是三星电子在华投资设立的具有独立法人资格的研发中心，也是国家批准认定的高新技术企业及软件企业，下设标准化、多媒体软件、LTE 研发、系统软件、终端开发等 9 个部门，关注的项目主要包括标准化、手机终端、新兴技术、多媒体、网络系统等 5 个领域。

天津三星通信技术研究有限公司成立于 2010 年，是具有独立法人资格的研发中心，也是韩国三星电子在中国设立的大型手机研发机构，致力于在中国本土研发面向全球市场的 GSM、WCDMA 及 TD－SCDMA 制式手机，研发领域覆盖手机的硬件、软件、结构设计、手机测试各环节。

表 16－3　中国三星研发机构一览表

研究所	研发领域
北京三星通信技术研究有限公司	通信技术的先行研究
三星电子（苏州）半导体有限公司	半导体Clip设计
三星电子（中国）研发中心	通信及DTV Solution研发
中国三星技术院	Digital Multimedia技术
广州三星通信研究院	手机终端研发
三星电子中国设计研究所	家电及IT产品设计
三星电子（10个法人）	手机、电脑、显示器、家电
三星SDI（4个法人）	显像管、LCD模块
三星电机（2个法人）	显像管、LCD模块
三星数码（1个法人）	数码相机
SDS（1个法人）	保安系统及Solution

广州三星通信技术研究有限公司是由三星电子于 2008 年 9 月，在中国设立的大型手机研发机构，具有独立法人资格，设

计开发面向中国、美洲、东南亚市场的 CDMA 和 GSM 手机,其业务领域覆盖手机的硬件、软件、结构设计、测试等全流程各环节,研究成果可通过三星电子的工厂迅速转入生产环节,如表 16-4 所示。

表 16-4　中国三星在华研发机构分布

地区	机构名称
北京	北京三星通信技术研究有限公司（'0）
	中国三星技术院（'8）
	三星数据系统（中国）研发中心（'7）
天津	天津三星数码显像研发中心（'2）
	天津三星数码研发中心（'4）
	天津三星电机研发中心（'1）
	天津三星 SDI 研发中心（'3）
	天津三星数码相机研发中心（'8）
	天津三星 LED 研发中心（'9）
	天津三星通信技术研发中心（'10）
威海	威海三星打印机研发中心（'93）
南京	三星电子（中国）研发中心（'4）
苏州	苏州三星家电研发中心（'95）
	三星（苏州）半导体有限公司（'3）
	苏州三星电脑研发中心（'3）
	苏州 LED 研发中心（'3）
上海	三星电子中国设计研究所（'4）
	上海三星 SDI 研发中心（'2）
深圳	深圳三星 CDMA 研发中心（'2）
	深圳三星 SDI 研发中心（'4）
惠州	惠州三星数码研发中心（'1）

续表

地区	机构名称
广州	广州三星通信技术研究院（'9）
东莞	东莞三星电机研发中心（'3）
	东莞三星 SDI 研发中心（'5）

注：研发中心现况：7 个独立研究所，17 个法人内研究机构。

三星电子（中国）研发中心于 2004 年在南京成立，是三星电子中央研究院全额投资于中国的唯一海外研究所，致力于 Linux 平台和 Android 平台手机软件开发、数字电视应用系统软件等专向研究开发和 Web Service、内存数据库、交互软件等开发及相关技术的咨询和支持服务。

中国三星技术院是三星综合技术院在海外开设的 5 个研究机构之一，于 2008 年在北京挂牌成立，主要开展以下一代 IT 技术、医疗影像技术、智能信息检索技术以及新材料研究为核心的前瞻性研究。

三星半导体（中国）研究开发有限公司是韩国三星集团投资七百万美元在中国设立的全资研发法人，研究所分别在苏州和杭州设有"苏州集成封装技术研发中心"和"杭州系统解决方案研发中心"，苏州研发中心的主要业务是半导体封装技术的研发，杭州研发中心的主要业务是电子零部件和集成电路的软件及硬件设计和电子产品解决方案的开发。

三星电子中国设计研究所于 2004 年 3 月 1 日在上海成立，是三星电子六大海外设计研究所之一，成立的主要目的是面对战略性的中国市场，为三星设计出适合中国人使用并能够得到中国人民认同的高端品牌产品，致力于下一代消费类电子产品的相关工业设计、交互设计和用户体验研究。

在各大研发机构的选址方面，三星一方面考虑人才的聚集度，另一方面则考虑与生产基地及政府的联系。在战略上全国有一个布局，北方的研究机构主要集中在北京和天津，以通信行业研发为主，比较靠近天津的生产基地，便于内部管理及与总部保持密切联系，同时在中国移动通信标准等方面便于与中国政府和中国移动、中国联通等运营商的沟通。南方主要集中在上海、南京、苏州等地区，以软件研发为主，这些地区高校众多，同时接近三星在苏州、南京等地的生产基地。

可以说，三星在中国设立的多家研究院通过人才流动和其他形式产生的技术外溢效应大大促进了中国行业的整体发展。

16.2 战略定位与研发策略

三星提出在中国建立"第二个三星"的战略目标后，一直不断扩大中国市场的产品本土化研发力度。在市场层面，三星重视中国市场的本土化需求，与政府及本地运营商建立了良好的合作关系，迎合政策指导下的中国技术发展趋势及政府倡导的各项技术标准，积极参与研发包括 TDSCDMA 及 4G 标准的制定，同时还参与到与中国战略新兴产业相吻合的产业如生物制药、新能源等产业的研发中去。另外，三星不仅拥有半导体、通信、AV 及核心零部件技术，其外观设计的目标和理念也不断迎合中国人的口味，引领时尚。三星品牌理念倡导"Wow（惊叹）、Simple（简单）和 Inclusive（亲和力）"，与中国的把玩精神"入眼、入手、入心"一样，都恰如其分地诠释了三星产品设计追求的内在精神。Wow（惊叹） = 入眼：简洁优美的外观，总是能在第一时间吸引投注的目光；Simple（简单） = 入手：方便舒适的操作，简洁易用的界面，带来使用的愉悦和惊喜；Inclusive（亲和力） = 入心：对产品日久生情，甚至产生依赖感。三星在设计上不仅能满足中国用户的使用需求，更致力于满足他们的情感需求，产品符合中国人性格，并能上升到文化认同层次，让中国消费者一见到三星的产品就爱不释手。在技术层面，三星的研发机构以应用型研究为主，为三星公司的产品更好地迎合本地需求作出了诸多贡献，如要在中国投放一款本地化手机产品，它可能会参与其中一些软件或硬件的开发；但三星也尝试一些基础性研发，如研究通信技术标准；同时三星也在为面向全球的产品设计贡献自己的力量，且近几年来面向全球的技术比例在逐步提升，这些技术主要是基础性的，也有应用性的，比如某一款面向全球的手机，其中的某一个模块是可以相互置换的，有些模块就是由三星中国研究院来研发的。

中国研究院的进一步发展还存在诸多障碍。总体来说，三星在海外建立的八个研发机构目前所从事的研发工作很大比例上是以韩国总部研发核心技术为主，这与微软研究院等欧美企业是有差别的。一方面，三星跨国创新网络内部各研究院之间，包括中国与总部或中国与其他国家之间在沟通上还存在语言、文化、制度等各方面问题。另一方面，三星在中国的研发机构成立较晚、地位较低，这极大地影响了研究人员的积极性，制约了研究院的发展。很多研发机构倾向于做更高级的研发，希望三星总部给予中国研究院更高的战略地位和资源支持，从而增强自身在集团内部的话语权，更充分地发挥主观能动性。最近几年，三星中国研究院承担了很大一部分国际化、全球化的课题，并积极参与所有标准（如CMMB、TMMB、TD–SCDMA）的研发，近年还在"最满意的海外研发机构"评选中获得第一名，这表明中国研究院在三星研发体系中发挥着越来越举足轻重的作用。

16.3 决策机制与专利保护制度

三星中国研究院的大部分项目是由总部直接派发的，总部的相关部门负责确定研发方向和决策，制订研究计划。如总部将某个产品或某个功能的研发工作分包出去，中国研究院与总部合作，负责研发工作的某一部分，其盈利模式是以总公司为主。但中国研究院也有自己的权限，每年在完成总部工作的基础上，研究院的研究员和工程师们会主动提出自己感兴趣的项目，向总部提出申请并获得批准，自己负责研究成果的产业化。一般重要的项目要通过总部批准，比较小的项目则可以自己拍板。

研发经费一般由三星总部和中国研究院共同承担。工作任务形式的研发，如调试手机程序、解决故障问题等，就以问题的解决作为完成的标志；而基础研发的成果形式则由总部决定，一般项目完成以专利或论文形式居多。

三星建立了比较完善的专利保护机制，一方面积极进行专利申请，一般会根据技术背景在各国同时申请，例如在美国已受法律保护而在中国可以申请则在中国申请；另一方面是严格遵守保密制度，员工要签署技术保密协议或者相关协议，以避免技术泄露。

16.4　企业文化与人力资源管理

三星有一个非常重要的企业文化，就是危机意识。危机意识的含义是，从"韩国第一"的错觉与自满中觉醒，彻底认清环境变换与企业的当前位置，不断检讨自己，然后以一种"不是一流，就没有生存机会"和"唯变主义"的健全危机意识来武装自己，为了超越现在而不断地进行变革，最终成长为超一流的企业。

1993年李健熙会长提出了"新经营"运动，"新经营"最重要的一点就是革新，而且是持续不间断的革新。不过，创新并不仅仅是产品的创新，还包括流程的优化、服务的改善等各个环节的改善。三星的每个子公司都有专门负责革新的经营革新部门，生产、研发、经营的各个环节上都要不断地进行革新。

三星认为最重要的竞争力来自顶尖的人才和最高端的技术，因此三星秉持着"人才第一"的精神，三星强调自己并不是以韩国为中心的企业，不断打造全球文化和培养各个子公司所在地的人才。例如，三星中国通信研究院的高层领导就是中国人，具有广阔的关系网络,与中国本土的沟通不存在任何障碍,这更符合三星的战略要求;而韩国员工比例很小,只有 2% 到 3%。

三星中国研究院的管理文化强调增强研究院技术人员的主观能动性,培养其对公司的认同感,增强凝聚力。三星研究院人才流动的比例比较正常,三星的裁员相对也较少,即使在金融危机时,很多企业都大量裁员缩减开支,三星的人员却在增加,从而避免了人心惶惶,营造了稳定且充满信心的公司氛围。另外,三星中国研究院建立了比较完善的激励制度。激励是对完成某个项目的评价,包括各级领导及韩国总部对研发人员的评价,根据完成的质量和时间进行打分,每年对所有项目进行汇总,得出综合评价,与奖金等挂钩。三星中国研究院尽量为研发人员争取一些有话语权的项目,而不只是为总部做一些机械的工作,从而增强研发人员的荣誉感和成就感。

在人才引进与培养方面,各个子公司的 CEO 甚至都会直接去世界各地招聘最优秀的人才。三星内部有非常庞大的研修中心,在中国,三星会从中国最好的大学挑选出一些成绩最好的本科生,送到韩国学习,毕业后他们可以选择在韩国三星或是中国三星工作。三星强调干中学,就是在工作过程中不断成长,从员工刚进入到挑起大梁承担一些重要项目,这个干中学的过程需要半年到一年的时间,周期较短,因为很多都是团队工作,大家互相协作,传帮带比较快。

例如,三星中国设计研究所每年都会举行"Samsung Design Membership (SDMC)"活动,从优秀的高校设计人群中发现有潜力的创新性人才,把他们招过来与日本和韩国的学生进行交流,展开培养活动。对于招聘人员,三星看中的是拥有丰富多彩的社会经验和生活经验的优秀设计师。在活动期间,学生们将得到由三星设计中心提供的课程培训和参与实际的企业设计项目。2004 年,三星中国设计研究所在上海成立后,SDMC 至今已有 6 届 Membership 成员,他们分别来自中国地区(包括大陆、香港、台湾)的 21 所高等院校,并已经供职在三星和其他全球知名的国际企业中。随着三星设计在中国的深入发展,三星逐步将 SDMC 发展成为全年的设计活动,分阶段完成,每个阶段根据中国高校学制的特点有不同的活动形式和设计重点。同时为了使更多的学生能够享有和 Membership 进行交流的机会,三星开设了网络平台,供大家交流和讨论设计问题,受到了中国设计师及高校设计学生的热情关注及参与。

另外,为适应本地化策略的实施,三星还建立了非常明确的放权体制。三星鼓励多多沟通的文化,以更有效地聆听基层的声音。例如,中国三星前任总裁朴根熙在就任时就每两周发送一次 CEO Message 给 5 万名员工,并亲自阅读所有员工回信,这样不仅可以传达公司的政策与方针,沟通管理思想,还能聆听员工的心声,得到了基层员工的广泛拥护。

第 17 章　结　论

通过上述跨国公司研究院在华发展战略和模式的分析，我们可以得出如下一些结论。

1. 跨国公司不断加强对中国的研究开发中心的建设

金融危机爆发后，研发的重要性越来越不容忽视，跨国企业在华研发机构的数量仍呈增长态势；在区位分布上出现了向中西部大中城市扩散的端倪，这与中西部城市劳动力成本低、研发资源相对丰富、员工稳定性强等因素有关；跨国企业裁员潮愈演愈烈，但其在中国市场的研发布局将不断加速，中国市场将成为跨国公司全球研发的重要扩张点，并将继续大举扩充研发力量，如英特尔等公司。只有少数业务受到很大冲击的部门会减少对中国研究开发的投资，如诺基亚，但诺基亚也认为，不会大规模减少研究开发投资，会调整重点领域。

2. 采用多种研究与开发组织模式

经标准化访谈，我们认为跨国企业对在华研发体系在不断"整合"。整合的动因主要来自于：① 为更好地满足本地市场需求，加强不同部门在华研发力量的协调与合作；② 为满足政府的相关政策要求与优惠条件（如地区总部、研发机构税收优惠）；③ 统一形象，便利与公司外部其他组织和个人的合作；④ 提供统一的行政管理与后勤支持（如人员招聘、知识产权管理、实验室服务等）；⑤ 提升企业研发声誉和形象等。

根据跨国企业在华研发体系"整合"程度的不同，可以进一步将其区分为整合型、部分整合型和分散型这三种类型。"整合型"是指那些跨国企业在华所有研发活动以统一的形象对外、统计数字上也是提供在华研发活动整体信息的机构。如果没有这样的统合关系，公司在华各个研发机构之间缺乏联系，隔离在其所属的不同系统（如事业部）之中，也不能提供一个统一的对外形象，则可界定为"分散型"。介于两者之间的则是"部分整合型"。如微软、GE 采用整合型，英特尔采用部分整合型，而更多公司采用分散型（见第三章）。

3. 自主性是中国研究开发院的生命

在中国市场变化性大、规模大、上升快的条件下，跨国公司的研究开发院需要不断提升面向中国市场创新的能力，加快创新速度。其中研究开发院的自主性是提高机构活力的保障。

近年来，跨国企业在华研发机构的地位实现跨越式提升，越来越多的跨国企业研发机构升级为亚太区研发总部，甚至全球技术研发中心，这种情况以美国跨国公司的研究院为主。跨国企业在华研发机构目前仍主要针对中国市场需要的适应性和专用性应用研发，在考核方式上也更加关注市场和客户，强调技术成果商业化的程度；与此同时，跨国企业将一些基础性研发和面向全球的前瞻性技术研发移入中国，也进一步加强了与中国政府、高校、科研院所及行业领先企业的合作力度，并更加关注我国采取的鼓励跨国公司投资战略性新兴产业的政策,从而进一步把中国纳入其日益庞大的全球研发网络。英特尔、EMC 公司的实践表明,更加灵活的研究院治理的分散化和自主权,有利于提升区域研究院的创新能力。

同时,许多研发机构倾向于做更高级的研发,希望总部给予其更高的战略地位和资源支持,更充分地发挥主观能动性,但在中国研究院的发展实施过程中,受到制度和环境约束,员工自由主动性体现不明显,这种矛盾极大地影响了研究人员的积极性,制约了研究院的进一步发展。总体来看,欧美企业在华研究院的自主性更高,许多决策都是由底层员工向上层汇报而产生,高端人才的本土化程度也较高;而日韩企业在华研究机构的自由度相对较低,研究课题主要来自于总部,为母国市场服务,并且高层均来自母国;但不可否认的是,随着跨国企业在华研究院创新能力的提高,其重要性正日益得到总部的认可。

4. 不断调整在华策略和战略,以适应政策的变化

跨国企业在华研究机构进一步发展的障碍一方面来自国家政策的变化,由注重我国提供的"超国民待遇"向要求充分享受国民待遇转化;另一方面来自中国市场竞争的加剧,中国本土企业实力的增强及其在自主性和灵活性方面的优势对其发展造成巨大威胁。这就要求跨国企业在华研究机构积极调整在华研发策略以提高其在中国及全球市场的竞争能力。

改革开放初期,为了吸引外资,中国对内外资企业实行了不同的税收制度,并且给予外资企业以优惠于内资企业的税收

第 17 章 结 论

待遇。这种"内外有别"的税费制度,对吸引外资和引进国外先进技术发挥了重要作用,同时也形成了我国提供给外资企业的"超国民待遇"。然而,随着我国改革开放的不断深化,这种税费制度越来越不符合市场经济公平竞争的要求,产生的矛盾日益突出,社会各界要求统一内外资企业税费制度的呼声越来越强烈。为此,2010 年 12 月 31 日,中国实现了中外公司的税率统一,正式取消了外资公司的"超国民待遇"。另外,跨国公司更关心的是其在华经营受到排斥和限制,享受不到中国企业应该享受的国民待遇。他们强烈要求充分享受国民待遇,这种要求主要集中在对自主创新产品的认定、知识产权保护、政府采购政策、对市场的开放和准入等方面。特别是中国近年来的自主创新鼓励政策,明显将在华跨国公司的产品排除在"自主创新产品"鼓励范围之外,使其在政府采购以及国家项目采购中处于不利地位。为此,在外商特别是在华跨国公司的强烈要求下,2009 年 12 月 30 日国务院常务会议后,我国政府有关部门修改了上述政策,明确规定:"在中国境内具有中国法人资格的产品生产单位,均可自愿申请国家自主创新产品认定。"在这之后,2010 年 4 月,国务院办公厅发布了《关于进一步做好外资工作的若干意见》(以下简称《若干意见》),其中明确表示,要促进利用外资方式多样化,包括鼓励外资以参股、并购等方式参与国内企业的改组和兼并重组,支持持 A 股上市公司引入境内外战略投资者,规范外资参股与境内证券投资和企业并购等。《若干意见》体现了我国政府对外商企业以及其他各类型企业在我国境内依法生产、运营的一视同仁,实行国民待遇的思路。值得注意的是，此次《若干意见》鼓励外资在我国发展并不是简单地扩大外商投资规模、增加吸引外资的数量，而是更加注重利用外资的质量和水平。

许多跨国公司针对中国政策的变化，也迅速调整了自己的竞争策略。例如富士通在中国开展业务，一定程度上是基于中国的税收优惠政策而来的，但这个方面的原因随着中国税收政策的调整而被弱化。由注重我国提供的"超国民待遇"向要求充分享受国民待遇然的转化，既为跨国企业提供了更加公平、透明的市场环境，同时也使国内竞争压力骤升。惠普公司通过合资成立新华三的策略，也是适应中国市场进行升级创新的例子。

中国三星就意识到了这个问题，三星韩国总部虽然非常重视中国市场，但他们不太了解中国市场的情况，他们更重视欧美市场。虽然中国市场增长很快，但整个绝对数还比较小，销售收入在美国的一半以下。而且在中国市场不能挣钱，因为在美国没有当地竞争对手，而在中国却有很多竞争对手。这种情况下，中国三星希望在中国成立一个独立的、更有权力的研究所，研发的决定权不再集中于韩国总部。

5. 提高中国研究院的能力和地位，应对本土中国企业的挑战

在面对其他跨国企业竞争的同时，中国本土企业实力的增强也为跨国企业在华研究院的发展造成巨大威胁。以中兴通讯、华为为代表的本土企业掌握了核心技术，积极进行海外业务拓展。以华为为例，2006~2015年其研发投入累计超过2400亿元

人民币，研发人员多达 7.9 万人，研发费用占全球销售额的 15.1%，累计申请专利超过 8.3 万件，连续数年成为中国申请专利最多的公司，同时专利申请总量位居全球第一；而联想则以并购的形式进入国际市场，并形成了包括联想研究院、创新设计中心、新产品孵化器等公司级研发机构的联想全球三角研发体系。目前，本土 IT 企业已经能开出越来越具有竞争优势的薪资标准，而大多数跨国公司在华研究院由于级别较低，缺乏自主性，薪酬上涨 20% 以上就需要经过总部或者地区总部批准，程序相当复杂，本土公司则显得相对灵活；另外，跨国公司在华研究院缺乏核心技术的掌握也大大限制了其自身发展。这就要求跨国企业在华研究院在加大研发投入的同时，及时调整研发战略，优化研发结构，加强产学研之间的互动，以提高应对市场竞争的能力。

如韩国的三星就始终用"唯变主义"的健全危机意识来武装自己，为了超越现在而不断地进行变革。三星刚刚进入中国时看中的是中国的制造能力，当时所有的产品都在韩国进行研发，之后才拿到中国来生产、再出口。但如今情况发生了根本的变化，三星正在中国建立"第二个三星"，努力构建贯穿于产品策划、设计、研发到生产、销售全过程的"当地完结型经营"模式，已成为一个名副其实的中国企业。

6. 始终坚持市场导向的创新战略与模式

许多跨国公司都是百年老店，不断创新是它们能够长期生存的法宝。我们在考察中发现，这些公司以 GE、杜邦、IBM 为代表，包括行业新贵，都是坚持抓住产业技术革命的机会，不断改变自己与挑战自己。IBM 已经数次调整重大战略,如从硬件公司向软件公司转变,再向智能公司转变;GE 除了照明外,不断向能源、医疗进军。同时,所有伟大的跨国公司,都秉承市场驱动创新的哲学。所有的一切,都围绕客户的需要。由于不同地区的客户差异,这就要求公司需要给研究开发中心的员工以高度的自主权。企业要不断为人才的发挥提供环境,让员工在企业内感觉到重视创新、创造性。在这里,项目管理与知识产权管理都是重要的管理工具,以配合企业的创新战略。

当然,不同国家的企业文化不同,也会造成企业创新战略的不同。在我们研究的企业群体里,我们发现,在适应能力方面美国企业高于欧洲的企业,欧洲的企业要高于日本的企业。

7. 制定更为长远的人才战略,应对新的人才危机

跨国公司对中国员工而言,一是高的薪水,二是可以为他们成长提供学习机会。但跨国公司对中国员工而言,具有职业生涯不确定的感觉。近几年来,由于年轻一代人更重视稳定的就业环境,在新的 IT 专业就业生中,跨国公司已经不再是第一选择。如果说五年前跨国公司有优势的话,现在,国有大企业(包括银行),有竞争的私营企业,如百度、阿里巴巴、腾讯、华为等,已经成为年轻 IT 人员新的就业第一选择。因此,需要跨国公司研究院调整自己的用人策略,适应新的挑战。

参考文献

[1] Archibugi, D., Michie, J., The globalisation of technology: a new taxonomy [J]. Cambridge Journal of Economics, 1995, 19 (1): 121 – 140.

[2] Arnoud De Meyer. Management of International R&D Operations [A]. In Technology Management and International Business: Internationalization of R&D and Technology [C]. John Wiley & Sons, 1992.

[3] Amsden, A. H., Tschang, T., Goto, A.. Do foreign companies conduct R&D in developing countries? [J]. Progress in Clinical & Biological Research, 2001, 56: 345 – 356.

[4] Bartlett, C., Ghoshal, S.. Managing across borders: the transnational solution [M]. Boston, MA: Harvard Business School Press, 1990.

[5] Behrman, J. N, Fischer, W. A.. Overseas R&D Activies of Transnational Companies. Cambridge [M]. MA: Oelgeschlager, Gunn&Hain, 1980.

[6] Branstetter, L. G., Fisman, R., FoleY, C. F.. Do Stronger Intellectual Property Rights increasing International Technology Transfer? Empirical Evidence From U. S. Firm – Level Panel Data [J]. The Quarterly Journal of Economics, 2006, 121 (1): 321 – 349.

[7] Brockoff, K.. Internationalization of Research and Development [M]. Spring – Verlag Berlin: Heidelberg, 1998.

[8] Buckley, P. J., Casson, M. C.. The Future of Multinationals [M]. Lon-

don: Macmillam Press Ltd, 1976.

[9] Cantwell, J.. Technological Innovations and Multinational Corporations [M]. Oxford: Basil Blackwell, 1989.

[10] Cantwell, J.. The Globalisation of Technology: What Remains of the Product Cycle Model? [J]. Cambridge Journal of Economics, 1995, 19 (1): 155 – 174.

[11] Casson, M.. Global Research Strategy and International Competitiveness [M]. Oxford: Blackwell, 1991.

[12] Caves, R. E.. International Corporation: The industrial Economies of Foreign Investment [J]. Economics, 1971, 5 (3): 1 – 27.

[13] Caves, R. E.. Multinational Firms, Competition and Productivity in Host – Country Markets [J]. Economics, 1974, 41 (162): 176 – 193.

[14] Chiesa, V.. Managing the internationalization of R&D activities [J]. IEEE Transactions on Engineering Management, 1996, 43 (1): 7 – 23.

[15] Cheng, J., Bolton, D.. The management of Multinational R&D: a neglected topic in international business research [J]. Journal of International BusinessStudies, 1993, 24 (1): 1 – 18.

[16] D. Coe, E. Helpman. International R&D spillovers [J]. European Economic Review, 1993, 39 (5): 859 – 887.

[17] Donald H. Dalton, Manuel G. Serapio. Globalizing Industrial Research and Development [Z]. U. S. Department of Commerce, Technology Administration Office of Technology Policy, 1999: 7 – 9, 53 – 54.

[18] Dunning, J. H.. Trade, Location of Economic Activities, and the MNE: A Search for an Eclectic Approach. In Ohlin, B. ed. : International Allocation of Economic activity [C]. Holms & Meier, 1977.

[19] Dunning, J. H.. International Production and the Multinational Enterprise

参考文献

[M]. London: Allen & Unwin, 1981.

[20] Dunning, J. H.. Multinational Enterprises and the Globalization of Innovatory Capacity [Z]. In Hakanson, L., Granstrand, O., Sjolander, S., Technology Management and International [M]. London: Macmillan, 1992.

[21] Dunning, J. H.. Multinational Enterprises and the Globalization of Innovatory Capacity [J]. Research Policy, 1994, 23 (1): 67-88.

[22] Fisch, J. H.. Optimal dispersion of R&D activities in multinational corporations with a genetic algorithm [J]. Research Policy, 2003, 32 (8): 1381-1396.

[23] Florida, R.. The globalization of R&D: Results of a survey of foreign - affiliated R&D laboratories in the USA [J]. Research Policy, 1997, 26 (1): 85-103.

[24] Fors, G.. Utilization of R&D results in the home and foreign plants of MNEs [J]. Journal of Industrial Economics, 1997, 45 (3): 341-358.

[25] Frobel, F., Heinrichs, J., Kreye, O.. The World Market for Labor and the World Market for Industrial Sites [J]. Journal of Economic Issues, 1978, 12 (4): 843-859.

[26] Gassmann, O., von Zedtwitz, M.. Organization of industrial R&D on a global scale [J]. R&D Management, 1998, 28 (3): 231-250.

[27] Granstrand, O.. Internationalization of corporate R&D: a study of Japanese and Swedish corporations [J]. Research Policy, 1999, 28 (2-3): 275-302.

[28] Granstrand, O.. The Economics and Management of Intellectual Property [M]. Edward Elgar, Cheltenham, 1999.

[29] Hakanson, L.. International decentralization of R&D the organizational challenges [Z]. Bartlett, A., Doz, Y., Hedlund, G.. Managing the

Global firm [C]. London: Routledge, 1990.

[30] Hakanson, L.. Locational determinants of foreign R&D in Swedish multinationals [Z]. Granstrand, O., Hakanson, L. &Sjolander, S.. Technology management and international business [C]. Chichester: John Wiley and Sons, 1992: 97 - 114.

[31] Hakanson, L., Nobel. R., Determinants of foreign R&D in Swedish multinationals [J]. Research Policy, 1993, 22 (5 - 6): 397 - 411.

[32] Hewitt, G.. Research and Development Performed Abroad by U.S. Manufacturing Multinationals [J]. Kyklos, 1980, (33): 308 - 327.

[33] Hirsch, Seev.. An International Trade and Investment Theory of the Firm [J]. Oxford Economic Papers, New series, 1976, 28 (2): 258 - 270.

[34] Hood, Young. Multinationals, Technology and Competitiveness [M]. London: Unwin Hymm, 1982.

[35] Hymer. S. H.. The International Operation of National Firms: A study of Direct Foreign Investment [M]. Cambridge, Massachusetts: MIT Press, 1976.

[36] Ito, B., Wakasugi, R.. What factors determine the mode of overseas R&D by multinationals? Empirical evidence [J]. Research Policy, 2007, 36 (8): 1275 - 1287.

[37] Kuemmerle, W.. Building Effective R&D Capabilities Abroad [J]. Harvard Business Review, 1997, 75 (2): 61 - 70.

[38] Kuemmerle, W.. The drivers of FDI into research and development: an empirical investigation [J]. Journal of International Business Studies, 1999, 30 (1): 1 - 24.

[39] Kumar, N.. Intellectual property protection, market orientation and location of overseas R&D activities by multinational enterprises [J]. World De-

velopment, 1996, 24 (4): 673 - 688.

[40] Kumar, N.. Determinants of location of overseas R&D activity of multinational enterprises: the case of US and Japanese corporations [J]. Research Policy, 2001, 30 (1): 159 - 174.

[41] Li, J. T., Yue, D. R. Managing Global Research and Development in China: Patterns of R&D Configuration and Evolution [J]. Technology Analysis & Strategic Management, 2005, 17 (3): 317 - 337.

[42] Liu, M., Chen, S. H.. International R&D deployment and locational advantage: a case study of Taiwan [Z]. Cambridge, MA: NBER working paper series, No. 10169, 2003.

[43] Mansfield, E., Teece, D., Romeo, A.. Overseas Research and Development by US - Based Firms [J]. Economics, 1979, 46 (182): 187 - 196.

[44] Mansfield, E.. Intellectual property protection, foreign direct investment, and technology transfer [Z]. International Finance Corporation Discussion Paper,, No. 19, Washington, D. C.: World Bank, 1994.

[45] Mansfield, E.. Intellectual property protection, foreign direct investment, and technology transfer: Germany, Japan, and the United States [Z]. International Finance Corporation Discussion Paper, No. 27, Washington, D. C.: World Bank, 1995.

[46] Massey, D.. In What Sense a Regional Problem [J]. Regional Studies, 1979, 13 (2): 233 - 243.

[47] Medcof, J. W.. A Taxonomy of Internationally Dispersed Technology Units and Its Application to Management Issues [J]. R&D Management, 1997, 27 (4): 301 - 318.

[48] Moenaert, R. K., Christophe, V. B.. The effects of R&D team co - location on communication pattern among R&D, marketing, and manufactur-

ing [J]. Management Science, 1998, 44 (11): 1 - 18.

[49] Niosi, J.. The Internationalization of Industrial R&D - From technology transfer to the learning organization [J]. Research Policy, 1999, 28 (2 - 3): 107 - 117.

[50] Nobel, R., Birkinshaw, J.. Innovation in multinational corporations: control and communication patterns in international R&D operations [J]. Strategic Management Journal, 1998, 19 (5): 479 - 496.

[51] Odagiri, H., Yasuda, H.. The determinants of overseas R&D by Japanese firms: an empirical study at the industry and company levels [J]. Research Policy, 1996, 25 (7): 1059 - 1079.

[52] Papanastassiou, M., Pearce, R. D.. Firm - Strategies and the research - intensities of USMNEs' overseas operation: an analysis of host country determinants [Z]. Discussion Papers in International Investment and Business Studies, University of Reading, 1992.

[53] Pearce, R, D.. The Internationalisation of Research and Development by Multinational Enterprises [M]. London: Macmillan, 1989.

[54] Pearce, R. D., Singh, S.. Globalizing Research and Development [M]. London: Macmillam Press Ltd, 1992.

[55] Pearce, R. D., Decentralised R&D and strategic competitiveness: globalised approaches to generation and use of technology in multinational enterprises (MNEs) [J]. Research Policy, 1999, 28 (2 - 3): 157 - 178.

[56] Quan, X.. Multinational Research and Development Labs in China: Local and Global Innovation [D]. University of California, Berkeley, 2005.

[57] Reddy, P.. Globalization of Corporate R&D: Implications for Innovation Systems in Host Countries [M]. London and New York: Routledge, 2000.

[58] Ronstadt, R. C.. Research and Development Abroad by US. Multinationals [M]. New York, NY: Praeger, 1977.

[59] Ronstadt, R. C.. R&D abroad by U. S. Multinationals [Z]. M. A. Amsalem, R. B. Stobaugh and L. T. Wells. Technology Crossing Borders [C]. Boston: Harvard Business School Press, 1984.

[60] Reddy, P.. Globalization of Corporate R&D: Implications for Innovation Systems in Host Countries [M]. London and New York: Routledge, 2000.

[61] Sanna – randaccio, F., Veugelers, R.. Multinational Knowledge Spillovers with Centralized versus Decentralized R&D: a game theoretic approach [Z]. CEPR Discussion Paper, 2001.

[62] Sanyal, P.. Intellectual property rights protection and location of R&D by multinational enterprises [J]. Journal of Intellectual Capital, 2004, 5 (1): 59 – 76.

[63] Serapio, M. G., Dalton, D. H.. Globalization of industrial R&D: an examination of foreign direct investments in R&D in the United States [J]. Research Policy, 1999, 28 (28): 303 – 316.

[64] Taggart, J. H.. Determinants of Increase R&D Complexity in Affiliates of Manufaturing Multinational Corporations in the UK [J]. R&D Management, 1998, 28 (2): 101 – 110.

[65] Teece, D. J.. Profiting from technological innovation: Implications for integration, collaboration, licensing and public policy [J]. Research Policy, 1986, (15): 285 – 305.

[66] Vernon, R.. External Economies, Metropolis [M]. New York: Doubleday, 1960.

[67] Vernon, R.. International Investment and International Trade in the Prod-

uct Cycle [J]. Quarterly Journal of Economics, 1966, (5): 65 – 71.

[68] Vernon, R.. The Product Cycle Hypothesis in a New International Environment [J]. Oxford Bulletin of Economics and Statistics, 1979, 41 (4): 255 – 267.

[69] Von Zedtwitz, M.. Organizing Global R&D: Challenges, Dilemmas and Future Trends [Z]. The 11th International Conference on Management to Technology, 2002.

[70] Von Zedtwitz, M., Gassmann, O.. Market versus technology drive in R&D internationalization: four different patterns of managing research and development [J]. Research Policy, 2002, 31 (4): 569 – 588.

[71] Zander, I.. How do you mean 'global'? An empirical investigation of innovation networks in the multinational corporation [J]. Research Policy, 1999, 28 (2 – 3): 195 – 213.

[72] Zanfei, A.. Transnational firms and the changing organisation of innovative activities [J]. Cambridge Journal of Economics, 2000, 24 (5): 515 – 542.

[73] Zejan, M. C.. R&D activities in affiliates of Swedish multinational enterprise [J]. Scandinavian Journal of Economics, 1990, 92 (3): 487 – 500.

[74] SAP 中国研究院. SAP 官方网站, 2015, http://go.sap.com/china/about.html.

[75] 爱立信在中国. 爱立信官方网站, 2012, http://www.ericsson.com/cn/thecompany/company_facts/research/ericssonchina – rnd.

[76] 毕曙明. 陈向力：GE 研发三原则 [J]. 经理人, 2012, (11): 92.

[77] 曹丽莉. 跨国公司在华研发机构管理模式 [J]. 企业改革与管理, 2008, (11): 54 – 55.

[78] 陈黎明. 企业在创新中的角色 [J]. 市场观察, 2016, (6): 12 – 15.

[79] 陈颐. 通用电气："在中国为中国"研发战略开花结果 [N]. 经济日

报，2011 - 10 - 18（13）．

[80] 崔新健，高秀娟．世界500强在华设立研发中心的特征及其成因分析[J]．武汉大学学报（哲学社会科学版），2010，63（2）：225 - 230．

[81] 菲利普·科特勒，凯文·莱恩·凯勒．营销管理[M]．北京，中国人民大学出版社，2012．

[82] 苟攀．跨国公司R&D全球化对东道国技术创新的影响研究[D]．重庆，重庆大学，2007．

[83] 郭利平．跨国公司R&D的全球化动力机制和中国的战略对策[J]．财贸研究，2005，16（1）：24 - 30．

[84] 关于IBM公司[EB/OL]．数据观，2016 - 06 - 11，http：//www.cbdio.com/BigData/2015 - 06/11/content_3239567.htm．

[85] 黄尚发．GE（中国）"绿色创想"业务发展战略研究[D]．上海，复旦大学，2009．

[86] 杰夫·伊梅尔特，维贾伊·戈文达拉扬，克里斯·特林布尔．反向创新：通用电气的自我颠覆[J]．商业评论，2009，(11)：106 - 112．

[87] 李国敏．"技术大牛"为何从这里脱颖而出——英特尔中国研究院培养本土高级人才的启示[N]．科技日报，2011 - 07 - 06（11）．

[88] 李京晓，李伟华，周立群．跨国公司研发中心在津发展特点及吸引对策[J]．天津经济，2011，(10)：23 - 25．

[89] 李平．技术扩散理论及其实证研究[M]．山西：山西经济出版社，1999．

[90] 李晓艳．脑库风暴：跨国公司的中国脑库到底在研究什么？[EB/OL]，新浪财经，2005 - 06 - 09，http：//finance.sina.com.cn/leadership/stragymanage/20050609/14301670637.shtml．

[91] 刘聪．GE中国研发中心：从反向创新走向协同创新[EB/OL]．财富中文网，2014 - 08 - 11，http：//www.fortunechina.com/management/

c/2014 - 08/11/content_215755_2. htm.

[92] 刘丽丽. 百年 IBM 创新中国 [J]. 计算机世界, 2011 (11): 20 - 25.

[93] 玛丽·博拉. 2014 年至 2018 年通用在华投资额将达 140 亿美元. 中华网, 2015 - 04 - 21, http: //auto. china. com/special/2015sh/liebiao/11170450/20150421/19557229. html.

[94] 沈建缘. GE: 与中国企业共铸 EPC "中国品牌" [EB/OL]. 经济观察网, 2015 - 10 - 24, http: //www. eeo. com. cn/2015/1024/280736. shtml.

[95] 石丹. 微软创投: 告诉你如何 "不错过创新" [J]. 商学院, 2015, (09): 56 - 58.

[96] 宋莹, 姚剑锋. 跨国企业的本土化人力资源管理——以通用电气 (中国) 为例 [J]. 中国人力资源开发, 2015, (24): 19 - 24.

[97] 万晓晓. 飞利浦在中国是如何创新的 [EB/OL]. 经济观察报, 2013 - 10 - 19. http: //tech. sina. com. cn/it/2013 - 10 - 19/08318832590. shtml.

[98] 王春敏, 张孟军. 通用电气人力资源管理对我国企业的启示 [J]. 中国石油大学胜利学院学报, 2013, (02): 89 - 91.

[99] 王江, 王心见. 创新! 再创新! 微软领跑电脑操作系统 [N]. 科技日报, 2015 - 09 - 22 (02).

[100] 王志乐. 2011 跨国公司中国报告 [M]. 北京: 中国经济出版社, 2011.

[101] 王志彦. 中国研发力量为何能在张江成功 "逆袭"? [EB/OL]. 上观, 2016 - 11 - 30, http: //www. jfdaily. com/news/detail? id = 37976.

[102] 微软创新中心 Center One 揭秘 [EB/OL]. 搜狐网, 2015 - 12 - 06, http: //mt. sohu. com/20151206/n429980820. shtml.

[103] 武娜. 跨国公司 R&D 全球化与发展中国家技术进步 [D]. 天津: 天津财经大学, 2005.

[104] 西门子研发在中国. 西门子官方网站, 2015, http: //w1. siemens.

com. cn/about_us/research. asp.

[105] 萧东. 美国科研背后的"政府之手"[J]. 南风窗, 2005, (21): 51-52.

[106] 肖俊灵, 王建华. 通用公司的情感沟通[J]. 商场现代化, 2001, (5): 63.

[107] 徐浩然, 刘小午. 首席品牌官日志[M]. 北京: 中国经济出版社, 2014.

[108] 徐涛. 经济全球化背景下美国跨国公司战略研究管理[D]. 湖北: 武汉大学, 2005.

[109] 薛澜, 沈群红, 王书贵. 跨国公司在华设立研发机构及其对中国的意义[J]. 中国外资, 2001, (1): 38-41.

[110] 曾小清. 超300家世界500强企业落户四川, 稳居中西部第一[EB/OL]. 四川日报网, 2016-05-24, http://www.scdaily.cn/sdxw/201605/54575645.html.

[111] 斋腾优. 技术转移论[M]. 东京文真堂, 1979.

[112] 张媛. 商务部外资司负责人谈2016年1月我国吸收外资情况[EB/OL]. 中国国际贸易促进委员会, 2016-02-17, http://www.ccpit.org/Contents/Channel_3429/2016/0217/581068/content_581068.htm.

[113] 张瑜. 跨国公司R&D在华行业及地区分布的影响因素分析[D]. 上海: 东华大学, 2014.

[114] 赵恬.《2016年世界投资报告》正式发布: 全球外国直接投资强劲复苏[EB/OL]. 中国国际贸易促进委员会, 2016-06-24, http://www.ccpit.org/Contents/Channel_4114/2016/0624/661887/content_661887.htm.

[115] 郑大奇. 世界500强本土化人力资源管理实战范例[M]. 北京: 企业管理出版社, 2007.

[116] 中国成全球最大 IT 研发人才库. 新浪科技, 2014 – 03 – 26, http://tech.sina.com.cn/roll/2014 – 03 – 26/16409273763.shtml.

[117] 中国地区投资成果（英特尔报告）. 英特尔官方网站, 2016 – 10 – 31, http://www.intel.cn/content/www/cn/zh/companyinfo/capital/china – capital – history – data.html.html.

[118] 周立群, 李伟华, 李京晓. 跨国公司在华研发中心的特征与对策研究 [J]. 2012, (01): 91 – 94.

[119] 朱华. 通用电气在华专利情况分析（一）[EB/OL]. 上海行业情报服务网, 2013 – 12 – 29, http://www.hyqb.sh.cn/publish/portal6/tab590/info10587.htm.